Das Buch

»Welt Macht Geld« liefert in einer allgemein verständlichen Sprache die Grundlagen zu einem neuen Verständnis von Geld, Finanzkrise und internationaler Politik. Es beschreibt Wesen und Macht des Geldes im 21. Jahrhundert, erklärt, wie der Trick mit der Immobilienblase funktionierte, wo das Geld geblieben ist und was das mit Krieg und Macht zu tun hat. Das Buch entstand in jahrelangen Recherchen und basiert auf bisher weitgehend unbekannten Protokollen der amerikanischen Zentralbank. Im Zentrum steht die Sonderrolle des US-Dollars als Weltleitwährung seit der Konferenz von Bretton Woods 1944; Krieg und Krise stellen sich danach als die siamesischen Zwillinge der US-Außen- und Geldpolitik dar.

Der Autor

Georg Zoche, geboren 1968, studierte Maschinenbau und Philosophie. Er gewann den UNESCO-Essaywettwerb »Global Governance« und hat 2001 die Transnationale Republik mitbegründet, der weltweit rund fünftausend Bürgerinnen und Bürger aus über hundert Ländern beigetreten sind. »Welt Macht Geld« ist seine erste Buchveröffentlichung.

Georg Zoche

WELT MACHT GELD

Version 1.3

Wir werden in der Lage sein, uns von vielen jener pseudomoralischen Prinzipien zu befreien, die uns über 200 Jahre hinweg gequält haben und mit denen wir einige der widerlichsten menschlichen Qualitäten überschwänglich in den Rang der höchsten Tugenden erhoben haben. Wir werden in der Lage sein, uns zu erlauben, den Wert des Geldmotivs richtig einzuschätzen.

Die Liebe zu Geld als Besitz – im Gegensatz zur Liebe zu Geld als ein Weg zu den Freuden und Realitäten des Lebens – wird als das erkannt werden, was es ist: eine einigermaßen abscheuliche Morbidität, eine dieser halb kriminellen, halb krankhaften Neigungen, die man mit einem Schaudern den Händen von Spezialisten auf dem Gebiet der Geisteskrankheiten übergibt.

JOHN MAYNARD KEYNES, *Economic Possibilities for Our Grandchildren*, 1930

Das wachsende Interesse an der Schaffung einer supranationalen Regierung stellt, wie ich glaube, die größte Hoffnung der Menschheit dar.

Ich bin überzeugt, dass die Menschheit sich erst dann aus dem Dunkel der Verzweiflung herausfinden wird, wenn Menschen überall sich auf derselben Basis treffen – das heißt als Verbündete im Kampf für ein universelles Gesetz.

Ich bin zutiefst davon überzeugt, dass das gegenwärtige System souveräner Nationen Barbarei, Krieg und Unmenschlichkeit nach sich ziehen muss und dass nur ein Weltrecht zu einer zivilisierten, friedlichen Menschheit führen wird.

ALBERT EINSTEIN, *Rede vom 12. Mai 1947*

Inhalt

Wie die Welt auf den Dollar gekommen ist

Was bringt die Zukunft?

Monetäre Macht: Eine Einleitung

Dieses Buch handelt von der Macht des Geldes.

Gemeint ist aber nicht die Macht jener, die Geld haben, sondern jener, die es erzeugen können. Denn die wahre Macht des Geldes liegt nicht in dessen Besitz, wie so oft vermutet wird. Sondern in dessen Schöpfung.

Diese Fähigkeit der Geldschöpfung ist die Spitze der Macht: denn sie ermöglicht, Geld auszugeben, ohne welches zu verlieren. Sie erlaubt die Aneignung fremden Eigentums ebenso wie die Ausübung von Macht gegen den Willen und auf Kosten anderer. Diese monetäre Macht verbirgt sich hinter einem unscheinbaren Namen: Währungshoheit. Sie ist wesentliche Grundlage staatlicher Machtausübung, allem voran der Finanzierung von Kriegen.

Wie monetäre Macht funktioniert? Das will dieses Buch erklären.

Eine eher private Anmerkung

Beim Verfassen dieses Buchs hat mich immer wieder der Gedanke ereilt, meine Ausführungen könnten mir als Antiamerikanismus ausgelegt werden.

Dabei war es einfach der Lauf der Geschichte des 20. Jahrhunderts, der den USA die Rolle einer Hegemonialmacht bescherte. Diese Rolle haben die USA ausgebaut und verteidigt und dabei im Wesentlichen nur das getan, was man wohl auch von allen anderen Nationen erwarten würde: Sie haben ihre nationalen Interessen verfolgt. Sicherlich waren sie dabei nicht immer zimperlich und häufig weder klug noch rücksichtsvoll. Aber gibt es eine Nation, die ihre Macht nicht ausgenutzt hätte?

Es ist eine beklagenswerte Eigenschaft der Macht, dass sie ihren eigenen Interessen stets lieber dienen möchte als den moralisch begründeten Interessen Dritter. Macht will sich ausbauen und erweitern, oft ist sie gleichermaßen korrupt wie korrumpierend, und immer will sie wachsen - zwangsläufig auf Kosten anderer. Daher kann man sich eine moralisch handelnde Macht zwar wünschen, aber kaum erwarten. Da sich die Ausübung von Macht durch moralische Anwürfe allein nicht in andere Bahnen lenken lässt, müssen wir andere Schritte gehen; die Schaffung geeigneter Machtstrukturen.

Wie dieses Buch zu lesen ist

Das vorliegende Buch muss nicht von vorne bis hinten gelesen, sondern es kann getrost zwischen den Abschnitten gesprungen werden. Vor, zurück oder auch quer.

Einen ersten Überblick erhält, wer zunächst das Inhaltsverzeichnis liest. Genaueren Einblick oder erinnernden Rückblick bieten dann die *Einführungen* und **Zusammenfassungen.** Da die ausführlichen Zitate jeweils einleitend zusammengefasst sind, können eilige Leser sie zunächst überspringen. Aber sie verpassen etwas:

> Denn die Zitate dienen der Vertiefung und vermitteln das Atmosphärische der Akteure und ihren jeweiligen Zeitgeist. Etwa die Grobheit Joseph Goebbels, die wunderbar gewählten Worte Sir John Maynard Keynes', die manchmal an John Wayne erin-

nernde Geradheit Harry Dexter Whites oder die sibyllinischen Satzkonstruktionen Alan Greenspans.

Aber wer will, soll das Buch natürlich gerne auch in einem einzigen Fluss von vorne bis hinten durchlesen. Weiterführende Literatur ist den Fußnoten und der Bibliografie zu entnehmen.

Grundsätzliches

Was ist Geld? Wozu braucht man Geld?

Schon als Kindergartenkinder lernen wir, dass Geld braucht, wer ein Erdbeereis haben will. Während jedoch die meisten von uns eines Tages überrascht feststellen, dass Strom nicht aus der Steckdose kommt, machen wir uns kaum Gedanken, woher die Substanz »Geld« stammt.

Natürlich haben wir durch den täglichen Umgang erfahren, dass man Geld »verdienen« kann – etwa durch Arbeit oder im Austausch gegen eine Ware. Durch diese Alltäglichkeit wachsen wir in der Gewissheit auf, dass Geld eine Substanz zu sein scheint, die schon existiert, lange bevor wir sie durch Arbeit verdienen oder gegen ein Eis tauschen. Geld scheint einfach zu »sein« und auf das Ausgeben oder Verdienen so zu warten wie der Strom in der Dose auf den Stecker. Über die Existenz von Geld und über seine Funktionen verlieren wir dabei kaum einen Gedanken; wir lernen nur, dass es gut ist, möglichst viel von dieser Substanz zu besitzen, weil sie sich in alles verwandeln lässt. Wenig Geld wird zu einem Erdbeereis, viel zu einer Reise zum Mond.

Aber wie kommt der Strom in die Dose, das Geld in die Welt?

Erscheinungsformen von Geld

Erstaunlicherweise ist Geld alles, was eine Gemeinschaft zu Geld erklärt: dabei kann es sich um Zigaretten, Kaffee, Muscheln, Vieh, Saatgut, Gold, Silber, Steine oder sogar Papier und gar elektronische Signale handeln.

Die Erkenntnis, dass alles Mögliche von einer Gemeinschaft zu Geld erklärt werden kann, hilft uns jedoch nicht wirklich weiter, wenn wir verstehen wollen, was Geld ist. Denn eine Gesellschaft könnte auch jeden beliebigen Gegenstand als »Kuh« bezeichnen; allerdings würde nicht jede dieser »Kühe« auch tatsächlich Milch geben. Um also zu verstehen, was Geld ausmacht, müssen wir einen Blick auf die Eigenschaften - vornehmlich die Funktionen - von Geld werfen.

Funktionen von Geld

Die klassische Geldtheorie nennt drei Funktionen von Geld: Wertmaßstab, Tauschmittel und Vermögensspeicher.

Universeller Wertmaßstab – Unvergleichliches wird vergleichbar

Als universeller Wertmaßstab ermöglicht Geld die Quadratur des Kreises: den Vergleich von Äpfeln mit Birnen, von einem Rasenmäher mit einer Wurzelbehandlung, von der Arbeit einer ganzen Nation mit einer Reise zum Mond.

Tauschmittel (Zahlungsmittel) – Unterschiedliches wird tauschbar

Aus dieser Funktion Wertmaßstab leitet sich die zweite, ebenso bemerkenswerte Funktion ab: Geld als Tauschmittel. Nachdem durch den universellen Wertmaßstab Geld der Wert von Äpfeln erfasst wurde, müssen diese nicht mehr gegen Birnen, sondern können gegen den Wertmaßstab selbst, also gegen Geld, eingetauscht werden. Das so verdiente Geld kann anschließend gegen jede andere Ware getauscht werden - theoretisch auch gegen eine Reise zum Mond. Es ist nur noch eine Frage des in Geld ausgedrückten Preises, also letztlich von Angebot und Nachfrage.

Für die Funktion des Tauschmittels ist dabei wesentlich, dass es nicht mehr notwendig ist, Waren direkt gegen Waren zu tauschen, da ja jede Ware zunächst in Geld umgetauscht wird. Weil nun jede Ware in Geld tauschbar ist, kann – im Umkehrschluss – Geld auch in jede beliebige Ware eingetauscht werden. Diese potenziell unbegrenzte Verwandelbarkeit von Geld in jede gewünschte Ware trägt wesentlich zu seinem Reiz bei.

Komplexe Tauschvorgänge werden also möglich. Es ist zum Beispiel nicht mehr nötig, dass sich je zwei zueinanderpassende Tauschpartner finden, die ihre jeweilige Ware tauschen wollen. Diese durch das Vorhandensein eines Tauschmittels ermöglichte Komplexität ist die Grundlage industrieller Arbeitsteilung – niemand würde eine Mondfahrt anbieten und sich diese in Äpfeln bezahlen lassen. Ebenso kann der Tausch nun über örtliche oder zeitliche Hindernisse hinweg erfolgen, da Geld diese Hindernisse leichter überwinden kann, als Waren es je könnten; denn Geld verdirbt nicht und ist transportabel.

Eine wunderbar lyrische Beschreibung dieser Funktion des Tauschens findet sich bei Karl Marx:

> Da das Geld als der existierende und sich betätigende Begriff des Wertes alle Dinge verwechselt, vertauscht, so ist es die allgemeine Verwechslung und Vertauschung aller Dinge, also die verkehrte Welt, die Verwechslung und Vertauschung aller natürlichen und menschlichen Qualitäten.
>
> Wer die Tapferkeit kaufen kann, der ist tapfer, wenn er auch feig ist. Da das Geld nicht gegen eine bestimmte Qualität, gegen ein bestimmtes Ding, menschliche Wesenskräfte, sondern gegen die ganze menschliche und natürliche gegenständliche Welt sich austauscht, so tauscht es also – vom Standpunkt seines Besitzers

angesehn - jede Eigenschaft gegen jede - auch ihr widersprechende Eigenschaft und Gegenstand - aus; es ist die Verbrüderung der Unmöglichkeiten, es zwingt das sich Widersprechende zum Kuß.

Setze den Menschen als Menschen und sein Verhältnis zur Welt als ein menschliches voraus, so kannst du Liebe nur gegen Liebe austauschen, Vertrauen nur gegen Vertrauen etc. Wenn du die Kunst genießen willst, mußt du ein künstlerisch gebildeter Mensch sein; wenn du Einfluß auf andre Menschen ausüben willst, mußt du ein wirklich anregend und fördernd auf andere Menschen wirkender Mensch sein. Jedes deiner Verhältnisse zum Menschen - und zu der Natur - muß eine bestimmte, dem Gegenstand deines Willens entsprechende Äußrung deines wirklichen individuellen Lebens sein. Wenn du liebst, ohne Gegenliebe hervorzurufen, das heißt, wenn dein Lieben als Lieben nicht die Gegenliebe produziert, wenn du durch deine Lebensäußrung als liebender Mensch dich nicht zum geliebten Menschen machst, so ist deine Liebe ohnmächtig, ein Unglück.[1]

Wertspeicher – Vergängliches wird speicherbar

Die Möglichkeit, den »Rücktausch« von Geld in Waren oder Dienstleistungen erst nach Belieben und bei Bedarf zu vollziehen, stellt die dritte erstaunliche Funktion von Geld dar: Es wird gehalten und dient dann als Vermögensspeicher. Erst mittels dieses Vermögensspeichers kann ein Bauer mit dem im Herbst durch die Ernte verdienten Geld im darauffolgenden Frühjahr neues Saatgut kaufen.

Durch die Funktion des Wertspeichers erhält Geld eine Beziehung zur Zeit; im Augenblick des Tauschs wird der Wert einer Ware gewissermaßen zeitlich eingefroren. Das so im Tausch erhaltene Geld hält für alle Zukunft den Wert dieser Ware zum Zeitpunkt und Ort seines Umtauschs fest. Die

Beziehung zwischen Zeit und Geld drückt sich unter anderem auch in den zeitlich variablen Preisen von Waren aus – etwa dem Preis von frischen Erdbeeren im Mai oder im Dezember. Ebenso wie mittels der Funktion Wertspeicher vergangene Werte in Erfahrung gebracht werden können (»was haben Erdbeeren im Dezember 1968 in München gekostet?«) können umgekehrt auch in der Zukunft liegende Werte verhandelt werden (»wer bietet Erdbeeren zu welchem Preis und lieferbar in einem halben Jahr an?«). Die Funktion des Wertspeichers erlaubt somit längerfristiges Handeln, über den jeweiligen individuellen und zeitlichen Bedarf hinaus.

Liquidität

Das Vorhandensein von Geld wird als Liquidität bezeichnet; Unvergleichliches wird vergleichbar, Unterschiedliches tauschbar, Werte können gespeichert werden.

Ist jedoch kein Geld vorhanden, stehen auch seine den Handel und das Handeln erleichternden Funktionen nicht zur Verfügung. Es müssten dann Äpfel mit Birnen verglichen, Klavierstunden gegen Schweinehälften getauscht und Verderbliches schnell verbraucht werden. (Zudem gäbe es wohl gar keine Klaviere, da deren Herstellung ohne industrielle Arbeitsteilung kaum denkbar wäre, also auch keine Klavierlehrer.)

Ohne diese durch Liquidität zur Verfügung stehenden Geldfunktionen ruhen somit Arbeit, Maschinen und Handel weitgehend; der Austausch von Waren und Dienstleistungen wird auf das Notwendigste beschränkt, das wirtschaftliche Leben kommt nahezu komplett zum Erliegen und kann dann sozusagen nur noch »von der Hand in den Mund« erfolgen. Der Einsatz der eigenen Arbeitskraft über die jeweils persönlichen Grundbedürfnisse hinaus – also das Arbeiten für die Bedürfnisse anderer – ist ohne Liquidität nur stark eingeschränkt vorstellbar. Geld vermittelt gewissermaßen zwischen den Bedürfnissen der einen und den Möglichkeiten der anderen Menschen und ist somit die Grundlage für Angebot und Nachfrage. Erst Liquidität erlaubt eine arbeitsteilige Gesellschaft, das Erlernen und Ausüben komplexer Berufe und Investitionen in die Zukunft. Waren werden bewertbar, damit handelbar und ihre Werte speicherbar.

Alan Greenspan hat die Funktionen von Geld und deren fundamentale Bedeutung für arbeitsteilige Gesellschaften wie folgt auf den Punkt gebracht:

> Geld ist der gemeinsame Maßstab aller wirtschaftlichen Transaktionen. Es ist der Rohstoff, der als Tauschmittel dient, der von allen Teilnehmern einer Tauschgesellschaft als Bezahlung ihrer Güter und Dienstleistungen akzeptiert wird und der von daher als Bewertungsmaßstab und zur Wertaufbewahrung für das Sparen dient. Die Existenz eines solchen Rohstoffes ist Voraussetzung für eine arbeitsteilige Wirtschaft. Wenn die Menschen keinen objektiv bewertbaren Rohstoff hätten, der allgemein als Geld akzeptiert werden kann, so wären sie auf primitiven Naturaltausch angewiesen oder gezwungen, autark auf Bauernhöfen zu leben und auf die unschätzbaren Vorteile der Arbeitsteilung zu verzichten. Wenn die Menschen kein Mittel zur Wertaufbewahrung, das heißt, zum Sparen hätten, wären weder eine langfristige Planung, noch ein Austausch möglich.[2]

ZUSAMMENFASSUNG
Die drei klassischen Funktionen von Geld lauten Wertmaßstab, Tauschmittel und Wertspeicher. Sie sind Grundlage einer arbeitsteiligen Gesellschaft.

Die verschiedenen Arten von Geld

Die oben erwähnten, nahezu unbegrenzt möglichen Erscheinungsformen von Geld lassen sich in drei wesentliche Arten unterteilen: Naturalgeld, repräsentatives Geld und Fiatgeld.

Naturalgeld

Naturalgeld ist die früheste und einfachste Form von Geld, bei welcher das Geld selbst bereits seinen Wert darstellt. Typische Beispiele von Naturalgeld sind Gold- und Silbermünzen, Muscheln, Vieh oder Zigaretten. Da der Wert des Naturalgelds seinem jeweiligen Materialwert entspricht, kann es von jedem herausgegeben werden, der über die entsprechenden Naturalien verfügt. Jeder Besitzer von Gold, Silber, Vieh, Muscheln oder Zigaretten kann diese Naturalien in den drei klassischen Geldfunktionen verwenden: Sobald eine Zigarette nicht geraucht, sondern getauscht wird, verwandelt sie sich augenblicklich zu Geld – sie dient als Wertmaßstab, Zahlungsmittel und Wertspeicher.

Interessanterweise sind zu dieser spontanen Verwandlung von Naturalien in Geld keinerlei gesetzliche Vorschriften notwendig, da schon allein der Tausch zwischen Käufer und Verkäufer eine Zigarette zum Zahlungsmittel werden lässt. Mehr noch: Zu dieser spontanen Verwandlung sind nicht nur weder Gesetz noch Zentralgewalt notwendig, es ist einer Zentralgewalt sogar nahezu unmöglich, diese Verwandlung zu kontrollieren. Beispielhaft hierfür ist die Verwendung von Kaffee oder Zigaretten als Geld in Gefängnissen oder zu Schwarzmarktzeiten.

Die Regeln, nach welchen Naturalgeld geschaffen wird, sind jedermann bekannt, und so kann es dezentral und von einzelnen Personen spontan geschöpft werden – einfach, indem Naturalien als Geld verwendet werden. Der Wert von Naturalgeld muss dabei nicht von einer Zentralgewalt ermittelt oder als Zahl auf das Geld aufgedruckt werden, da eine Zigarette stets dem Wert einer Zigarette, eine Muschel stets dem einer Muschel und eine Unze Gold stets dem einer Unze Gold entspricht.

Auf diese Weise stärkt Naturalgeld die Unabhängigkeit des Individuums und schwächt die Machtposition einer eventuell bestehenden zentralen Gewalt - sei es Gefängnisdirektor, König oder Staat. Da Naturalgeld also von jedermann herausgegeben werden kann und es sich somit seinem Wesen nach jeder zentralen Kontrolle entzieht, könnte man es als eine Art »dezentrale Open-Source-Währung« bezeichnen.

Repräsentativgeld

Repräsentativgeld ist die zweite Spielart von Geld. Hierbei fungieren Naturalien nicht mehr direkt als Geld, sondern Gutscheine über Naturalien. Eine typische Form von repräsentativem Geld stellt der Goldstandard dar: Geldscheine, welche bei der ausstellenden Bank gegen eine fest vereinbarte und als Nennwert auf dem Geldschein bezeichnete Menge Gold eingetauscht werden können.

Im Gegensatz zu Naturalgeld ergibt sich hier die vorteilhafte Vereinfachung, dass die Naturalien selber nicht mehr bewegt oder mitgeführt werden müssen, sondern an sicheren Orten aufbewahrt werden können oder im Falle verderblicher Naturalien (Kaffee, Tabak, Vieh etc.) erst zu einem späteren Zeitpunkt bei Bedarf gegen die Naturalien eingetauscht werden.

Prinzipiell könnte man auch repräsentatives Geld als »dezentrale Open-Source-Währung« bezeichnen, da es auch von Individuen durch das Ausstellen eines entsprechenden Gutscheins geschöpft werden kann. Jedoch lässt sich ein solcher privat ausgestellter Gutschein (zum Beispiel über den Erhalt einer Unze Gold) nicht mehr so problemlos an Dritte als Zahlungsmittel weiterreichen wie die Naturalien selbst, da sich sein tatsächlicher Wert aus dem Nennwert des Naturalienversprechens (»eine Unze Gold«) und der Vertrauenswürdigkeit der ausstellenden Person oder Institution zusammensetzt – also letztlich dem Vertrauen, dass der Gutschein eingelöst werden kann.

Des Weiteren unterscheidet sich repräsentatives Geld von Naturalgeld darin, dass es möglich ist, Gutscheine nur partiell zu decken, also mehr Gutscheine auszustellen als Naturalien zu besitzen. Dabei ist die Höhe der notwendigen Deckung letztlich eine Frage des Vertrauens: Je vertrauenswürdiger der Aussteller, desto geringer kann dieser die Deckung gestalten, da Gutscheine umso seltener eingetauscht werden, je höher das Vertrauen in den Aussteller ist. Mit anderen Worten: Je höher das Vertrauen, desto besser eignen sich diese Gutscheine als Geld und bleiben daher in Verwendung als Wertspeicher oder Zahlungsmittel, ohne gegen die zugrunde liegenden Naturalien eingetauscht zu werden.

Fiatgeld

Fiatgeld bezeichnet das Geld, das wir heute kennen.

Es hat keinen intrinsischen Wert mehr, sondern sein Wert wird durch staatlichen Beschluss festgesetzt und als Nominalwert auf die Geldscheine aufgedruckt oder in die Münzen eingeprägt. Auf diese Weise kann Fiatgeld – im Gegensatz zu Naturalgeld – in beliebigen Mengen hergestellt werden. Aus seiner einfachen Herstellung aus dem Nichts und Wertfestsetzung per simplem Beschluss rührt auch dessen Name: »Fiat!« (Aus dem Lateinischen: »Es werde!«)

Fiatgeld funktioniert jedoch nur, wenn es von einer Zentralgewalt als gesetzliches Zahlungsmittel festgeschrieben und dessen Annahme durchgesetzt wird: Der Staat muss es zur Zahlung der Steuern ebenso wie der Bäcker im Tausch gegen Brot akzeptieren.

Natürlich wird Fiatgeld in aller Regel nicht einfach in beliebiger Menge hergestellt, sondern aus Kredit geschöpft und ist dann - solange die Regeln eingehalten werden - durch die Schulden der Kreditnehmer gedeckt (eine ausführlichere Erklärung folgt weiter unten im Abschnitt »Geldschöpfung«).

Seinen Wert erhält Fiatgeld also durch die Durchsetzungsmacht der Zentralgewalt per Zahlungsmittelgesetz, gepaart mit dem Vertrauen, dass die seiner Schöpfung zugrunde liegenden Schulden zurückgezahlt werden können.

ZUSAMMENFASSUNG
Man kann Geld in drei Arten unterteilen: Naturalgeld mit intrinsischem Wert (Zigaretten, Kaffee, Gold), Repräsentativgeld als Anspruch auf tatsächliche Werte (Goldstandard) und Fiatgeld ohne intrinsischen Wert oder Anspruch auf tatsächliche Werte (unser heutiges Geld).

Ohne Papier kein Krieg

Kriege schöpfen nicht, sondern zerstören - Leben ebenso wie Güter und Vermögen. Und da Kriege keine handelbaren Güter sind - man sie nicht gewinnbringend an Dritte wie eine Ware weiterverkaufen kann -, lassen sie sich nicht aus sich selbst heraus finanzieren, sondern müssen künstlich subventioniert werden.

Diese banale Feststellung hat weitreichende Konsequen-

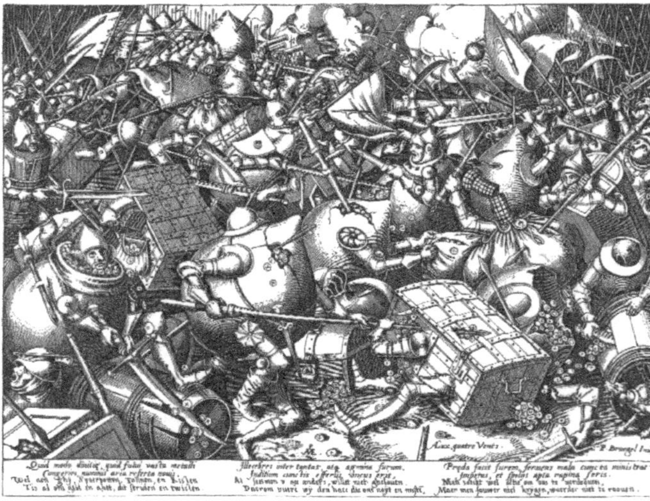

Abb. 1: Pieter van der Heyden nach Pieter Brueghel d. Ä., *Der Kampf der Sparbüchsen mit den Gelddosen*, nach 1570

zen: Denn aufgrund seiner Finanzierung stellt jeder Krieg zwischen zwei Nationen immer auch den Krieg zwischen zwei Währungen dar, in dem deren unterschiedliche Leistungsfähigkeit die Frage nach Sieg und Niederlage entscheidend bestimmt. Für die Kriegsfinanzierung ist dabei maßgeblich, dass enorme Geldmengen in kürzester Zeit aufgebracht werden müssen. Aus diesem Grund werden Kriege nicht mit Erspartem oder Erobertem (etwa Gold oder anderen Gütern) finanziert, sondern mithilfe von Versprechen: durch Papiergeld oder Anleihen. Kurz: Kriege benötigen Fiatgeld. So war es zu Zeiten des Goldstandards üblich, »zu Beginn eines Krieges die Bindung ans Gold zu lockern oder zu lösen und die freie Geldschöpfungskraft [der Notenpresse] für die Kriegsfinanzierung zu nutzen. Man ging dazu über, die freie Währung auch nach Beendigung des Krieges beizubehalten«.[3]

Aus der Tatsache, dass Kriege immer auch die Auseinandersetzung zwischen zwei Währungen bedeuten, ergibt sich eine weitere erstaunliche Konsequenz: Innerhalb nur einer Währung finden keine Kriege statt. Wollten zum Beispiel Frankreich und Deutschland heutzutage wieder gegeneinander zu Felde ziehen, müssten sie hierfür bei der Europäischen Union um einen Kredit bitten - den sie aber niemals erhalten würden, da die EU selbstredend keinen Krieg gegen sich selbst finanzieren würde. Frankreich und Deutschland müssten also entweder auf den Krieg verzichten oder aus der Europäischen Währungsunion austreten und wieder eigene Nationalwährungen aufbauen - ein Weg, den im US-amerikanischen Bürgerkrieg die Nord- und Südstaaten schließlich eingeschlagen haben.[4]

Da Kriege also mittels Fiatgeld finanziert werden, folgt weiter, dass jene Nation die größten Kriege führen kann, welche die leistungsfähigste und am weitesten verbreitete Fiatwährung besitzt. Wird diese Währung gar in aller Welt angenommen und in erheblichem Umfang von anderen Nationen als Reserve gehalten, können große Teile der Kriegskosten auf all jene externalisiert werden, die in eine solche Währung investieren oder investiert haben.

Die Fähigkeit des Gelddruckens stellt also eine wesentliche Grundlage des Kriegführens dar, und so gehört es zu den gängigen Kriegslisten, die Währung des Feindes mit allen Mitteln zu schwächen. So ordnete Napoleon im September 1809 den Druck von 100 Millionen gefälschter österreichischer Banknoten mit dem Ziel an, »diese Papiergeldausgabe im Wert zu mindern und Österreich zur Metallwährung zurückzuzwingen«.[5] Im Zweiten Weltkrieg fälschte Nazi-Deutschland US-Dollars und Britische Pfund[6], und heute vermuten die USA, dass Nordkorea große Mengen gefälschter 100-Dollarnoten in Umlauf bringt (den sogenannten »Superdollar«).[7]

Der Finanzhistoriker Niall Ferguson hat in seinen Forschungsarbeiten die Verbindung von Kriegen und der mit ihnen einhergehenden Entwicklung von Finanzinstrumenten detailliert untersucht:

> (...) das Ende von Napoleon 1815 bei Waterloo: Die Schlacht war auch ein Wettstreit zwischen zwei Finanzsystemen. Die Franzosen finanzierten den militärischen Konflikt durch Plünderung, die Engländer dagegen nutzten den Anleihemarkt und nahmen Schulden auf. So gelang ihnen der Aufstieg zur Weltmacht. (...) Wahrscheinlich begann der Staat überhaupt erst mit dem Schuldenmachen, als die Venezianer im 13. Jahrhundert entdeckten, dass sie auf diese Weise Kriege leichter finanziert bekommen: wenn sie nämlich das Geld von den Bürgern leihen, anstatt diese zu besteuern. Hier liegt der Ursprung des Rentenmarktes. Hinter jedem großen historischen Ereignis verbirgt sich ein finanzielles Geheimnis.[8]

Vergleich der Geldarten

Vergleicht man also nun diese drei Geldarten, so ergeben sich interessante Unterschiede: Natural- und Repräsentativgeld können dezentral herausgegeben werden, da sich ihr Wert bereits intrinsisch ergibt; Fiatgeld ist jedoch auf eine Zentralgewalt und Zahlungsmittelgesetze angewiesen. Eine Nation mit goldgedecktem Repräsentativgeld exportiert im Falle eines Handelsbilanzdefizits Gold; die Fiatgeldnation exportiert nur Papier oder elektronische Zahlungsversprechen. Aus diesem Grund ist Repräsentativgeld auch verhältnismäßig manipulationssicher und die Staatsverschuldung eng begrenzt; Fiatgeld kann leichter manipuliert und die Staatsverschuldung durch immer weitere Zahlungsversprechen in schwindelerregende Höhen getrieben werden.

Aber vor allem können Kriege mit Natural- oder Repräsentativgeld nicht finanziert werden, wohl jedoch mit Fiatgeld. Fiatgeld ist die wichtigste Grundlage für militärische wie wirtschaftliche Expansion.

Natural-, bzw. Repräsentativgeld	**Fiatgeld**
dezentral, »Open Source«	Zentralgewalt
Export von Naturalgeld ein echter Verlust: Gold verlässt das Land.	Export von Fiatgeld sehr lukrativ: Papier verlässt das Land.
manipulationssicher	kann politisch manipuliert werden
Staatsverschuldung eng begrenzt	Staatsverschuldung kaum begrenzt
Kriege können nicht finanziert werden	Kriege können finanziert werden

Abb. 2: Vergleich der Geldarten

ZUSAMMENFASSUNG

Die drei Geldarten unterscheiden sich ganz wesentlich bezüglich der Machtfrage: Im Gegensatz zu Natural- und Repräsentativgeld setzt Fiatgeld eine zentrale Gewalt voraus, um es als gesetzliches Zahlungsmittel durchsetzen zu können. Gleichzeitig erlaubt Fiatgeld die Finanzierung einer solchen zentralen Gewalt.

Abb. 3: Sir Thomas Gresham[10]

»Gutes« und »schlechtes« Geld

Gresham's Law

Obwohl das nach Sir Thomas Gresham (1519–1579) benannte Gesetz wohl zu den wichtigsten Grundsätzen der Geldtheorie zählt, wird es doch oft sinnumkehrend angewandt. Die meist zu findende, verkürzte – und in dieser Verkürzung falsche – Formulierung lautet:

»Schlechtes Geld verdrängt gutes Geld.«[9]

Diese Aussage beschreibt die Erfahrung aus dem Alltag, dass jeder stets versucht, »schlechtes« Geld auszugeben und »gutes« zu behalten: eingerissene Geldscheine oder verdreckte Münzen wird man bei der nächsten Gelegenheit ausgeben, bevor man sich von druckfrischen Banknoten oder glänzenden Münzen trennt. Auf diese Weise wird »gutes« nach und nach von »schlechtem« Geld aus dem Umlauf verdrängt.

Heutzutage mag es nur von ästhetischer Bedeutung sein, ob die umlaufenden Münzen glänzen und sich die Scheine frisch anfühlen. Zu Zeiten des Gold-Silber-Bimetall-Standards führte das von Gresham beschriebene Verhalten jedoch zu erheblichen Problemen: Sobald der tatsächliche Wert von Gold zu Silber nicht mehr dem auf den Münzen aufgeprägten Zahlenwerten entsprach, versuchte jeder, das »gute« Geld zu horten und das »schlechte« auszugeben. Für eine Nation konnte das bedeuten, dass »gutes« Geld (etwa Goldmünzen) außer Landes geschafft wurden, während nur das »schlechte« Geld (etwa Silbermünzen mit hohem Kupferanteil) weiterhin innerhalb der Landesgrenzen umlief.

Der häufig anzutreffende Fehler in der Interpretation von Gresham's Law besteht nun darin, dass angenommen wird, »schlechtes« Geld würde *stets* das »gute« verdrängen. Die tatsächliche Bedeutung von Gresham's Law erhält man jedoch erst, wenn man den dazugehörigen Nebensatz nicht unterschlägt:

»Schlechtes Geld verdrängt gutes Geld, *wenn ein Annahmezwang besteht.*«

Dieser Nebensatz ist von allergrößter Bedeutung. Trifft er nämlich nicht zu – liegt also kein Annahmezwang vor –, dann passiert das genaue Gegenteil: »gutes« Geld verdrängt »schlechtes«. Denn wenn Bäcker, Taxifahrer und Kellner die Annahme dreckiger Münzen und eingerissener Scheine verweigern, können sie nicht mehr zirkulieren und jeder wird versuchen, auch selbst nur noch schöne Scheine und glänzende Münzen anzunehmen.

Gesetzliches Zahlungsmittel ist schlechtes Geld

Anders formuliert lautet Gresham's Law:

»Wenn ein Annahmezwang besteht, wird gutes Geld von schlechtem Geld verdrängt.«

Nun beruhen Wert und Funktion unseres heutigen Geldes ausgerechnet auf dem Vorhandensein eines Annahmezwangs: Fiatgeld ist stets auch gesetzliches Zahlungsmittel, dessen Annahme die Nationalstaaten mit allen notwendigen Mitteln durchsetzen. Und gleichzeitig benötigt der Nationalstaat Fiatgeld zur Finanzierung seiner nationalstaatlichen Ziele; Fiatgeld und Nationalstaaten (in ihrer heutigen Ausprägung) bedingen sich gegeneinander. Und so leben wir in einer Welt, in der die nationalstaatliche Raison zwangsläufig zur Verwendung schlechten Geldes führt.

Hieraus ergibt sich ein erstaunlicher Widerspruch unserer marktwirtschaftlichen Systeme: Ausgerechnet Geld selbst – der Maßstab allen wirtschaftlichen Handelns – ist kein im freien Wettbewerb befindliches Gut, sondern unterliegt nationalstaatlichen Annahmezwängen. Würde man diesen Annahmezwang auf Güter übertragen – etwa Bier und Schweinebraten –, würden schlechte Güter die besseren verdrängen und deren Qualität notwendigerweise leiden. Das frische Bier und den knusprigen Braten würde der Wirt nur mit seiner Familie und seinen allerbesten Freunden verzehren; schal gewordenes Bier und fettigen Braten hingegen seinen Gästen aufzwingen.

ZUSAMMENFASSUNG
Annahmezwang fördert schlechtes Geld und benachteiligt gutes.

Internationale Liquidität, 1. Teil

Durch die Verwendung von nationalen Fiatwährungen ist das Problem der internationalen Liquidität entstanden: Denn mit welcher Währung kann im internationalen Verkehr gezahlt werden, wenn die einzelnen Fiatwährungen jeweils nur in ihren Ursprungsländern gesetzliche Zahlungsmittel sind? Und welchen Nutzen haben diese Währungen außerhalb ihrer Ursprungsländer? Da der Händler, der zum Beispiel Waren von Europa nach Japan liefert, mit den eingenommenen Yen in Europa keine Güter bezahlen kann, muss er entweder Güter in Japan beziehen oder die Yen in die Währung einer Nation wechseln, mit der er wiederum Güter bezahlen kann.

Bis vor dem Ersten Weltkrieg stellte sich dieses Problem noch nicht in der heutigen Weise, da etwa 70 bis 80 Prozent der gesamten in der Welt im Umlauf befindlichen Geldmenge in Form von Silber- oder Goldmünzen zirkulierte.[11]

Da das umlaufende Gold oder Silber bereits per Definition nicht national war, konnte es problemlos von Händler zu Händler ebenso wie von Nation zu Nation weitergereicht werden – und wurde nach Wunsch oder Bedarf sogar von den jeweiligen nationalen Münzstätten gegen eine geringe Gebühr umgemünzt (etwa aus italienischen in deutsche Münzen).[12]

Dieses Problem der internationalen Liquidität konnte in den letzten rund 100 Jahren nicht zufriedenstellend gelöst werden, und so behilft man sich heute damit, die nationalen Währungen einiger privilegierter Länder auch im internationalen Zahlungsverkehr zu verwenden – allen voran den US-Dollar. Diese Verwendung des US-Dollars als vornehmliche Transaktions- und Reservewährung hat jedoch nicht nur den

USA eine dominierende Rolle in der Entwicklung der Welt seit Ende des Zweiten Weltkriegs gesichert, sondern zu weiteren Problemen geführt und dabei nicht zuletzt auch die Grundlagen für die Finanzkrise von 2008 gelegt (siehe Abschnitt »Dollarkrise, 2. Akt«).

ZUSAMMENFASSUNG
Da nationalstaatliche Fiatwährungen nur jeweils in ihrer eigenen Nation als gesetzliches Zahlungsmittel dienen, stellen sie kein geeignetes Instrument für internationale Zahlungen dar.
Für dieses Problem der internationalen Liquidität konnte seit der Abschaffung des Goldstandards (1931) keine zufriedenstellende Lösung gefunden werden.

Millionen – Milliarden – Billionen

Große Zahlen entziehen sich der menschlichen Vorstellungskraft – das altgriechische Wort μύριας (myrias) bezeichnet die Zahl 10 000, während sein Plural μύριος (myrios) bereits für »unendlich« steht. In der Welt des Geldes stellt 10 000 jedoch noch einen eher bescheidenen Betrag dar, und so sprengen die in Zeitungen und Büchern genannten Zahlen häufig jedes menschliche Verständnis. Vielleicht hilft es daher, sich diese großen Zahlen zu verbildlichen.

Als Quadratzahlen

- Ein i-Punkt in diesem Buch ist etwa 0,3 Millimeter groß.
- Ein streichholzkopfgroßes Quadrat von drei auf drei Millimeter würde also bereits 100 i-Punkte enthalten.

- Ein daumenabdruckgroßes Quadrat von 30 auf 30 Millimeter entspräche schon **10 000** i-Punkten.
- Ein Quadrat von 300 auf 300 Millimeter – etwa drei Buchseiten – ergäbe dann bereits **100 Millionen** i-Punkte.
- Das Zehnfache – also 30 solcher Seiten – hält **eine Milliarde** i-Punkte.
- Davon das Eintausendfache – also 30 000 Seiten – und man erhält **eine Billion** i-Punkte.

Im Verhältnis zum Erdumfang und anderen Entfernungen

- Eine **Million** Millimeter entsprechen einem Kilometer.
- Eine **Milliarde** Millimeter entsprechen 1000 Kilometer oder etwa der Entfernung Berlin-Paris.
- Eine **Billion** Millimeter entsprechen eine Million Kilometer oder etwa dem 25-fachen Erdumfang.

Ein Beispiel

Die Kosten des Irakkriegs werden auf ca. drei Billionen US-Dollar geschätzt, das entspricht einer Anzahl von etwa 90 000 mit i-Punkten geschwärzten Seiten oder 75 Erdumrundungen in Millimeterschritten.

Zahlen in Worten

Leider verwendet man im Deutschen und im Englischen für dieselben Zahlen unterschiedliche Begriffe:

1000: »**Tausend**«, US-engl. »thousand«
1000 000: »**Million**«, US-engl. »million«
1000 000 000: »**Milliarde**«, US-engl. »billion«
1000 000 000 000: »**Billion**«, US-engl. »trillion«

Wie die Welt auf den Dollar gekommen ist

Heute stellt der US-Dollar mit großem Abstand die wichtigste Währung der Welt dar. Er dominiert den internationalen Handel mit Öl, Metallen, Rohstoffen, Nahrungsmitteln etc. ebenso wie die weltweiten Zentralbankreserven, die zu rund 65 Prozent in US-Dollar gehalten werden.[13]

Die Entwicklung des US-Dollars zur Weltleitwährung festigte die Position der USA als Supermacht und hat die Welt in einer Weise geprägt, wie es nur wenige historische Ereignisse vermögen; Marshallplan, Wiederaufbau nach dem Zweiten Weltkrieg, Wirtschaftswunder, Mondfahrtprogramm, Kalter Krieg, Vietnamkrieg, Ölkrise, Irakkrieg, Globalisierung und vieles andere mehr – etwa der Klimawandel – wären ohne den US-Dollar als Weltleitwährung anders verlaufen.

Seine Sonderrolle erhielt der US-Dollar im Jahr 1944 durch die Konferenz von Bretton Woods, einem Kurort im US-Bundesstaat New Hampshire.

Allerdings gestaltete sich diese Konferenz nicht etwa so, wie häufig angenommen: Denn keineswegs hatten sich die dort vertretenen 44 Nationen nach langen Debatten rational begründet auf den US-Dollar als Weltleitwährung geeinigt. Vielmehr wurde dieser dazu gekürt, ohne dass die Konferenzteilnehmer dies bemerkt oder auch nur besprochen hätten. Denn dieses Ergebnis wurde erst Monate später bekannt und führte unter anderem zu Protesten der britischen Regierung.

Im Vorfeld dieser Konferenz spielten die imperialistischen Währungspläne Nazi-Deutschlands eine wesentliche Rolle; ebenso die im Auftrag der britischen Regierung von Sir John Maynard Keynes entwickelten Vorstellungen einer supranationalen Wirtschaftsordnung.

Nazi-Deutschland 1940: Gütertausch und Reichsmark

Die wirtschaftliche Neuordnung Europas

Im Frühjahr 1940 hatten die Achsenmächte bereits fast ganz Europa unter ihre Kontrolle gebracht; der Krieg schien bald zu Ende und ein Sieg Nazi-Deutschlands kaum mehr abzuwenden. Auf diesem Höhepunkt der militärischen Erfolge und politischen Macht lud Walther Funk, Reichswirtschaftsminister und Präsident der Deutschen Reichsbank, am 25. Juli 1940 zu einer internationalen Pressekonferenz und erläuterte die von Nazi-Deutschland nach der baldigen »siegreichen Beendigung des Krieges« vorgesehene »wirtschaftliche Neuordnung Europas«.[14]

Abb. 4: Walther Funk, ehemaliger Reichswirtschaftsminister und Präsident der Reichsbank, auf der Anklagebank bei den Nürnberger Kriegsverbrecherprozessen[15]

Deutsche Interessen und Vorherrschaft der Reichsmark

Wenig überraschend sollte diese Neuordnung vor allem deutschen Interessen dienen:

> Die kommende Friedenswirtschaft muß dem Großdeutschen Reich ein Maximum an wirtschaftlicher Sicherheit garantieren und dem deutschen Volke ein Maximum an Güterverbrauch zur Erhöhung der Volkswohlfahrt. Auf dieses Ziel ist die europäische Wirtschaft auszurichten.[16]

Europa sollte unter der Vorherrschaft der Reichsmark stehen:

> Es ist selbstverständlich, daß die Reichsmarkwährung (...) eine dominierende Stellung haben wird. Die gewaltige Stärkung der Macht des Großdeutschen Reiches wird eine Befestigung der Reichsmarkwährung als selbstverständliche Folge nach sich ziehen. Der Geltungsbereich der Reichsmark, die von der Fessel der ungeregelten Auslandsschulden und der zahlreichen verschieden bewerteten Sorten befreit werden wird, muß dann laufend zunehmen.[17]

Nazis ohne Gold: die durch Arbeit gedeckte Reichsmark

Mit den herkömmlichen Methoden einer goldgedeckten Währung wäre das Ziel einer dominierenden Reichsmarkwährung jedoch niemals zu erreichen gewesen: Nazi-Deutschland verfügte nur noch über geringe Goldmengen. Nahezu die gesamten Goldreserven der Welt befanden sich in den USA. Daher sollte die Reichsmark durch etwas anderes gedeckt sein – Arbeit. Funk wies darauf hin, dass diese Methode bereits Grundlage für die Finanzierung der deutschen Kriegsmaschinerie war:

> (...) so bewegt immer noch die Frage »Wie wird dieser Krieg in Deutschland finanziert?« die Gemüter in der Welt auf das lebhafteste. Der Krieg wird finanziert durch die Arbeit, denn wir geben kein Geld aus, das nicht erarbeitet ist. Arbeitswechsel, die

das Reich begibt und die die Reichsbank diskontiert, sind Unterlage des Geldes.[18]

Güter werden gegen Güter und nicht gegen Geld getauscht

Wesentlich bedeutender jedoch als die Frage nach der »neuen Währungsgrundlage« war für Funk die Frage der »Wirtschaftsführung«:

> Die Währung ist stets das Sekundäre und Wirtschaftsführung das Primäre. Wenn die Wirtschaft nicht gesund ist, kann es auch keine gesunde Währung geben.[19]

Diese untergeordnete Rolle der Währung sollte sich durch den weitgehenden Verzicht von Geld im Handel mit anderen Ländern ergeben: Güter sollten nicht mehr gegen Geld, sondern gegen Güter getauscht werden – wodurch Geld nur noch als Verrechnungseinheit in Erscheinung treten würde. Diese Methode des Güteraustauschs war bereits Grundlage der deutschen Kriegswirtschaft und sollte nun – weiter ausgebaut – Grundlage der europäischen Wirtschaftsordnung werden, wodurch es laut Funk zu »einer gesunden europäischen Wirtschaft und einer vernünftigen wirtschaftlichen Arbeitsteilung zwischen den europäischen Volkswirtschaften« kommen würde. Während der Güteraustausch Nazi-Deutschlands noch auf bilateralen Handelsabkommen beruhte (etwa Stahl gegen Weizen), sollten die Länder des »neu geordneten« Europa ihre jeweiligen Lieferungen und Bezüge von Gütern über eine zentrale Clearingstelle verrechnen. Durch die Einführung einer solchen Clearingstelle müssten die verschiedenen Länder nicht für die jeweils benötigten Güter entsprechende Tauschpartner finden, sondern jedes einzelne Land würde an die Gemeinschaft der Länder liefern und im Austausch entsprechend aus der Gemeinschaft Güter beziehen. Über die Clearingstelle würde dann auch sichergestellt, dass die Länder mit der Gemeinschaft als Ganzes im Gleichgewicht stünden, jedes Land könnte so viele Güter beziehen, wie es selbst lieferte:

> Die Frage nach der zukünftigen allgemeinen Wirtschaftsordnung in Europa ist also dahin zu beantworten, daß wir nach der siegreichen Beendigung des Krieges diejenigen Methoden in der Wirtschaftspolitik zur Anwendung bringen werden, die uns die großen wirtschaftlichen Erfolge vor dem Kriege und insbesondere auch im Kriege gewährleistet haben, und daß wir nicht daran denken, das ungeregelte Spiel der Kräfte wieder wirksam werden zu lassen, durch das die deutsche Wirtschaft in die größten Schwierigkeiten gekommen ist. Wir sind der Überzeugung, daß von unseren Methoden nicht nur die großdeutsche Wirtschaft, sondern auch alle Wirtschaften Europas, die mit Deutschland auf Grund der natürlichen Grundlagen in engen Handelsbeziehungen stehen, Nutzen haben werden. (...)
>
> Es wird auf Grund der bisherigen schon angewandten Methoden des bilateralen Wirtschaftsverkehrs eine weitere Entwicklung zum multilateralen Wirtschaftsverkehr und zu einem Ausgleich der Zahlungssalden der einzelnen Länder kommen, so daß also auch die verschiedenen Länder über eine solche Clearingstelle untereinander in geregelte Wirtschaftsbeziehungen treten können.
>
> (...) es kommt zunächst darauf an, die Clearingtechnik weiterzuentwickeln, so daß ein reibungsloser Zahlungsverkehr innerhalb der an das Clearing angeschlossenen Länder gewährleistet wird. Die Voraussetzungen hierfür sind um so mehr gegeben, als bereits heute fast alle Länder, die für einen Anschluß an ein europäisches Zentralclearing in Frage kommen, eine Devisenbewirt-

schaftung in dieser oder jener Form haben. Die Voraussetzungen für ein gut funktionierendes Clearingsystem sind, daß in den Clearingverträgen feste, bei allen Zahlungen geltende Umrechnungssätze vereinbart werden, daß die Kurse für lange Zeit stabil bleiben und daß die im Clearing überwiesenen Beträge stets sofort ausbezahlt werden. (...)

In Europa soll jedes Land seine eigenen Wirtschaftskräfte entwickeln und entfalten und jedes Land auch mit einem anderen Land Handel treiben können, aber die Grundsätze und Methoden, nach denen sich dieser Handel vollzieht, werden - im Großen gesehen - die gleichen sein müssen. Das hat den Vorteil, daß man die wirtschaftlichen Reglementierungen und Zwangsmaßnahmen unter einem solchen allgemein gültigen Geld- und Zahlungssystem weitgehend abbauen kann; denn dann sind diese bis ins kleinste gehenden Überwachungen und Vorschriften, die ein den einzelnen Wirtschaftsbetrieb stark belastendes Formularwesen mit sich bringen, nicht mehr notwendig. Wenn durch den Friedensvertrag klare Verhältnisse geschaffen worden sind und das europäische Zentralclearing funktioniert, werden innerhalb dieses Raumes die Devisenbeschränkungen abgebaut werden können; in erster Reihe für den Reiseverkehr und den kleinen Grenzverkehr, dann aber auch für den Warenverkehr im Rahmen einer kontingentierten Einfuhr, wobei die Verteilung der Kontingente den Wirtschaftsgruppen übertragen werden kann, die in den verschiedenen Ländern adäquat zu organisieren wären. Auch den Devisenbanken können dann bestimmte Funktionen übertragen werden für Zahlungen zur Weiterleitung auf das Clearingkonto, insbesondere aber auch für die kurzfristige Finanzierung des Warenverkehrs. Für den Kapitalverkehr jedoch wird eine staatliche Lenkung und Kontrolle noch weiterhin unentbehrlich sein.[20]

Abb. 5
Hjalmar Schacht, ehemaliger Reichsminister und Architekt der »wirtschaftlichen Neuordnung Europas«, in einem alliierten Internierungslager[21]

Erhöhung des politischen Gewichts Europas

Durch diese »Wirtschaftssolidarität der europäischen Staaten« sollte auch das politische Gewicht Europas in der Welt erhöht werden:

> Die Vereinigten Staaten müssen den Gedanken aufgeben, daß sie Deutschland bzw. Europa ihre wirtschaftlichen Bedingungen aufoktroyieren können. (…)
>
> Es muß eine Stärkung des wirtschaftlichen Gemeinschaftsgefühls unter den europäischen Völkern herbeigeführt werden durch Zusammenarbeit auf allen Gebieten der Wirtschaftspolitik (Währung, Kredit, Produktion, Handel usw.). Die Wirtschaftssolidarität der europäischen Staaten soll eine bessere Vertretung der europäischen Wirtschaftsinteressen gegenüber anderen wirtschaftlichen Gruppen in der Weltwirtschaft ermöglichen. Dieses geeinigte Europa wird sich von keinem außereuropäischen Ge-

bilde Bedingungen politischer und wirtschaftlicher Art vorschreiben lassen. Es wird auf der Basis der Gleichberechtigung jederzeit mit anderen Partnern Handel treiben, dabei aber das volle wirtschaftliche Gewicht des Kontinents in die Waagschale werfen können.[22]

Die Goldfrage

Da nach der »Neuordnung Europas« Güter gegen Güter und daher vorrangig nicht mehr gegen Geld oder Gold getauscht würden, käme Gold nur noch eine unbedeutende Rolle zu:

> Als Grundlage für die europäischen Währungen wird das Gold in Zukunft keine Rolle mehr spielen, denn die Währung ist nicht abhängig von ihrer Deckung, sondern sie ist abhängig von dem Wert, den ihr der Staat, das heißt in diesem Falle die vom Staate geregelte Wirtschaftsordnung, gibt. Das vorstehend geschilderte Clearingystem macht das Gold für Währungs- und Zahlungszwecke innerhalb des Clearings entbehrlich. Etwas anderes ist es, ob man das Gold auch weiterhin als ein zweckmäßiges Mittel betrachtet, das zum Ausgleich der Zahlungssalden außerhalb des Clearingsystems, also für den freien Handels- und Zahlungsverkehr, Verwendung findet; aber niemals werden wir eine Währungspolitik treiben, die uns in irgendeine Abhängigkeit vom Gold bringt, denn wir können uns nicht an ein Mittel binden, dessen Wert wir nicht selbst bestimmen.[23]

Die Rolle der USA

In einem auffällig bissigen Tonfall kritisierte Funk in seiner Rede auf der Pressekonferenz die Rolle der USA, die durch ihre unausgeglichene und nicht nachhaltige Wirtschafts- und Handelspolitik große Mengen Gold anhäuften und das Gleichgewicht der Weltwirtschaft störten:

Aber die Vereinigten Staaten müssen, wenn sie dazu beitragen wollen, die Weltwirtschaft wieder kontinuierlich zu gestalten, von ihrer falschen Methode abgehen, daß sie gleichzeitig das größte Gläubigerland und gleichzeitig das größte Exportland sein wollen. Dies sind Dinge, die sich nicht auf einen Nenner bringen lassen, denn wenn man ein großes Gläubigerland ist, darf man nicht den Export mit allen Mitteln forcieren und den Import systematisch behindern. Was die Amerikaner mit ihrem Gold einmal machen werden, das vermögen wir nicht zu beantworten. Das Goldproblem ist in erster Linie ein Problem für die Vereinigten Staaten von Amerika. (...)

Wenn die Amerikaner von ihrem Gold wieder loskommen wollen, was zur Zeit zinslos und arbeitslos in den Kellern von Fort Knox liegt, dann könnten sie den Dollar aufwerten, was natürlich für die amerikanische Wirtschaft mit erheblichen Schwierigkeiten verbunden sein würde. Aber dann würde Gold aus Amerika herausfließen, das heißt, dann würde man in Amerika gut verkaufen können, es würde also ein Warenstrom nach Amerika einsetzen. Das wird aber eine Frage sein, die davon abhängt, inwieweit die innere amerikanische Politik eine solche Maßnahme durchführen kann. Wenn man im übrigen das ganze Gold, das in Amerika in der Erde liegt, auf eine Insel brächte und diese Insel durch eine Naturkatastrophe im Meere versinken würde, dann würde das Wirtschaftsleben der Völker auch weitergehen. Über das Goldproblem ist das letzte Wort noch nicht gesprochen.[24]

Autarkie und Export

Das von Nazi-Deutschland »geeinigte Europa« sollte einerseits autark sein und sich selbst versorgen können, andererseits »auch mit der übrigen Welt in wirtschaftlichen Beziehungen stehen, um den Lebensstandard des deutschen

Volkes und der hochentwickelten europäischen Industriestaaten immer weiter nach oben auszurichten«. Zu der Frage von Importen und Exporten führte Funk entsprechend aus:

> Es kommt darauf an, was der europäische Wirtschaftsraum umfassen und was ihm als direkte Hilfsquellen zur Verfügung stehen wird. Gewisse Produkte werden in Europa immer fehlen. Aber wir denken ja auch nicht daran, zu einer ausschließlich sich selbst genügenden Wirtschaft überzugehen, die wir auch in Deutschland weder vor noch im Kriege gehabt haben, sondern wir werden naturgemäß mit der Weltwirtschaft nach wie vor weitgehend verflochten sein. Die Frage lautet also nicht Autarkie oder Export, sondern Autarkie und Export, wobei der Begriff Autarkie nur richtig verstanden sein will. Wir werden Wert darauf legen, daß unsere hochwertigen Industrieprodukte auch im Austausch gegen die Rohstoffe der Weltmärkte gehandelt werden. Aber hier gibt es eine Einschränkung. Wir müssen darauf bedacht sein, daß möglichst alle diejenigen Produkte ausreichend im europäischen Wirtschaftsraum vorhanden sind, die diesen Wirtschaftsraum wirtschaftlich unabhängig von anderen Räumen machen. Wir müssen also die Wirtschaftsfreiheit dieses Raumes garantieren. Das ist weitgehend eine Frage des Lebensstandards. Wir brauchten zum Beispiel in der Zukunft keine Tonne Öl aus den überseeischen Märkten einzuführen, wenn wir den Treibstoffverbrauch entsprechend rationieren. Soll aber jeder soviel Auto fahren können, wie er will, und sollen soviel Automobile hergestellt werden wie möglich, so steht dem nichts entgegen, wenn man diesen überschießenden Teil des Öls aus der Welt einführt, weil in Notfällen der Verbrauch auf den Stand gebracht werden kann, den wir selbst zur Verfügung haben. Noch stärker ist dies der Fall bei Genußmitteln wie Kaffee, Tee, Kakao usw. Man wird also immer darauf achten müssen, daß in einer Notzeit der groß-

deutsche Wirtschaftsraum das, was ihm an eigenen wirtschaftlichen Kräften zur Verfügung stehen muß, nicht von Kräften und Mächten abhängig wird, auf die wir keinen Einfluß haben. Dabei wird man daran denken müssen, daß die großdeutsche Rohstoffgrundlage sich während des Krieges ganz gewaltig verbessert hat und daß Deutschland am Ende des siegreichen Krieges über ein Exportpotential verfügen wird, wie es noch nie der Fall war. In Kohle, Kali, Eisen, Holz, elektrischer Energie, aber auch in allen von der deutschen Wirtschaft und Wissenschaft mit so großem Erfolg entwickelten synthetischen Stoffen und durch die neuen Werkstoffe werden wir noch unabhängiger von der Weltwirtschaft und insbesondere von den Monokulturen der Welt sein, als das bisher der Fall war. Das gilt für alle Rohstoffe, insbesondere auch für die landwirtschaftlichen Erzeugnisse. (…) Aber grundsätzlich wird man die Wirtschaftspolitik immer wieder danach ausrichten müssen, daß wir auch mit der übrigen Welt in wirtschaftlichen Beziehungen stehen, um den Lebensstandard des deutschen Volkes und der hochentwickelten europäischen Industriestaaten immer weiter nach oben auszurichten.[25]

Die tatsächlichen Motive

Reichsmark als europäische Leitwährung

In seiner Rede führte Funk zwar für die Nationen Europas angebliche Vorzüge an, vermied es aber, den hinter dieser Neuordnung stehenden Mechanismus deutscher Machtausübung zu erläutern. Ein erster Hinweis über diesen Mechanismus enthält sein kurz darauf, am 11. August 1940 anlässlich der Ostmesse in Königsberg gehaltener Vortrag. Aus diesem geht hervor, dass die Reichsmark die Nachfolge der »Weltherrschaft des [britischen] Pfunds« antreten sollte:

Deutschlands Wirtschaft steht stark und für Krieg und Frieden wohlgerüstet da, in England aber wanken die wirtschaftlichen Fundamente. Ganze Produktionszweige sind in England bereits heute stillgelegt. Die Weltherrschaft des Pfundes ist effektiv nicht mehr vorhanden. Heute ist das englische Pfund schon weitgehend aus dem internationalen Zahlungsverkehr ausgeschaltet! Normale Welthandelsbeziehungen werden erst möglich sein, wenn der Krieg entschieden ist. Dann soll der zwischenstaatliche Güteraustausch nicht mehr unter einer Kampfparole stehen, sondern wieder das werden, was er immer hätte sein sollen: ein friedlicher Leistungswettbewerb zum Vorteil aller am Welthandel beteiligten Nationen.[26]

Nach dem gewonnenen Krieg sollte das britische Pfund also keine bedeutende Rolle mehr spielen können, weil die »wirtschaftliche Neuordnung Europas« auf der deutschen Reichsmark als Abrechnungseinheit beruhen würde. Einer Aufzeichnung von Chefdolmetscher Paul Otto Gustav Schmidt über die »Unterredung zwischen dem Führer und dem Grafen Ciano« vom 25. Oktober 1941 ist zu entnehmen, dass die Reichsmark als europäische Leitwährung festgesetzt werden sollte:

Daher gehöre die Zukunft nicht dem lächerlichen halbkultivierten Amerika, sondern dem neuerstandenen Europa, das sich mit seinen Menschen, seiner Wirtschaft, seinen geistigen und kulturellen Werten auch unbedingt durchsetzen würde unter der Voraussetzung, daß der Osten in den Dienst des europäischen Gedanken gestellt würde und nicht gegen Europa arbeite. (...) Bei einer solchen mitteleuropäischen Wirtschaftsgemeinschaft unter der Führung Deutschlands [sind] die Währungen Mitteleuropas auf eine einheitliche Grundlage zu stellen, so daß die Währungen der anderen mitteleuropäischen Länder (...) zur Reichsmark in ein festes Verhältnis gebracht werden [müssen].[27]

Mechanismen von Macht und Manipulation

Einblicke über die von Nazi-Deutschland vorgesehene Umsetzung eigener Machtinteressen sind internen Unterlagen der Reichskanzlei und des Reichswirtschaftsministeriums zu entnehmen. Die Arbeiten von Funk waren aufgrund eines Auftrags von Hermann Göring vom 22. Juni 1940 erfolgt: Er sollte mit den Vorarbeiten für den »Einbau der in das Reich eingegliederten und besetzten Gebiete in die großdeutsche Wirtschaft« und den »Neuaufbau der von Deutschland geführten kontinentalen Wirtschaft«[28] beginnen. In einem Aktenvermerk aus der Reichskanzlei vom 9. Juli 1940 heißt es hierzu:

> Mit dem anliegenden Erlaß hat der Beauftragte für den Vier-Jahresplan den Reichswirtschaftsminister mit der zusammenfassenden Vorbereitung des Aufbaues des deutsch-europäischen Wirtschaftsraumes beauftragt. Zu dieser Aufgabe ist folgendes zu bemerken: Die großen Erfolge der deutschen Wehrmacht haben die Grundlage für die wirtschaftliche Neuordnung Europas unter deutscher Führung geschaffen. Deutschland wird, nachdem es in den letzten Jahren seine Anstrengungen hauptsächlich auf die militärische Aufrüstung konzentrierte, in Zukunft auch den Weg des wirtschaftlichen Aufstiegs und der Entfaltung aller seiner Produktivkräfte auf breitester Grundlage verfolgen können. Eine starke Steigerung der Lebenshaltung wird die Folge sein. Die wichtigste Voraussetzung hierfür ist, daß die wirtschaftliche Balkanisierung Europas verschwindet. Ein neuer großer Wirtschaftsraum wird entstehen, in dem sich die Wirtschaft, unter staatlicher Führung nur in den Grundzügen, entwickeln kann. Die von Deutschland beeinflußten Teile Europas werden zu ei-

ner wirtschaftlichen Einheit zusammengefaßt werden müssen, wie sie bereits in anderen Großräumen, zum Beispiel den Vereinigten Staaten von Amerika und Rußland, vorhanden ist.[29]

Europa sollte also zur »starken Steigerung der Lebenshaltung« unter »deutsche Führung« gestellt werden.

Mit welchen Mitteln Funk diese Ziele umsetzen wollte, erläuterte er am 22. Juli 1940 in einer Sitzung im Reichswirtschaftsministerium. Zunächst führte Funk aus, dass das Ziel der vorgesehenen »Neuordnung« in der Macht Nazi-Deutschlands über Europa und der Unterordnung der anderen Nationen unter die Interessen Deutschlands bestehe:

Deutschland besitzt in Europa jetzt politisch die Macht, eine Neuordnung der Wirtschaft entsprechend seinen Bedürfnissen durchzusetzen. Der politische Wille, diese Macht zu gebrauchen, ist vorhanden. Daraus ergibt sich, daß die Länder sich nach uns ausrichten müssen. Die Wirtschaft der übrigen europäischen Länder muß sich unseren Bedürfnissen anpassen.[30]

Diese zwangsweise Anpassung sollte durch die Manipulation der Währungen und Preise der »übrigen europäischen Länder« erfolgen:

Manipuliert man die Preise gegenüber den Verrechnungsländern, dann ist es möglich, gleichzeitig die Währungen zu manipulieren. Dies gilt für den Verrechnungsverkehr in Europa. Im internationalen Überseeverkehr ist jedoch eine freie Währung nötig ...[31]

Nazi-Deutschland würde also sowohl die Preise der getauschten Güter als auch die Wechselkurse der europäischen

Währungen zur Reichsmark festsetzen. Durch diese Sonderrolle der Reichsmark als europäische Leitwährung könnte Nazi-Deutschland billig Rohstoffe und Arbeitsleistung aus den an der Reichsmark hängenden Nationen beziehen, während die eigenen Güter nur teuer exportiert würden. Diese Manipulation könnte natürlich nur innerhalb des Geltungsbereichs der Reichsmark gelingen; daher wäre für den Handel mit anderen Nationen eine »freie Währung« nötig.

Zwei Ländergruppen

Eine derartige Manipulation von Preisen und Wechselkursen hätte natürlich die angestrebte »starke Steigerung der Lebenshaltung« zum Ergebnis – jedoch auf Kosten jener Nationen, deren Währungen, Preise und Lebensstandard künstlich auf niedrigem Niveau gehalten würden. Zwingende Voraussetzung für die Manipulation war die Anbindung der europäischen Währungen an die Reichsmark; die Schaffung einer gemeinsamen europäischen Währung hätte diesen Plan durchkreuzt. Funk führte daher aus:

> Eine Währungs- und Zollunion kann nur Ländern gegenüber erörtert werden, welche etwa den gleichen Lebensstandard haben wie wir. Dies ist zum Beispiel im Südosten nicht der Fall. Es liegt auch gar nicht in unserem Interesse, im Südosten den gleichen Lebensstandard wie in Deutschland einzuführen.[32]

Die »Neuordnung« Funks sah daher eine Aufteilung Europas in »zwei Ländergruppen« vor:

> Innerhalb der europäischen zur deutschen Interessensphäre gehörenden Länder muß man zwei Gruppen unterscheiden. Zur ersten Gruppe gehörten die Länder mit einem dem deutschen

ähnlichen Preis-, Lohn-, Steuer- und Einkommensniveau. Als Beispiele sind Dänemark, Holland und die Schweiz zu erwähnen. Zum zweiten Kreis gehört der Südosten. Während der erste Kreis ähnlich wie der unsrige zu organisieren und im Zahlungsverkehr freizügiger zu behandeln ist, kommt der zweite Kreis wegen der erheblichen Unterschiede für eine Zahlungs- und Währungsunion nicht in Betracht. Sicher ist, daß eine engere Verflechtung mit Frankreich nach dem Kriege angestrebt werden muß. Die Stellung Rußlands zu den von Deutschland betreuten Gebieten ist noch offen.[33]

Furchtbare Freunde

In seiner an tschechische Kulturschaffende und Journalisten gerichtete, an Grobheit kaum zu übertreffenden Rede über »das kommende Europa« machte Joseph Goebbels am 11. September 1940 deutlich, dass die »Neuordnung Europas« eine Herrschaft der Achsenmächte über Europa bedeuten würde und Mitgestaltung oder Zustimmung durch die anderen Nationen nicht vorgesehen war:

> Wir müssen uns entweder als Freunde oder als Feinde begegnen. Und ich glaube, so weit kennen Sie uns nun schon aus unserer Vergangenheit; die Deutschen können furchtbare Feinde, aber auch sehr gute Freunde sein. Wir können einem Freund die Hand reichen und wirklich loyal mit ihm zusammenarbeiten; wir können aber auch einen Feind bekämpfen bis zur Vernichtung. Die Völker, die sich in diesen Ordnungsprozeß schon hineingefügt haben oder noch hineinfügen, stehen nun vor der Frage, ob sie diesen Einführungsprozeß gern und aus willigem Herzen, sozusagen aus Loyalität mitmachen, oder ob sie sich ihm innerlich widersetzen wollen. An den Tatsachen selbst ändern sie dadurch nichts. Sie dürfen überzeugt sein, daß die Achsenmächte, wenn

England zu Boden geworfen ist, an den machtpolitischen Tatsachen einer Neuorganisation Europas nach großen politischen, wirtschaftlichen und sozialen Gesichtspunkten nichts mehr ändern lassen werden. Wenn England daran nichts zu ändern vermag, wird das auch das tschechische Volk nicht fertigbringen. Wenn Sie aus der Geschichte der jüngsten Zeit gelernt haben, dann werden Sie wissen, daß an dem machtpolitischen Zustand von heute nichts mehr geändert werden kann und auch nichts mehr geändert werden wird.

Deshalb also, meine Herren - und ich spreche jetzt einmal ganz realpolitisch, ohne jeden Appell an das Sentiment -: Ob Sie diesen Zustand billigen oder nicht, ist gleichgültig; ob Sie ihn mit dem Herzen begrüßen oder nicht, ist unerheblich; an dem Zustand selbst ändern Sie nichts. (...)

Sie, meine Herren, haben jetzt einen Einblick in das Reich getan, und ich habe großen Wert darauf gelegt, daß Sie diese Reise machten, bevor ich mit Ihnen zusammenkam. Sie haben das Reich im Krieg gesehen, und Sie werden sich ungefähr eine Vorstellung davon machen können, was es im Frieden bedeuten wird. Dann wird unser großes volksstarkes Reich neben Italien praktisch die Führung Europas übernehmen. Daran ist gar nichts mehr zu drehen und zu deuteln. Das heißt also für Sie: Sie sind jetzt schon ein Glied eines großen Reiches, das sich eben anschickt, Europa eine neue Ordnung zu geben.[34]

ZUSAMMENFASSUNG

Der deutsche Plan zur »Neuordnung der europäischen Wirtschaft« ruhte auf zwei Säulen:

(1) Im Handel zwischen den europäischen Nationen sollten Güter nicht mehr gegen Geld, sondern im Austausch gegen Güter gehandelt werden.
(2) Die Reichsmark sollte als europäische Leitwährung festgesetzt werden, zu der die anderen Währungen in einem festen Wechselkurs stünden.

zu (1): Durch den multilateralen Gütertausch sollte eine »gesunde europäische Wirtschaft und eine vernünftige wirtschaftliche Arbeitsteilung« gewährleistet werden: Die Länder stünden mit ihren Güterlieferungen und -bezügen jeweils zu der Gesamtheit des Systems im Gleichgewicht. Da Geld nur noch als Verrechnungseinheit für die getauschten Güter dienen würde, käme ihm nur noch eine untergeordnete Rolle zu. Entsprechend könnte auf Gold als Zahlungsmittel weitgehend verzichtet werden.
zu (2): Da die Reichsmark als Verrechnungseinheit für die getauschten Güter dienen sollte, könnte Nazi-Deutschland den Wert der Waren und den Wechselkurs der angeschlossenen Währungen manipulieren. Auf diese Weise würde Europa in »zwei Ländergruppen« aufgeteilt: arme, Rohstoff und Arbeit liefernde Nationen und reiche Industrienationen. Auf diese Weise sollte die Rolle der Reichsmark als europäische Leitwährung »dem deutschen Volke ein Maximum an Güterverbrauch zur Erhöhung der Volkswohlfahrt« ermöglichen.

Großbritannien 1940–42: Gütertausch und Bancor

Gegenpropaganda

Über Monate hinweg dominierte die deutsche Propaganda das Thema einer zukünftigen Geld- und Wirtschaftsordnung, ohne dass es hierzu nennenswerte Gegenstimmen oder gar Gegenentwürfe der Alliierten gab. Am 19. November 1940 forderte das britische Informationsministerium John Maynard Keynes schließlich auf, die Grundlagen einer Gegenpropaganda zu Funks »Neuordnung Europas« zu entwickeln. Bereits einen Tag später, am 20. November 1940, teilte Keynes mit, dass der Vorschlag Funks technisch gesehen »exzellent« sei und man daher nicht diesen selbst, sondern die dahinterstehenden Absichten Nazi-Deutschlands anzweifeln sollte:

> Meiner Meinung nach wären etwa drei Viertel der aus dem deutschen Rundfunk zitierten Passage geradezu exzellent – man müsste nur an den jeweiligen Stellen Deutschland oder Achsenmächte durch Großbritannien ersetzen. Denn, nimmt man den Plan von Funk wörtlich, so ist er exzellent und entspricht genau dem, worüber wir auch gerade nachdenken sollten, es so zu tun. Wenn dieser Plan angegriffen werden muss, so wäre es der richtige Weg, Zweifel und Argwohn bezüglich seiner *bona fides* zu streuen. Ich denke, der springende Punkt ist nicht, dass etwa verwerflich wäre, was Funk behauptet zu tun, sondern vielmehr das, was er tatsächlich tun wird …
>
> (…) wir sollten den Kurs einschlagen, dass wir die gleichen Dinge unternehmen wie Funk, nur sehr viel besser, sehr viel ehr-

licher und mit sehr viel mehr Rücksichtnahme auf die Interessen anderer; (...)

Augenblicklich fühle ich mich jedoch - auch auf dieser Grundlage - nicht sehr inspiriert, eine Rundfunksendung zu entwerfen. Aber wenn Sie mich drängen, so werde ich meinen ersten freien Augenblick nutzen und mich an einem Entwurf versuchen. Ich würde es jedoch vorziehen, mir diesen Entwurf erst anzusehen, bevor ich mich dieser Angelegenheit weiter verschreibe.[35]

Keynes analysiert Funks »Neuordnung Europas« ...

Auf erneute Anfrage willigte Keynes schließlich ein, Vorschläge für eine Gegenpropaganda zu entwickeln und übermittelte am 1. Dezember 1940 seinen ersten Entwurf *Proposals to Counter the German 'New Order'*. Er fügte ein Anschreiben bei, in dem er den deutschen Vorschlag analysierte und erläuterte, warum dieser aus rein technischer Sicht nur schwer zu kritisieren sei - nicht zuletzt, weil das britische Schatzamt und die »Bank of England« die deutschen Methoden des Gütertauschs bereits übernommen hatten:

Die deutsche Propaganda gibt nicht nur vor, den deutschen Nachbarn ein stabiles Währungssystem bieten zu können, das an die Bedürfnisse von Ländern ohne Gold angepasst ist, sondern vor allem behauptet sie darüber hinaus, ein System wirtschaftlicher Ordnung und Organisation anbieten zu können. (...) Ich wurde darum gebeten, die Grundlagen einer möglichen Gegenpropaganda zu entwerfen.

Es ist nicht leicht, allein durch Verneinung zu überzeugen. Wenn wir also nichts Positives zu sagen haben, so sollten wir lieber schweigen. (...)

Ich verfolge daher den Kurs, dass wir das Gleiche bieten wie Dr. Funk, nur besser und ehrlicher. (...)

Die Vorzüge des freien Handels hängen davon ab, inwiefern der internationale Handel auch als das betrieben wird, was er eigentlich darstellt: *Barter* [Tauschhandel]. Nach Ende des letzten Krieges führte *laissez-faire* zum Chaos im Außenhandel. Auch Zölle bieten hier kein Entrinnen. Aber in Deutschland haben Schacht und Funk aus der Not heraus etwas Besseres entwickelt. In der Praxis haben sie dieses neue System zum Nachteil ihrer Nachbarn ausgenutzt, aber die zugrunde liegende Idee ist gut und vernünftig. Während der vergangenen sechs Monate haben das Schatzamt und die Bank of England für dieses Land ein System des Tauschens aufgebaut, das von den deutschen Erfahrungen all das entliehen hat, was gut an ihnen war. Wenn wir unseren Verpflichtungen nachkommen und nach dem Krieg ein Chaos im internationalen Handel verhindern wollen, so werden wir an diesem System festhalten müssen. Jedoch wird dieses System dazu dienen, die verarmten europäischen Länder zu beschützen. Es stellt eine essenzielle Sicherheitsvorkehrung dar, um eine Wiederholung dessen zu verhindern, was das letzte Mal geschah.[36]

... und entwickelt Gegenpropaganda

In seinem dem Anschreiben folgenden »Entwurf einer Erklärung« *(Draft Statement)* erläuterte Keynes zunächst die Situation, in der sich Europa nach dem Krieg befinden würde – am Boden zerstört und ohne die für einen Wiederaufbau notwendigen Goldreserven:

Europa wird am Ende dieses Krieges erschöpft und bankrott aller Nahrungsmittel und Rohstoffe sein, da es für die gewohnte Versorgung von dem Rest der Welt abhängig ist. Ohne Hilfe wird es ihm nicht möglich sein, den Teufelskreis zu durchbrechen. Denn es wird kein Gold in nennenswerter Menge besitzen und kann kaum etwas exportieren, bevor es nicht zuallererst die notwendigen Rohstoffe erhalten hat. Europa wird dem enormen Problem einer allgemeinen Demobilisierung mit einem nahezu kompletten Wegfall der notwendigen Mittel zur Arbeitsbeschaffung gegenüberstehen.[37]

Der von Nazi-Deutschland entwickelte Mechanismus des internationalen Austauschs von Gütern gegen Güter - anstatt gegen Gold - würde nun den Vorzug bieten, dass Länder nicht in die widersprüchliche Lage kämen, aus bloßem Mangel an Gold bereits zahlungsunfähig zu sein, während sie gleichzeitig noch Güter zum Export anbieten könnten:

> Die Funk-Mark behauptet, nach dem Krieg als stabile Währung dienen zu können. Wie kann das sein, wenn sie über keinen Zugriff auf Ressourcen außerhalb Europas verfügt? Sie hat nur einen Vorzug, nämlich, dass sie einige der Missbräuche der alten *laissez-faire*-Vereinbarungen im internationalen Währungsverkehr vermeidet, wonach ein Land bankrott sein konnte, nicht etwa, weil es keine exportfähigen Güter mehr hatte, sondern allein, weil es ihm an Gold mangelte.[38]

Aufgrund dieser Vorzüge gälte es, den Gütertausch weiter auszubauen und zur Grundlage der Nachkriegswirtschaft zu machen, wobei Gold immer noch eine Rolle zur Reservehaltung und als alternatives Zahlungsmittel eingeräumt werden sollte:

> Die Vorkehrungen, die wir gerade langsam perfektionieren und wonach der internationale Handel wieder zu dem wird, was er immer hätte sein sollen, nämlich eine Methode zum Tausch von Gütern gegen Güter, werden den Krieg überdauern. Jedoch in einer Form, die Gold in einer angemessenen Rolle als zentrale

> Reserve und als Medium des internationalen Zahlungsausgleichs belässt, vollständiger und zum größeren Vorteil aller, als es in Zeiten des Krieges auf einfache Weise erreicht werden könnte.[39]

Gleichberechtigter Gütertausch und Europäischer Wiederaufbaufonds ...

Auf diesen Überlegungen aufbauend würde sich Großbritannien verpflichten, ein allen Ländern gleichermaßen offenstehendes System des internationalen Gütertauschs sowie einen Europäischen Wiederaufbaufonds einzurichten:

> Auf der Grundlage, Güter gegen Güter zu tauschen, verpflichten wir uns zur Einführung eines Systems des internationalen Austauschs, in dem alle unsere Märkte jedem Land offenstehen – den großen wie den kleinen – und jedes Land den gleichen Zugang zu jeder Bezugsquelle von Rohstoffen erhält, die wir kontrollieren oder beeinflussen können. (...)
>
> Zu Beginn wird dies jedoch nicht genügen, um das Vakuum zu füllen. Für die Übergangsphase werden die befreiten europäischen Länder zunächst einen Topf mit Ressourcen benötigen. Wir ziehen daher einen Europäischen Wiederaufbaufonds in Erwägung, aus dem die Zentralbanken der befreiten Länder unverzüglich mit Kredit versorgt werden, um aus dem Ausland Nahrung und Rohstoffe beschaffen zu können.[40]

Der Wiederaufbau Europas würde nicht leicht werden; aber aus den Erfahrungen, die es zwischen den beiden Weltkriegen gemacht hatte, sei eine »Brüderschaft« von gleichberechtigten Nationen in einer ausgeglichenen europäischen Wirtschaft die einzige Möglichkeit, dem »über Europa lastenden Fluch« zu entkommen. Diese Gleichberechtigung müsste sogar Deutschland entgegengebracht werden:

> Niemand kann erwarten, dass der wirtschaftliche Wiederaufbau Europas nach dem britischen Sieg eine einfache Aufgabe sein wird. (...) Eine friedliche Brüderschaft zwischen den Nationen mit der angemessenen Unabhängigkeit für alle, ihr jeweils eigenes ausgewogenes Wirtschaftsleben sowie eine charakteristische Kultur zu entfalten, wird das Ziel sein.
>
> (...) wir haben unsere Lehren aus dem Interregnum zwischen den beiden Kriegen gezogen; und wir wissen, dass wir dem Fluch, der über Europa liegt, nur entkommen können, wenn wir in jedem Land die Gesundheit der Wirtschaft herstellen und erhalten.
>
> Daraus folgt, dass dieses einfache Prinzip auch für die Deutschen gelten muss. Unter neuer Führung stehend, werden sie weder von den Vorzügen des Europäischen Wiederaufbaufonds ausgeschlossen sein noch von der angenehmen Entspannung der wirtschaftlichen Wiederbelebung. (...) Deutschland ist der schlimmste Gebieter, den die Welt je kannte. Aber unter der Bedingung einer Gleichstellung kann Deutschland ein tüchtiger Kollege sein.[41]

In einem nicht datierten Zusatz fasste Keynes die Grundlagen dieser zu entwickelnden Wirtschaftsordnung knapp zusammen:

> Niemand soll jedoch annehmen, wir hätten vor, zum Chaos der alten Welt zurückzukehren. Das würde uns ebenso wie andere nur in den Bankrott stürzen. (...) Wir beabsichtigen, ein System des internationalen Austauschs zu entwickeln, in dem der Handel von Gütern und Dienstleistungen den wichtigsten Charakterzug darstellt. Finanz- und Kapitaltransaktionen werden ihre angemessene Nebenrolle spielen und den Handel erleichtern. Gold wird seine geeignete Rolle als zentrale Reserve und Mittel zum internationalen Zahlungsausgleich beibehalten.[42]

... anstatt deutscher Sklaverei und Reichsmarkimperialismus

Keynes betonte, dass hinter Funks »Neuordnung Europas«, im Gegensatz zum britischen Plan, in Wahrheit die Absicht stecke, eine »an Sklaverei grenzende imperialistische Ausbeutung« durchzusetzen:

> Es ist nicht einfach, in Deutschlands wirtschaftlicher Neuordnung mehr als nur diese eine Sache zu entdecken, die deutlich hervorsticht: der Plan, wonach hochwertige Industrie hauptsächlich in Deutschland konzentriert sein soll, während die untertänigen Satellitenstaaten gezwungen werden, sich auf jene Formen von Produktion zu beschränken, die den Annehmlichkeiten Deutschlands nutzen – in erster Linie Agrarprodukte; und wonach die Bedingungen des Tauschs von Deutschlands hochwertigen Produkten gegen die Erzeugungen der anderen Staaten so diktiert sein werden, dass der Lebensstandard in Deutschland weit über dem Niveau seiner Nachbarn gehalten werden kann. Indessen wird sich aller Außenhandel zu einem deutschen Monopol entwickeln. Es käme einem überraschenden Triumph der Propaganda gleich, wenn diese moderne Version einer an Sklaverei grenzenden imperialistischen Ausbeutung ihren Opfern schmackhaft gemacht werden könnte.[43]

In einer solchen Welt wären die armen Nationen infolge ihrer schwachen Währungen gezwungen, den reichen Industrienationen (mit ihren starken Währungen) als billige Lieferanten von Rohstoffen und Arbeit zu dienen.

Gegenvorschlag: Die International Clearing Union

In Funks »Neuordnung« hatte Keynes also sowohl Positives wie Negatives entdeckt:

- Der Gütertausch würde ein Wirtschaften zwischen den Nationen erlauben, indem Geld nicht mehr als Zahlungsmittel, sondern nur noch in einer untergeordneten Rolle als Recheneinheit dient.
- Die privilegierte Verwendung der Reichsmark als Recheneinheit und Leitwährung würde Nazi-Deutschland jedoch in die Lage versetzen, dieses System zu manipulieren und Europa zu »versklaven«.

Aus dieser Analyse heraus entwickelte Keynes nun seinen Vorschlag der »International Clearing Union« (ICU), der ab September 1941 im britischen Schatzamt diskutiert wurde:

> (...) ein ideales Modell, das die Vorteile eines allgemein anerkannten internationalen Zahlungsmittels erhält, während es gleichzeitig die Eigenarten des alten Systems vermeidet, die den Schaden verursacht hatten.[44]

Über die einzigartige Ausstrahlung, die von Keynes' grandiosem Vorschlag ausging, merkte Lord Robbins später in seiner Autobiografie an:

> Es wäre kaum möglich, die elektrisierende Wirkung zu übertreiben, die dieses Dokument auf den gesamten relevanten Regierungsapparat ausübte (...) niemals zuvor war etwas derartig Erfindungsreiches und Ehrgeiziges als mögliche Richtlinie ver-

> antwortlicher Regierungspolitik diskutiert worden (...) es wurde sozusagen ein Hoffnungsbanner, eine Inspiration inmitten der täglichen Schinderei um die Pflichten der Kriegszeit.[45]

Auch Keynes selbst hatte in seinen einleitenden Worten die Leser im Schatzamt bereits darauf vorbereitet, dass sein Vorschlag die Grenzen des Üblichen weit überschreiten würde:

> Man kann einwenden, wie der Leser bald feststellen wird, dass es kompliziert und neu und vielleicht utopisch ist; nicht, weil es nicht durchführbar wäre, sondern weil es ein höheres Maß an Verständnis hinsichtlich des Geistes gewagter Innovation und internationaler Zusammenarbeit voraussetzt, als man getrost oder auch nur vernünftigerweise erwarten dürfte.[46]

In der letzten Überarbeitung seines Entwurfs (August 1942) merkte Keynes an:

> Auf gewisse Weise wird man diesen speziellen Plan als ehrgeiziger und dennoch, zur gleichen Zeit, für durchführbarer halten als einige seiner Abwandlungen auf Basis der gleichen Idee; denn er ist ganz und gar international, da er auf einer einzigen allgemeinen Rahmenvereinbarung gründet anstelle einer Vielzahl bilateraler Absprachen.[47]

Gütertausch mit internationaler Währung als Recheneinheit

Der Kerngedanke von Keynes bestand darin, dass der Handel zwischen den Nationen auf einem Clearingsystem beruhen sollte, bei dem die weltweit gehandelten Güter nicht in der Währung einer privilegierten Nation, sondern in der neu einzuführenden internationalen Währung *Bancor* miteinander verrechnet würden. Durch den internationalen Bancor würde keine Nation eine bevorzugte Sonderrolle einnehmen und das System somit allen die gleichen Vorteile bieten.

> Wir benötigen das Instrument einer internationalen Währung, die zwischen den Nationen allgemeine Anerkennung genießt, damit blockierte Guthaben und bilaterales Clearing unnötig werden; in anderen Worten also ein Währungsinstrument, das jede Nation in ihren Transaktionen mit anderen Nationen verwendet und das betrieben ist durch ein beliebiges nationales Organ, das hierfür angemessen sein mag, etwa ein Schatzamt oder eine Zentralbank. Privatleute, Geschäfte oder auch andere Banken als die Zentralbank werden weiterhin die bestehenden Nationalwährungen verwenden.[48]

Für die Lieferung von Gütern würden den Nationen jeweils Bancor gutgeschrieben, um diese wiederum beim Bezug von Gütern anderer Nationen auszugeben. In diesem System sollten also keine direkten Tauschgeschäfte »Güter gegen Güter« abgewickelt werden, sondern »Güter gegen Bancor gegen Güter«:

> Der Vorschlag besteht in der Gründung einer Währungsunion, hier bezeichnet als International Clearing Union, auf der Basis internationalen Bankgeldes, genannt (beispielsweise) Bancor, der in einem bestimmten (aber veränderlichen) Kursverhältnis zu Gold steht und vom Britischen Commonwealth, den USA und allen anderen Mitgliedern der Union äquivalent zu Gold als Mittel im internationalen Zahlungsausgleich anerkannt wird. Die Zentralbanken aller Mitgliedsstaaten (und auch der Nichtmitglieder) würden bei der International Clearing Union Konten führen und könnten hier ihre Kontostände und Zahlungsverpflichtungen gegenseitig abgleichen, jeweils zu ihren in Bancor definier-

> ten Kursen. Länder, die mit dem Rest der Welt einen Zahlungsüberschuss genießen, würden bei der Clearing Union über ein Guthabenkonto verfügen, und jene Länder mit Zahlungsdefizit über ein entsprechendes Schuldkonto. Um zu verhindern, dass sich Guthaben und Schulden grenzenlos auftürmen, wären entsprechende Maßnahmen nötig (siehe unten). Das System hätte versagt, wenn es nicht aus sich heraus über das langfristige Vermögen zur Erhaltung des Gleichgewichts verfügen würde.[49]

Der Vorteil in einem solchen Barter-Clearingsystem bestünde dann darin, dass jeder Handel früher oder später durch einen Handel in entgegengesetzter Richtung ausgeglichen werden müsste:

> Es ist also nicht gemeint, dass direkter Tauschhandel von Gütern gegen Güter stattfinden würde, aber dass die eine Handelstransaktion notwendigerweise früher oder später durch eine andere und entgegengesetzte Handelstransaktion ausgeglichen werden muss.[50]

Dieser Ausgleich im internationalen Handel könnte dann auch das Problem des Ungleichgewichts zwischen den Nationen lösen, das erst durch die Verwendung von Geld entstanden war – denn dieses Ungleichgewicht kann sich nur bilden, wenn Güter nicht gegen Güter, sondern gegen Geld getauscht werden. Denn solange Güter gegen Güter getauscht werden, ist bereits jedes Tauschgeschäft in sich selbst ausgeglichen. Das Ungleichgewicht wird erst ermöglicht, wenn Güter gegen bloße Versprechen (Geld, Wechsel oder dergleichen) getauscht werden:

> Das Problem, das Zahlungsgleichgewicht zwischen Nationen zu

erhalten, wurde nie gelöst, seitdem die Verwendung von Geld und Wechseln den direkten Tauschhandel verdrängt hat.[51]

Die ganze Welt als ein in sich abgeschlossenes System

Die von Keynes vorgeschlagene Struktur beruhte auf einem einfachen Grundgedanken: die ganze Welt als ein in sich abgeschlossenes System zu betrachten und nicht wie bisher als eine Anhäufung unzähliger nationaler Parallelsysteme. In einem solchen globalen System ließe sich das Funktionsprinzip nationaler Banken dann auf die globale Ebene übertragen, und die Nationen der Welt würden bei der International Clearing Union ihre jeweiligen Konten führen. Das System als Ganzes wäre dann per Definition stets ausgeglichen:

> Der Union liegt eine simple Idee zugrunde, nämlich die Verallgemeinerung des unverzichtbaren Prinzips von Banken, wie es aus jedem in sich geschlossenen System bekannt ist. Dieses Prinzip besteht in der notwendigen Parität von Schulden und Guthaben. Wenn aus dem Clearingsystem keine Guthaben entfernt, sondern nur innerhalb des Systems übertragen werden können, kann die Union niemals in Schwierigkeiten geraten, von ihr zur Zahlung beanspruchte Schecks einzulösen. Sie kann ihren Mitgliedern nach Belieben Kredite geben, da sie mit Sicherheit weiß, dass die Erlöse stets nur auf das Clearingkonto eines anderen Mitglieds übertragen werden können. Ihre einzige Aufgabe besteht in der Überwachung der Regeln und der Überprüfung, ob die jeweils vergebenen Kredite für die Union als Ganzes klug und ratsam erscheinen.[52]

Die Vorzüge dieses Grundgedankens erläuterte Keynes auf sehr plastische Weise am 26. Februar 1943 in einer Rede vor europäischen Verbündeten:

Die charakteristischste Eigenschaft dieses speziellen Plans besteht möglicherweise in seiner Analogie zum Bankwesen innerhalb eines Landes, innerhalb eines geschlossenen Systems. Bis zum 17. Jahrhundert wurden Zahlungen zumeist in barer Münze geleistet. Wenn nun jemand die Münze nicht selber wieder ausgab, die er für seine Leistung erhalten hatte, so wurde sie nutzlos. Sie stand niemand anderem zur Verfügung. Im Mittelalter hat die ständige Verknappung von Geld, das dem Umlauf entzogen wurde, zu einer äußerst verheerenden Belastung geführt. Dann kam die große Entdeckung des modernen Bankwesens, das – ich glaube, man kann das so sagen – seinen Ursprung in Holland hat, aber auch Vorläufer in Italien und anderswo. Aber das moderne Bankwesen begann in Holland und London; ich meine, die Bank of England war buchstäblich die erste Institution dieser speziellen Art.

Der springende Punkt des Bankwesens war nun, dass ein Mann, der ein Guthaben anhäufte, die restliche Gemeinschaft nicht mehr durch den Entzug von Kaufkraft belastete, weil seine Bank sein Guthaben an jemand anderen verleihen würde und auf diese Weise die von ihm nicht genutzte Kaufkraft nun einer anderen Person zur Verfügung stand. Dies barg natürlich eine Gefahr in entgegengesetzter Richtung, also eine zu starke Ausweitung der Geldmenge, und so mussten im Verlauf der Jahrhunderte nach und nach die entsprechenden Sicherheitsmaßnahmen entwickelt werden, um dies zu verhindern. Aber der fundamentale Ausgangspunkt war richtig; solange jemand mehr verkaufte, als er selber einkaufte, sollten hierdurch nicht alle Dinge zum Erliegen kommen, sondern jemand anderes mehr oder weniger automatisch hierdurch die Möglichkeit erhalten, mehr zu kaufen, als er selber verkaufte. Innerhalb der festgelegten Nationen konnte das moderne Bankwesen dieses Prinzip in einem hohen Maß perfektionieren. Wir haben jedoch – einfach ausgedrückt –

für den Handel zwischen den Nationen die unzivilisierten Methoden des Mittelalters unverändert beibehalten. Einzelne Banken hatten speziell vor Beginn des Krieges damit begonnen, ein wenig Abhilfe zu schaffen, indem sie spezielle Vereinbarungen mit ihren direkten und engsten Nachbarn eingingen. Das Sterling-Gebiet stellt ein besonders beachtenswertes Beispiel für den Versuch dar, das Bankwesen über die Grenzen eines einzelnen Landes hinaus zu erweitern; aber dennoch, wenn man die Welt als Ganzes betrachtet, so gab es noch nie ein System, das in einer regelmäßigen und halbwegs automatischen Weise jene Einnahmen, die ein Land gerade nicht selber nutzen will, anderen Ländern zur Verfügung stellt. Unsere Vorschläge, die wir Ihnen unterbreiten, umfassen aus dieser Warte betrachtet daher nichts anderes als die grundlegenden Praktiken des inländischen Bankwesens.[53]

Wachstum der Weltwirtschaft durch:
1. Gleichgewicht der Nationen

Die Nationen der Welt miteinander ins Gleichgewicht zu bringen und dieses Gleichgewicht dauerhaft aufrechtzuerhalten, war das wichtigste Ziel von Keynes. Denn die Weltwirtschaft könnte am besten in einem Zustand des Gleichgewichts zwischen den Nationen wachsen - weil das Wachstum der einen Nationen dann auch das der jeweils anderen fördern würde. Eine Wirtschaftsordnung hingegen, in der das Wachstum der einen Nationen zu Lasten des Wachstums der anderen geht, würde Abschottungstendenzen fördern und letztlich allen Nationen schaden; eine Erfahrung, die man gerade zwischen den beiden Weltkriegen - also in den Jahren nach der Weltwirtschaftskrise von 1929 - gemacht hatte:

Der Plan zielt darauf ab, die auf den Welthandel kontrahierend wirkenden Kräfte durch Kräfte der Expansion zu ersetzen, besonders in den ersten Jahren.

Viele Länder – uns eingeschlossen – werden Zeit und Ressourcen benötigen, bevor sie eine Umstellung schaffen können. Die Bestrebung jedes einzelnen dieser Schuldnerländer, das eigene Gleichgewicht zu wahren, indem Exporte forciert und Importe auf das Allernötigste beschränkt werden, wird das Problem für alle anderen verschärfen. Andererseits, wenn sich alle Länder befreit von unangemessenem Druck fühlen, wird das internationale Handelsvolumen anwachsen und es so allen erleichtern, das Gleichgewicht wieder herzustellen, ohne den Lebensstandard zu mindern.[54]

2. Internationale Kredite statt nationales Horten

Durch die Übertragung des Bankenprinzips auf die globale Ebene könnten die Nationen der Welt von der International Clearing Union Kredite erhalten. Daher müssten die Nationen dann selber keine eigenen Reserven mehr aufbauen, und das wachstumsfeindliche Horten der Nationen könnte durch wachstumsförderliche Kredite ersetzt und »Stein in Brot verwandelt« werden:

(...) jeder Mitgliedsstaat erhält einen definierten Kreditrahmen. Hierdurch gewinnt jedes Land die Möglichkeit, ein gewisses Maß an Ressourcen und eine gewisse Zeitspanne nutzen zu können, um das Gleichgewicht seiner wirtschaftlichen Beziehungen mit dem Rest der Welt wiederherzustellen. Diese Hilfen werden bereits durch die Beschaffenheit des Systems selbst bereitgestellt und implizieren nicht, dass sich hierdurch ein Land bei einem anderen verschulden würde. Ein Land hat Guthaben oder Schulden bei der Clearing Union als Ganzer. Das heißt also, dass die

Überziehungskredite einzelnen Ländern Linderung verschaffen, ohne hierdurch die anderen Länder zu belasten. Die Anhäufung eines Guthabens bei der Clearing Union entspräche dem Import von Gold hinsichtlich seiner Eigenschaft, dass das darüber verfügende Land freiwillig davon absieht, unmittelbaren Nutzen aus dessen Kaufkraft zu ziehen. Aber dies würde damit verknüpft sein - ebenso wie der Import von Gold –, dass die entsprechende Kaufkraft dem Umlauf entzogen und hierdurch deflationäre und kontraktive Kräfte auf die gesamte Welt wirken würden, von welchen letztendlich auch das Überschussland selbst betroffen wäre. Gemäß dem vorgeschlagenen Plan würde jedoch kein Land daraus Schaden erleiden, dass jene Ressourcen, die es gerade selber nicht nutzen will, nicht dem Kreislauf entzogen bleiben. Ganz im Gegenteil. Die Anhäufung eines Guthabens in Bancor schmälert nicht im Geringsten dessen Vermögen oder Anreiz, etwas zu produzieren oder zu konsumieren.

Kurz gesagt besteht eine vollständige Analogie zum nationalen Bankwesen. Kein Einleger einer lokalen Bank erleidet Verluste, wenn das von ihm nicht genutzte Guthaben dafür eingesetzt wird, die Angelegenheit eines anderen zu finanzieren. Ebenso wie die Entwicklung des nationalen Bankwesens dienlich war, um jenen deflationären Kräften entgegenzuwirken, die andernfalls die Entwicklung der modernen Industrie verhindert hätten, so können wir darauf hoffen, dass wir durch Übertragung des gleichen Prinzips auf die internationale Ebene jene kontraktiven Kräfte ausgleichen können, die andernfalls die guten Hoffnungen unserer modernen Welt unter gesellschaftlichem Chaos und Enttäuschungen begraben könnten. Horten durch den Wirkmechanismus von Kredit zu ersetzen, würde auf der internationalen Ebene das gleiche Wunder wiederholen, das wir innerstaatlich bereits erlebt haben: die Verwandlung von Stein in Brot.[55]

3. Starke statt schwache Schultern

Keynes führte das Versagen des internationalen Goldstandards auf eine einzige Ursache zurück: war das System erst einmal aus dem Gleichgewicht geraten, konnte es nicht mehr zurück in sein Gleichgewicht gebracht werden, weil diese Aufgabe stets ausschließlich den Schuldnernationen auferlegt wurde. Konnten diese ihre Schulden dann nicht bezahlen, vergrößerte sich das Ungleichgewicht, denn arme Nationen wurden immer ärmer und schließlich zahlungsunfähig. Keynes sah als Störer des Gleichgewichts daher nicht einseitig nur die Schuldner, sondern in gleichem Maße auch die Gläubiger – denn Schuldner und Gläubiger bedingen sich gegenseitig. Die Pflege des Gleichgewichts ausgerechnet alleine den schwächeren Nationen zu übertragen, erachtete Keynes daher als groben Systemfehler. Vielmehr müsste in einem funktionierenden System diese Aufgabe in erster Linie »von den stärkeren Schultern« der Gläubigernationen getragen werden:

> Ich glaube, dass das Versagen der frei konvertiblen internationalen Metallwährungsstandards (erst Silber und dann Gold) auf ein einziges Charakteristikum zurückzuführen ist. Ich bitte diesbezüglich um besondere Beachtung, da ich argumentieren werde, dass dies den Schlüssel zu jeder Art von Alternative darstellt, die erfolgreich sein will. Das Charakteristische eines frei konvertiblen internationalen Währungsstandards besteht darin, dass die Hauptlast des Ausgleichs von jenem Land getragen werden muss, das sich hinsichtlich des internationalen Zahlungsausgleichs in der Position eines *Schuldners* befindet. Also jenes Land, von dem man (in diesem Zusammenhang) annehmen muss, dass es *schwächer* und vor allem auch *kleiner* ist als der Inhalt der Waagschale auf der anderen Seite, die (in diesem Fall) den Rest der Welt enthält.

Nehmen wir die klassische Theorie, wonach der freie Fluss des Goldes ganz von selbst zu einer Anpassung der Preisniveaus und Aktivitäten zwischen dem Schuldnerland und dem gegenüberstehenden Gläubigerland führen wird, wodurch sich die wirkenden Kräfte letzten Endes umkehren werden. Heutzutage entgegnet man üblicherweise, dass diese Annahme allzu sehr von einer undurchdachten und bereits aufgegebenen Geldmengentheorie abhängt und den Mangel an Elastizität in den gesellschaftlichen Strukturen von Löhnen und Preisen vernachlässigt. Angenommen, diese Theorie würde trotz dieser groben Einwände zutreffen: Selbst ein Land, dessen wirtschaftliches Gewicht bereits einem Fünftel der gesamten Welt entspräche, würde durch den angenommen Verlust von Gold im eigenen Land voraussichtlich den vierfachen Kräften ausgesetzt, die die Welt verspüren würde. Dieses Missverhältnis wäre noch erheblicher, wenn das Land nur einem Zehntel oder Zwanzigstel der Welt entspräche. Wenn man nun die Höhe des Beitrags, den das Schuldnerland leisten muss, um das wirtschaftliche Gleichgewicht mittels Anpassung von Preisen und Löhnen wiederherzustellen, in der Schwere seiner daraus resultierenden gesellschaftlichen Belastungen bemisst, so erkennt man, dass diese Belastungen außerhalb jeden Verhältnisses zu dem Beitrag stehen, der vom Gläubigerland gefordert wird. Aber das ist nicht alles. Zunächst führt eine abwärts gerichtete Anpassung zu sehr viel höheren gesellschaftlichen Belastungen als eine aufwärts gerichtete Anpassung. Des Weiteren ist die Anpassung für den Schuldner *verpflichtend*, während sie für den Gläubiger *freiwillig* ist; denn falls der Gläubiger es vorzieht, seinen Anteil der Anpassung nicht durchzuführen oder nicht zu erlauben, so erleidet er dennoch keine Nachteile. Denn während die Goldreserven eines Landes nicht unter Null fallen können, gibt es für Guthaben keine Obergrenze. Das Gleiche trifft zu, wenn Darlehen als Mittel des internationalen Zahlungsausgleichs genutzt werden sollen. Der Schuldner *muss* das Darlehen aufnehmen; der Gläubiger ist keinem entsprechenden Zwang ausgesetzt.

Es gibt eine weitere Konsequenz von großer Bedeutung, die sich daraus ergibt, die Hauptlast des Ausgleichs dem Schuldner zu übertragen, der im Verhältnis zur Welt in ihrer Gesamtheit *klein* ist; nämlich, dass sich die meisten Möglichkeiten der Anpassung, die dem Schuldner zur Verfügung stehen, nachteilig auf seine Handelsbedingungen auswirken. Diese Auswirkung wird von Außenstehenden häufig nicht erkannt, ist aber leicht zu erklären. Inländische Deflation, Währungsabwertung und dieser Dinge mehr zielen darauf ab, die Exporte zu stimulieren, indem ihr internationaler *Preis* im Verhältnis zu den Importen fällt. Die Höhe der Preisreduzierung, die notwendig sein wird, um eine ausreichende Zunahme in der *Quantität* der Exporte im Verhältnis zu den Importen zu gewährleisten, hängt von der weltweiten Nachfrageelastizität ab, die für die charakteristischen Produkte des Landes bestehen, deren Absatzmenge es erhöhen will. Falls - abhängig von der Art der Produkte oder aufgrund des Unwillens ausländischer Mitbewerber, auf ihren Marktanteil zu verzichten - eine erhebliche Preisreduzierung notwendig ist, um den Anreiz für eine ausreichende Zunahme der Absatzmenge zu schaffen, so erleidet das Land, das seine Produkte der Welt aufdrängt, erhebliche Verluste hinsichtlich der Verkaufserlöse seiner *vorangegangenen* Handelsbedingungen. Um den Grenzfall zu nennen: Falls es nötig sein sollte, den Preis mindestens in dem Verhältnis zu reduzieren, in dem die Absatzmenge erhöht wird, dann tritt das Land eine Sisyphusarbeit an, in der es dem Gleichgewicht kein Stückchen näherkommt, ganz egal, wie sehr es sich auch anstrengt. Brasilianischer Kaffee stellt möglicherweise so einen Grenzfall dar. Aber auch für viele andere Agrarprodukte wird eine recht leidliche Reduzierung des Preises, den der Endverbraucher zahlen muss, nach Abzug der im Ausland unveränderten Transport- und Vertriebskosten, dem ursprünglichen Produzenten Bedingungen bieten, die dem Grenzfall nahekommen.

Folglich war es eine inhärente Eigenschaft des sich selbst regelnden internationalen Metallwährungsstandards, dass Anpassungen in jener Richtung erzwungen wurden, die für die Gesellschaftsordnung die allergrößte Unruhe stifteten und die Bürde jenen Ländern auflastete, die sie am wenigsten zu tragen vermochten, wodurch die Armen ärmer wurden.

Es mag als Bestätigung für die Bedeutung dienen, die dieser Eigenart des traditionellen Systems zugemessen werden muss, dass in den zwei Zeitabschnitten, in denen dieses System ›funktionierte‹, besondere Einflüsse wirkten, wodurch die Bürde des Ausgleichs zwischen Schuldner und Gläubiger oder der Welt als Ganzes größtenteils aufgehoben wurde oder in umgekehrter Richtung wirkte. In der Zeit, als der Zufluss von Silber aus der neuen Welt inflationär wirkte, mussten die starken Gläubigerländer als die ersten Empfänger des Silbers entsprechend auch die Initiative einer Preisanpassung als Erste ergreifen. (Vermutlich hat die gleiche lindernde Wirkung zu der enormen Entfaltung von Handel und Reichtum in den Mittelmeerländern und über diese hinaus geführt, die nach der Verteilung der persischen Tempelschätze durch Alexander den Großen einsetzte.) Nochmals, während des Viktorianischen Zeitalters, hat eine gewisse Organisation in London und in einem geringeren Umfang in Paris – den zwei Gläubigerzentren – dafür gesorgt, dass die Bürde von den stärkeren Schultern getragen wurde, da bei diesen Zentren der Zufluss von Gold nicht in erster Linie zu einer Anpassung von Preisen und Löhnen führte, sondern unmittelbar eine Erhöhung der von den Gläubigern getätigten Auslandsinvestitionen nach sich zog.

Ich schließe daher damit, dass die Architekten eines erfolgreichen internationalen Systems von diesen Lehren geleitet sein müssen. Merkmal des neuen Systems muss sein, die Hauptinitiative von den Gläubigerländern einzufordern, während für eine ausreichende Disziplin der Schuldnerländer zu sorgen ist, um zu verhindern, dass diese die ihnen neu eingeräumte Erleichterung nicht ausnutzen, um nun in verschwenderischer Weise über ihre Verhältnisse zu leben.[56]

4. Ausgleich und Umlaufsicherung durch negativen Zins

Damit die Pflege des Gleichgewichts sowohl von den schwachen Schultern der Schuldnernationen als auch den starken Schultern der Gläubigernationen getragen wird, ersann Keynes einen verblüffend simplen, aber überaus wirksamen Mechanismus: Die Nationen müssten sowohl auf übermäßige Guthaben, wie auch auf allzu hohe Schulden an die International Clearing Union Zinsen zahlen. Nur jene Nationen, die im Gleichgewicht mit dem System stünden, könnten diese Zinszahlungen vermeiden. Zudem sah Keynes einen progressiven Zinssatz vor: Je weiter sich eine Nation also von ihrem jeweiligen Gleichgewicht entfernen würde – sei es durch übermäßige Schulden, oder durch ebensolche Guthaben – desto höher wäre der anfallende Zinssatz. Auf diese Weise würden reiche Nationen einen starken Anreiz erhalten, sowohl vermehrt Güter von ärmeren Nationen zu importieren als auch das wachstumshinderliche Ansparen (»Horten«) von Ressourcen zu vermeiden:

Die maximale Höhe des Kreditrahmens, der einem Mitglied zugestanden wird, soll als dessen *Quote* bezeichnet werden. Anfangs könnten die Quoten im Verhältnis zu den Summen der Exporte und Importe der jeweiligen Länder im Durchschnitt (sagen wir) der letzten drei Jahre vor dem Krieg festgesetzt werden (…).

> Sobald der Kontostand um ein Viertel von der Quote abweicht, fällt eine Jahresgebühr in der Höhe von einem Prozent des von der Quote abweichenden durchschnittlichen Kontostandes an, zahlbar an den Reservefonds der Clearing Union - unabhängig davon, ob die Abweichung das Schuldenkonto oder das Guthabenkonto betrifft. Die Gebühr erhöht sich um ein weiteres Prozent, sobald die Abweichung - ob Schulden oder Guthaben - mehr als die Hälfte der Quote beträgt. Daher kann ein Land dieser Gebühr nur entgehen, wenn es seine über das Jahr gemittelte Handelsbilanz so nah wie möglich in einem Zustand des internationalen Gleichgewichts hält.[57]

Dieser Mechanismus hätte den besonderen Reiz, dass er erst dann eingreift, wenn sich ein Ungleichgewicht bildet, dann aber Schuldner- wie Gläubigernationen gleichermaßen betrifft:

> Ein großer Vorteil der vorgeschlagenen Währungsunion besteht darin, dass es die Möglichkeit von uneingeschränktem multilateralem Clearing zwischen seinen Mitgliedern wiederherstellt; es muss also nichts getan werden, außer dann, wenn ein Land mit dem System als Ganzem aus dem Gleichgewicht gerät.[58]

> Die vorgeschlagenen Maßnahmen unterscheiden sich in einem wichtigen Gesichtspunkt vom Vorkriegssystem, da sie darauf abzielen, einen Teil der Verantwortung dem Gläubigerland ebenso wie dem Schuldnerland aufzuerlegen. (...) Die Absicht besteht darin, dass es dem Gläubiger nicht gestattet werden soll, ganz und gar tatenlos zu bleiben. Denn, wenn er es bliebe, würde dem Schuldner, der sich ja ohnehin schon in der schwächeren Ausgangsposition befindet, möglicherweise eine untragbar schwere Last auferlegt werden.[59]

Wachstum durch Nachhaltigkeit – statt erzwungen durch Zinslast

Der Plan von Keynes entsprach also einem Nullzins- und Nullsummenspiel, bei dem die Nationen zinsfreie Darlehen erhalten hätten, solange die Schuldenhöhe noch in einem angemessenen Verhältnis zur Größe der jeweiligen nationalen Wirtschaft stand. Da auf Guthaben ebenfalls keine positiven Zinsausschüttungen vorgesehen waren (sondern Zinszahlungen), hätten sich die Bancors auch nicht durch Zinsen vermehrt. Heutzutage ist dies besonders vor dem Hintergrund der Debatte über Nachhaltigkeit und die Grenzen des Wachstums interessant: In unserem heutigen Finanzsystem *muss* die Wirtschaft wachsen, um die Zinsen zu erwirtschaften; bei Keynes *kann* die Wirtschaft wachsen, weil das System als Ganzes im Gleichgewicht gehalten wird.

Geldschöpfung durch Gütertausch

Eine weitere Besonderheit des Bancor ist sein Schöpfungsvorgang. Sie werden nicht »aus dem Nichts geschöpft«, sondern kommen erst durch den Gütertausch selbst in die Welt: eine exportierende Nation erhält Bancor gutgeschrieben, sobald sie Güter an eine importierende Nation liefert, während die importierende Nation dem System nun dieselbe Menge Bancor (oder Güter) schuldet. Auf diese Weise entspricht die Menge an Bancor stets der Menge an gelieferten Gütern (zuzüglich der Kredite, die das System als Ganzes noch vergeben kann).

Die Deckung des Bancor durch Güter mag ein wenig an die durch Arbeitswechsel gedeckte Reichsmark Nazi-Deutschlands erinnern; sie entspricht sehr genau den von modernen Tauschringen verwendeten Systemen wechselseitigen Kredits (LETS, Local Exchange Trading Systems).

Die Goldfrage

Da letztlich Güter gegen Güter getauscht würden, hätte man im alltäglichen Handel auf Gold (oder Geld) weitgehend verzichten können. Seine Bedeutung als Wertspeicher und zweifelsfreies Zahlungsmittel hätte Gold aber dennoch beibehalten:

> Gold besitzt nach wie vor einen großen psychologischen Wert, der durch die gegenwärtigen Ereignisse nicht gemindert wird; und das Verlangen, sich gegen unvorhergesehene Eventualitäten mit Gold zu wappnen, wird wahrscheinlich erhalten bleiben. Gold hat auch den Vorzug, dass es in ausgesprochener Weise (...) für internationale Zwecke als unzweifelhafter Wertmaßstab dient, für den es nicht einfach wäre, einen brauchbaren Ersatz zu finden. (...) Was die Welt auf lange Sicht mit Gold anfangen will, ist eine andere Angelegenheit. Die Absicht der Clearing Union besteht darin, Gold als die alles beherrschende Größe zu ersetzen, nicht jedoch, es gänzlich abzuschaffen.[60]

Der Bancor sollte in Gewicht Gold definiert sein, wobei sein Verhältnis zu Gold von der Clearing Union angepasst werden könnte. Die Nationalwährungen stünden wiederum in einem festen (genauer: nur nach Vereinbarung und in Grenzen veränderlichen) Wechselkurs zum Bancor:

> Das internationale Bankgeld, dem wir den Namen Bancor gegeben haben, ist in Gewicht Gold definiert. Da die Nationalwährungen der Mitgliedsstaaten wiederum in einem definierten Wechselkurs zum Bancor stehen, haben sie auch einen entspre-

> chenden Wert in Gold, der zugleich ihr offizieller Ankaufskurs für Gold ist, oberhalb dessen sie nicht zur Zahlung verpflichtet sind.[61]

Die Nationen könnten gegen Einzahlung von Gold bei der Clearing Union Bancor erhalten – nicht jedoch im umgekehrten Sinne gegen Zahlung von Bancor Gold erhalten. Diese einseitige Konvertibilität wäre zwingend notwendig, weil andernfalls die Nationen dem System Ressourcen entnehmen könnten, anstatt die eingenommenen Bancor für den Handel mit anderen Nationen zu verwenden – schließlich sollte das System sicherstellen, dass jeder Gütertausch früher oder später durch einen entgegengesetzten Gütertausch ausgeglichen würde:

> Aus offensichtlichen Gründen wäre jedoch diese eine Beschränkung essenziell: kein Mitgliedsstaat könnte beanspruchen, von der Clearing Union im Tausch gegen Bancor Gold zu erhalten; weil der Bancor nur für die Übertragung auf ein anders Clearingkonto genutzt werden kann. Daher bestünde zwischen Gold und Bancor die Konvertibilität nur in einer Richtung.[62]

Die Rolle der USA

Ein Problem stellten die USA dar, die durch ihre unausgeglichene Handelsposition das Gleichgewicht in der Welt empfindlich störten. Falls diese weiterhin darauf bestünden, Guthaben anzuhäufen, indem sie mehr exportierten als importierten, gäbe es keine andere Wahl, als den Handel mit den USA mit Beschränkungen zu belegen:

> Jedoch würde der Plan zweifellos eine gegen die USA gerichtete Diskriminierung beinhalten, falls sie weiterhin darauf beharrten, ihre unausgeglichene Gläubigerposition aufrechtzuerhalten.

Nochmals – ob wir es möchten oder nicht: es wird uns aufgezwungen sein. Denn wir werden nach dem Krieg gar keine Möglichkeiten haben, von den USA Waren zu kaufen, außer in dem gleichen Umfang, wie die USA Waren von uns kaufen.[63]

Die Clearing Union als Grundstein einer »supranationalen« Regierung

Keynes sah in der Clearing Union die Möglichkeit, den Grundstein einer »supranationalen« Regierung zu legen, die sich um die nach dem Weltkrieg anstehenden globalen Belange kümmern sollte – etwa den Wiederaufbau, die Entwicklungshilfe oder den Erhalt des Weltfriedens. Zur Verfolgung dieser Ziele könnte die Clearing Union aus den Rücklagen der Weltwirtschaft entsprechende Programme und Organisationen finanzieren, ohne dass durch die anfallenden Kosten einzelne Nationen belastet würden: Die hierzu notwendigen Kredite würden ausschließlich aus den ungenutzten Guthaben der Überschussnationen und den Zinseinnahmen der Clearing Union gespeist werden.

Die Clearing Union könnte supranationale Ziele jedoch nicht nur im positiven Sinne finanzieren. Sie könnte ihre zentrale Machtstellung auch dazu nutzen, Nationen zu sanktionieren, die etwa den Weltfrieden gefährdeten oder sich in einer anderen Weise den übergeordneten und legitimen Zielsetzungen der Weltgemeinschaft widersetzten. Ein besonders wirkungsvolles Mittel würde dabei sicherlich die Sperrung des Kontos darstellen; denn einer Nation mit gesperrtem Clearingkonto würde die Finanzierung eines Krieges sicherlich erhebliche Schwierigkeiten verursachen:

Die Clearing Union könnte gleichermaßen Instrument und Unterstützung internationaler Politik werden – zusätzlich zu den

> Aufgaben, die sie vorrangig verfolgen soll. Und das verdient die größtmögliche Beachtung: Denn die Union könnte der Dreh- und Angelpunkt einer zukünftigen ökonomischen Weltregierung werden, ohne die andere, noch wünschenswertere Entwicklungen möglicherweise behindert oder ohne Unterstützung wären. Mit ihr jedoch werden sich diese als Bestandteile eines wohlgeordneten Systems von selbst ergeben. Keine der folgenden Anregungen stellen notwendige Bestandteile des Plans dar. Aber sie dienen als Veranschaulichung der zusätzlichen Aufgaben von größter Wichtigkeit und Wert, welche die Union – sobald sie errichtet ist – ebenfalls erfüllen könnte:
>
> (1) Die Union könnte ein Clearingkonto zugunsten internationaler Körperschaften einrichten, die nach dem Krieg mit der Durchführung von Maßnahmen für Hilfe und Wiederaufbau betraut wären. (…)
>
> (2) Die Union könnte ein Clearingkonto zugunsten einer supranationalen Aufsichtsbehörde einrichten, deren Aufgabe im internationalen Erhalt von Frieden und Ordnung besteht. Falls irgendein Land gegen ihre rechtmäßig autorisierten Anordnungen verstoßen würde, so könnte sie befugt sein, bei den Gouverneuren der Clearing Union die Kontrolle über das Clearingkonto des straffälligen Landes zu beantragen, um dann nur noch autorisierte Kontobewegungen zu gestatten. Dies würde einen hervorragenden Mechanismus zur Durchsetzung einer finanziellen Sperre darstellen.[64]

Ein wesentlicher Vorteil in der Finanzierung weltpolitischer Interessen aus den Rücklagen der gesamten Weltwirtschaft bestünde darin, dass diese sozusagen ›anonym‹ von der Weltgemeinschaft erbracht würde und nicht erst von einzelnen Nationen erbettelt werden müsste – deren Beiträge dann ja die jeweiligen nationalen Wirtschaften belasten würden:

Die Möglichkeit, der Clearing Union diese verschiedenen Aufgaben übertragen zu können, entspringt einer ihrer charakteristischen Eigenschaften, die es wert ist, besonders betont zu werden, da sie diesen Plan von anderen Vorschlägen unterscheidet, die das gleiche Grundprinzip mittels bilateraler Verfahren verwirklichen wollen. Diese Eigenschaft stellt daher eines der Argumente dar, weshalb dieser Plan von sich behaupten kann, den anderen Vorschlägen überlegen zu sein. Man könnte es als seine ›anonyme‹ oder auch ›unpersönliche‹ Eigenschaft beschreiben. Es muss kein bestimmter Mitgliedsstaat seine eigenen Ressourcen dazu verwenden, um damit einen anderen bestimmten Staat zu unterstützen – oder irgendeine der ergriffenen internationalen Projekte oder Vorhaben. Die Länder müssen nur ganz allgemein zustimmen, dass jene Überschussressourcen, die sie gerade selber nicht einsetzen wollen, der Allgemeinheit zur Umsetzung genehmigter Vorhaben zur Verfügung gestellt werden können. Dem Gläubigerland entstehen hierdurch keinerlei Kosten, da es ja auf seine Ressourcen weder dauerhaft noch für einen bestimmten Zeitraum verzichtet, da es ihm ja jederzeit freisteht, diese für eigene Zwecke einzusetzen, wann immer es will; in diesem Fall wird die Finanzierung an den nächsten Rezipienten weitergereicht, wiederum nur so lange, wie dieser keine eigene Verwendung für das empfangene Geld hat. Wie bereits zuvor bemerkt, stellt dies nichts anderes dar als die Übertragung des inländischen Bankwesens auf die internationale Sphäre. Das inländische Bankwesen ist genauso ›unpersönlich‹, da es nicht auf ein bestimmtes Konto zurückgreift und dessen Nutzung dauerhaft beschränkt, wenn ein Bankangestellter ein Darlehen vergibt. All dem steht kein gleichwertiger Einwand entgegen, außer dem, der in gleichem Maße auch auf das inländische Bankwesen zutrifft, nämlich, dass es in der Lage ist, auf missbräuchliche Weise überschüssige Kaufkraft zu erzeugen und damit eine entsprechende Preisinflation zu verursachen. In all unseren Bemühungen, das gegenteilige Übel zu vermeiden, dürfen wir dieses Risiko nicht aus den Augen verlieren. (...) Aber dieses Risiko darf genauso wenig ein Grund dafür sein, die Vorzüge des internationalen Bankwesens abzulehnen, wie das ähnliche Risiko im Inland auch kein Grund dafür ist, zu den Methoden der Goldschmiede des 17. Jahrhunderts zurückzukehren (was jedoch genau das ist, was wir international praktizieren) und auf die gewaltige Entfaltung der Produktion zu verzichten, die durch das Bankprinzip erst ermöglicht wurde.

Wenden wir diese unpersönliche Qualität auf die Finanzierung von Hilfe und Wiederaufbau nach dem Krieg an. Es ist eine Sache, die Parlamente und Kongresse der verschiedenen Länder der Welt um Beiträge zu bitten, die zu leisten sie in den unvorhersehbaren Umständen einer Umgestaltung nach dem Krieg möglicherweise gar nicht in der Lage wären und die in jedem Falle Belastungen ihrer Steuerzahler bedeuten müssten, ebenso wie eine dauerhafte Verminderung ihrer eigenen Ressourcen, wodurch entsprechende politische Probleme verursacht würden, zudem die Beiträge in Konkurrenz zu inländischen Sozialreformen stünden. Es ist jedoch eine ganz andere Sache, sie zu fragen, ob sie einem allgemeinen System beitreten wollen, das ihre Steuerzahler nichts kostet und das unbeschadet ihrer eigenen Ausgaben von ihnen nur verlangt, dass sie die vorübergehende Nutzung ihrer überschüssigen Ressourcen gestatten, solange sie diese nicht selber nutzen wollen. (...) Es ist großartig, die einzelnen Länder nicht um spezifische Beiträge bitten zu müssen, sondern vielmehr auf die anonyme und unpersönliche Hilfe des Systems als Ganzem vertrauen zu können. Wir haben hier das echte Organ einer wahrhaft internationalen Regierung.[65]

Die Machtfrage

Die Machtkonzentration auf die Clearing Union stellt sicherlich einen gleichermaßen herausragenden wie bedenklichen Aspekt dar. Diese Macht würde es der Clearing Union ermöglichen, globale Ziele nicht nur zu finanzieren, sondern sie auch durchzusetzen. Im gleichen Maße würde es Nationen entsprechend schwerfallen, sich mit ihren jeweiligen Nationalinteressen gegen die Interessen der Clearing Union zu behaupten - wie etwa das Führen und Finanzieren von Kriegen. Über den hierzu notwendigen teilweisen Verzicht auf nationale Souveränität führte Keynes aus:

> Es wurde darauf hingewiesen, dass ein derartig ehrgeiziger Vorschlag der Kritik ausgesetzt ist, von den Mitgliedern der Währungsunion einen größeren Verzicht ihrer souveränen Rechte zu fordern, als diese einzuräumen bereit sind.
>
> Dabei ist gar kein größerer Verzicht nötig, als er bei jedem Wirtschaftsabkommen gefordert wird. Die Verpflichtungen werden freiwillig eingegangen und können unter bestimmten Bedingungen durch einfache Mitteilung beendet werden.
>
> In der Welt nach dem Krieg muss eine größere Bereitschaft vorausgesetzt werden, supranationale Vereinbarungen einzugehen. Wenn man die vorgeschlagenen Vereinbarungen als eine Maßnahme der finanziellen Abrüstung umschreiben würde, so wäre diese sehr gemäßigt im Vergleich zu der militärischen Abrüstung, die man von der Welt wohl verlangen wird. Es gibt hier nichts, wovor wir uns sträuben sollten, es in Kauf zu nehmen oder es von anderen zu fordern. Es ist ein Vorteil und kein Nachteil des Programms, dass es seine Mitgliedsstaaten bittet, auf das Recht der Verbreitung von Disziplinlosigkeit, Chaos und schlechter Nachbarschaft zu verzichten, das sie bisher zum Nach-

> teil aller frei ausüben konnten. Der Plan ist ein erster Schritt, um die zukünftige Wirtschaftsordnung zwischen den Nationen der Welt zu gestalten und den ›Frieden zu gewinnen‹. Er könnte dazu beitragen, die Bedingungen und die Atmosphäre zu schaffen, in der alles andere dann leichter fallen würde.[66]

Bei der kritischen Betrachtung dieser Machtfrage sollte man jedoch nicht vergessen, dass sich jeder Entwurf einer Weltfinanzordnung stets auch der Frage nach der in der Weltwährung steckenden Macht stellen muss. Nazi-Deutschland wollte die »Neuordnung Europas« mithilfe der Reichsmark für seine Zwecke missbrauchen. Ganz anders Keynes: Er wollte mithilfe des Bancors diese Macht im Sinne einer Weltgemeinschaft für die Durchsetzung »supranationaler« Ziele nutzbar machen. Die Frage nach der Legitimierung dieser Macht bleibt jedoch auch bei Keynes – trotz moralisch vermeintlich »guter« Ziele – nur unbefriedigend beantwortet. Denn wer entscheidet über »gut« und »schlecht«? Keynes hatte vorgesehen, dass Großbritannien und die USA als die beiden Gründungsmitglieder der Clearing Union das letzte Wort haben sollten – während die übrigen Nationen sich mit ihrem Beitritt den gemeinsamen Regeln unterordnen würden:

> (…) die Mitgliedschaft muss daher als Privileg gelten, das all jenen zusteht, die gewissen Grundprinzipien und den üblichen Standards im internationalen Umgang entsprechen. Ich begreife die Verwaltung und das tatsächliche Stimmrecht als dauerhaft anglo-amerikanisch.[67]

Dass sich die Frage der Macht letztlich nur unbefriedigend beantworten ließ, war Keynes natürlich bewusst. Hierzu hatte er am 8. Mai 1942 in einem Brief an den Ökonomen Sir Roy Harrod angemerkt:

> Überdies: Selbst für den Fall, dass die Amerikaner unsere Absichten teilen würden, so ist es doch fraglich, ob es klug wäre, dem Rest der Welt etwas vorzustellen, das den Eindruck eines angloamerikanischen Blocks erregen würde. Wenn es irgendjemanden gibt, der unbeliebter ist als wir selbst, dann sind das die USA; und wenn es irgendjemanden gibt, der unbeliebter ist als die USA, dann ist es Russland; und wenn es irgendjemanden gibt, der unbeliebter ist als Russland, dann sind das wir selbst.
>
> Daher glaube ich, dass es momentan noch verfrüht ist, sich auf einen der beiden Standpunkte festzulegen, wonach der Aufbau entweder in erster Linie anglo-amerikanisch sein oder von Anfang an einen internationaleren Charakter haben sollte.
>
> Ich pflichte Ihnen jedoch freimütig bei, dass der tatsächliche Aufbau einzelner Pläne mit so wenigen Köchen wie möglich abzustimmen ist, und andere erst dann zum Abendessen geladen werden sollten, nachdem sie den Duft der Fleischbrühe gerochen haben.[68]

Wie sonst, wenn nicht so?

Keynes erachtete seinen Plan der Clearing Union jedoch nicht als einzig mögliche Lösung, sondern lediglich als einen Entwurf, der die wesentlichen Probleme klar benennt und an dessen Lösungsansatz sich andere Vorschläge messen lassen müssten:

> Darüber hinaus stellt es ein gutes Schema dar, um den Kern des Problems analysieren und die entscheidenden Aspekte jeder zufriedenstellenden Lösung in vollem Umfang zur Anschauung bringen zu können. Wenn nicht so – so könnten wir fragen –, wie dann?

Jetzt, da Sie die grundlegenden Aspekte des Problems vollständig erkannt haben, welche alternative Lösung bieten Sie uns an?[69]

ZUSAMMENFASSUNG

Der von Keynes entwickelte britische Plan der International Clearing Union stand auf zwei Säulen:

(1) Im Handel zwischen den Nationen sollten Güter nicht mehr gegen Geld, sondern im Austausch gegen Güter gehandelt werden.

(2) Die getauschten Güter sollten in der neu zu schaffenden internationalen Währung Bancor abgerechnet werden.

zu (1): Durch den multilateralen Gütertausch sollte gewährleistet werden, dass die Länder mit ihren Güterlieferungen und -bezügen jeweils zu der Gesamtheit des Systems im Gleichgewicht stehen. Da Geld nur noch als Verrechnungseinheit für die getauschten Güter dienen würde, käme ihm nur noch eine untergeordnete Rolle zu. Entsprechend könnte auf Gold als Zahlungsmittel weitgehend verzichtet werden.

zu (2): Durch die Einführung der internationalen Währung Bancor würde das Funktionsprinzip nationaler Banken auf die internationale Ebene übertragen werden. Die Nationen der Welt könnten dann aus den ungenutzten Guthaben der Überschussnationen Kredite erhalten.

Durch das Zusammenwirken von multilateralem Clearing und internationalem Kreditwesen sollte ein von Zinsen weitgehend entlastetes und nachhaltiges Wachstum der Weltwirtschaft ermöglicht werden, das seinen Ursprung im Gleichgewicht der Nationen und nicht in deren Ungleichgewicht hat.

Um das »Horten« von Guthaben zu verhindern und um Gläubiger- wie Schuldnernationen gleichermaßen an der Aufrechterhaltung des Gleichgewichts zwischen den Nationen in die Pflicht zu nehmen, würden sowohl Guthaben und Schulden mit Zinsen belegt (= negativer Zins auf Guthaben).

In der Einführung einer internationalen Währung sah Keynes den Grundstein für eine »supranationale« Regierung, die sich globalen Belangen annehmen könnte (etwa dem Erhalt des Weltfriedens).

USA 1941–42: Freier Marktzugang und US-Dollar

Ab Februar 1942 versuchte das britische Schatzamt, mit den USA Gespräche über die Grundlagen einer Nachkriegsordnung zu beginnen. Monatelang ignorierten die Vereinigten Staaten diese Anfragen, bis das US-Außenministerium schließlich mitteilte, die Regierung sei für derartige Gespräche noch nicht bereit.[70]

Diese abweisende Haltung hatte einen simplen Hintergrund: Die Anfragen erreichten die USA zu einem Zeitpunkt, als sie gerade erst damit begonnen hatten, sich mit dieser Thematik auseinanderzusetzen. Die USA wären daher noch nicht in der Lage gewesen, den schon sehr weit fortgeschrittenen Überlegungen von Keynes und dem britischen Schatzamt substanziell zu entgegnen.

Pearl Harbor – Eintritt der USA in die Währungsdiskussion

Der Angriff auf Pearl Harbor am 7. Dezember 1941 markiert nicht nur den Eintritt der USA in den Zweiten Weltkrieg, sondern auch in die Diskussion um eine zukünftige Weltwirtschaftsordnung: Bereits am Morgen des 14. Dezember - einem Sonntag - beauftragte Finanzminister Henry Morgenthau seinen Berater Harry Dexter White:

> (…) über einen Interalliierten Stabilitätsfonds und einen entsprechenden Plan zu dessen Errichtung nachzudenken (…) ein Fonds, der während des Krieges dazu dienen soll, gegenwärtigen oder möglichen Alliierten Finanzhilfe zu gewähren und den

Feind zu behindern; um die Basis für nach dem Krieg zu treffende Stabilisierungsvereinbarungen zu schaffen; und um nach dem Krieg über eine »internationale Währung« zu verfügen.[71]

Interne Überlegungen

Bereits zwei Wochen später stellte White ein zwölfseitiges Memorandum vor, das er in den folgenden Monaten - zwischen Januar und Ende April - mehrfach überarbeitete und erweiterte. Am 8. Mai 1942 überreichte er Morgenthau einen überaus voluminösen Entwurf, der in einem separaten Ordner bereits Planungsunterlagen für eine internationale Währungskonferenz enthielt, auf der die neue Weltwirtschaftsordnung beschlossen werden sollte.

Freier Marktzugang

Als größter Exportnation lag es im natürlichen Interesse der USA, dass der Zugang zu den Märkten der Welt nicht durch Importzölle oder dergleichen behindert würde. Zudem war und ist diese Einstellung Teil des »American Way of Life« - denn jedes Schulkind lernt, dass die amerikanischen Kolonien verpflichtet waren, britischen Handelsunternehmen Sonderkonditionen einzuräumen. Selbst nachdem die USA ihre Unabhängigkeit erzielt hatten, versuchte Großbritannien immer noch, den Handel zu monopolisieren.

Entsprechend hatte sich Präsident Washington in seiner Abschiedsrede dafür ausgesprochen, die Vereinigten Staaten mögen in ihren Handelsbeziehungen alle Nationen gleichberechtigt behandeln: die Forderung nach freiem Marktzugang wurde zu einer US-amerikanischen Doktrin.[72]

Stabile Wechselkurse unter US-amerikanischer Führung

Die wichtigsten Eigenschaften einer Nachkriegsordnung sah White in stabilen Wechselkursen und der Errichtung einer »Inter-Allied Bank«, um die für Wiederaufbau und Wirtschaftswachstum notwendigen Kredite zur Verfügung stellen zu können.

Die Wechselkurse würde der »Inter-Allied Stabilization Fund« festsetzen, in dem das Stimmgewicht so verteilt sein sollte, dass die USA jede Entscheidung blockieren könnten. Der Fonds ermöglichte den Nationen dann, ihre Nationalwährungen zu den festgesetzten Wechselkursen und unter Zahlung einer Wechselgebühr von 1/32 Prozent untereinander zu tauschen - mit Ausnahme des US-Dollars, den der Fonds jeweils nur nach jeweiliger Prüfung und eigenem Ermessen gegen die Währungen anderer Nationen verkaufen würde.[73]

Der US-Dollar als Weltleitwährung ...

Der US-amerikanischen Sonderrolle lag Whites Überlegung zugrunde, dass der US-Dollar das britische Pfund als die international vorherrschende Währung ablösen sollte:

> Viele Jahrzehnte lang wurde das britische Pfund gewissermaßen als eine internationale Währung angesehen. Aber seine Brauchbarkeit als internationale Verrechnungseinheit und als gemeinsame Tauscheinheit in vielen internationalen Finanz- und Handelstransaktionen beruhte auf der Tatsache, dass der Sterling [das britische Pfund] lange Zeit die stabilste Währung in Gold war. (...) Einzig dem Dollar der Vereinigten Staaten bietet sich nun die Aussicht, diese Funktion erfüllen zu können.[74]

> Der Dollar ist die einzige große Währung, in deren Stärke allgemein vertraut wird. Möglicherweise wird er der Grundstein ei-

ner Nachkriegsordnung stabiler Währungen sein. Die Vereinigten Staaten halten den größten Teil der Weltreserven an Gold und Devisen. Diese Reserven müssen als Zusicherung vorhanden sein, um die universelle Stärke und das Vertrauen in die Stabilität von Währungen gewährleisten zu können.[75]

Dieses Ansinnen von White, die eigene Nationalwährung zur Leitwährung zu erheben, erinnert stark an die oben zitierte Rede von Reichswirtschaftsminister Funk – natürlich mit dem Unterschied, dass Funk die frei werdende Rolle der Weltleitwährung mit der Reichsmark Nazi-Deutschlands besetzen wollte.

... entgegen dem Interesse der übrigen Nationen

White erläuterte jedoch, dass die USA den Widerstand der übrigen Nationen heraufbeschwören würden, sobald sie die Verwendung des US-Dollars als Weltleitwährung vorschlagen würden. Denn sicherlich sei es nicht in deren Interesse, den Vereinigten Staaten eine derart vorteilhafte Position einzuräumen. Vielmehr würden die anderen Nationen es vorziehen, für den internationalen Handel eine neutrale und nicht nationale Währung zu verwenden:

> Falls jedoch irgendein Versuch unternommen würde, den Dollar als die internationale Recheneinheit zu empfehlen, träfe dies unzweifelhaft auf den Widerstand jener Länder, die es – aus nationalem Prestige oder voraussichtlicher finanzieller Nachteile – bevorzugen würden, wenn es nicht zur Begünstigung der Währung eines anderen Landes durch deren allgemeine Verwendung als internationale Währung käme. (...) Es erhöht das nationale Prestige und möglicherweise führt es auch zu geringfügigen wirtschaftlichen Vorteilen im Handel und in den Finanztransaktio-

nen, die einem Land zufließen, dessen Währung weitgehend als internationale Recheneinheit verwendet wird. Aus diesem Grund würde eine neue und keinem bestimmten Land gehörende Währung von den meisten Ländern eher begrüßt werden als die Währung irgendeines ausgewählten Landes.[76]

[Eine bereits bestehende Währung als internationale Recheneinheit zu bestimmen] würde mit der Begründung abgelehnt werden, dass hierdurch der Anschein entstünde, diese Währung würde in internationaler Bekanntheit oder Handel einen geringfügigen Vorteil erhalten.[77]

Über die von den anderen Nationen bevorzugte Möglichkeit einer »internationalen« Währung merkte White – gegen besseres Wissen – polemisch an, dass hierdurch lediglich die »Arithmetik des Wechselns« vereinfacht würde:

Ein ›Handelsdollar‹ oder ›Demos‹ oder ›Victor‹ oder eine ›Was-auch-immer‹-Währung anstelle des Dollars würde – ganz egal, ob sie den gleichen oder einen anderen Wert hätte – der Außenwirtschaft genauso wenig helfen wie die Einführung einer neuen Flagge. (…) Ein Importeur, ein Exporteur, eine Bank oder ein Tourist müssen doch lediglich von der einen Währung in die andere umrechnen, wenn sie eine Transaktion tätigen. Wenn es möglich wäre, diese arithmetischen Mühen des Umrechnens durch die Verwendung einer internationalen Währung überflüssig zu machen, käme das in der Tat einer bequemen Einrichtung, jedoch keinesfalls einer recht bedeutsamen gleich.[78]

Behörde für ökonomische Kriegsführung

Am 12. Mai 1942 lobte Morgenthau den »masterly job« von White und übermittelte drei Tage darauf die Entwurfsunterlagen an Präsident Roosevelt.[79] In seinem Begleitschreiben merkte Morgenthau an, dass es von größter strategischer wie ökonomischer Bedeutung sei, nun mit der Umsetzung dieses Plans zu beginnen:

> Ich bin der Überzeugung, dass die Aufnahme eines solchen Plans enorme strategische und auch wirtschaftliche Auswirkungen nach sich ziehen wird. Die Zeit scheint mir reif, unsere internationalen Ziele in einer solchen Weise darzustellen, dass sie von den Menschen in aller Welt als zweckmäßig, mächtig und inspirierend empfunden werden. Im Erfolgsrausch schwärmten unsere Gegner fortwährend von ihrer ›Neuen Ordnung‹ für Europa und Asien. Es könnte keine überzeugendere Demonstration unserer Zuversicht geben, dass das Pendel nun zurückschlagen wird, als unser Vorhaben in ganz konkreten Worten bekannt zu geben und mit den spezifischen Vorbereitungen für ein Instrumentarium zu beginnen, das sich in der Tat als ›New Deal‹ der internationalen Wirtschaft bezeichnen ließe.[80]

Dieser Empfehlung folgte Roosevelt und ordnete an:

> die laufenden Studien sollten nun in Zusammenarbeit mit dem Auswärtigen Amt, der Behörde für ökonomische Kriegsführung und der Export-Import Bank weiter ausgearbeitet werden.[81]

In den folgenden Wochen und Monaten entwickelte White in Zusammenarbeit mit der Behörde für ökonomische Kriegsführung, dem Außenministerium, dem Finanzministerium und der Export-Import Bank eine Strategie zur Umsetzung seines Plans: Wie könnte der US-Dollar die Rolle als Weltleitwährung einnehmen, ohne den Widerstand der übrigen Nationen heraufzubeschwören?

ZUSAMMENFASSUNG

Der von White entwickelte US-amerikanische Plan des »Stabilization Fund« stand auf zwei Säulen:

(1) Freier Marktzugang.

(2) Der US-Dollar sollte als Weltleitwährung festgesetzt werden, zu der die anderen Währungen in einem festen Wechselkurs stünden.

zu (1): Im Gegensatz zu Funk und Keynes wollte White keinen Gütertausch, sondern freien Marktzugang als Wirtschaftsprinzip. Da Güter dann nicht mit Gütern, sondern mit Geld bezahlt würden, käme der Währungsfrage eine besonders hohe Bedeutung zu. Ebenso hätte es nicht das von Funk und Keynes angestrebte Gleichgewicht durch Gütertausch zur Folge.

zu (2): Dieses Wirtschaftssystem des freien Marktzugangs wäre durch den US-Dollar als Weltleitwährung dominiert – mit entsprechenden Vorteilen für die USA. White wusste jedoch, dass dieses US-amerikanische Ansinnen auf den Widerstand der anderen Nationen stoßen würde.

Abb. 6: Harry Dexter White (Quelle: IWF)

USA 1942–46: Durchsetzung per Konferenz statt despotischem Dekret

Die Ziele Nazi-Deutschlands und der USA waren sich in einem Aspekt erschreckend ähnlich: Die Einsetzung der eigenen Währung als Leitwährung, an der die anderen Nationalwährungen dann mit festen Wechselkursen angebunden sein sollten.

Nazi-Deutschland hätte es sich nach einem Sieg einfach gemacht und die Reichsmark per Dekret in diese Position erhoben; eine Vorgehensweise, die nur Diktaturen offen steht, nicht jedoch demokratischen Nationen. Die USA mussten einen anderen Weg wählen: die Durchsetzung ihrer Interessen per internationaler Konferenz. Dieses Verfahren wird heutzutage als »forum-shifting«[82] bezeichnet und hat dann die größten Aussichten auf Erfolg, wenn man das Forum oder die Konferenz selber ausrichtet, in der man dann seine Interessen durchsetzt.

Wie bereits oben erwähnt, wusste White, dass der US-Dollar als Weltleitwährung auf den Widerstand der übrigen Nationen stoßen würde. Daher erschien es heikel, diesen Punkt in einer Konferenz offen zu diskutieren. Viel günstiger wäre es, wenn eine internationale Konferenz zu diesem Schluss kommen würde, ohne diesen heiklen Punkt thematisieren zu müssen. Und tatsächlich verfolgten die USA diesen Weg: Sie richteten im Juli 1944 in Bretton Woods eine Konferenz aus, in deren Ergebnis der US-Dollar als Weltleitwährung festgesetzt wurde, ohne dass darüber jedoch explizit gesprochen worden wäre.

Im Detail entwickelte sich diese Vorgehensweise sehr komplex und dauerte über zwei Jahre - schließlich mussten die Nationen dazu gebracht werden, gegen ihre eigenen Interessen zu handeln, damit die USA ihr Ziel erreichen konnten. Wie den USA das Unwahrscheinliche gelang und sie mittels der Währungskonferenz von Bretton Woods das gewünschte Ergebnis herbeiführten, kann heute in den Archiven nachgelesen werden: Denn die über Jahrzehnte unter Verschluss gehaltenen und ehemals streng geheimen Unterlagen sind frei zugänglich - wie etwa das Tagebuch von Morgenthau oder die Aufzeichnungen der »Federal Reserve«.

USA und Großbritannien tauschen Pläne aus

Falls Nazi-Deutschland den Krieg verlieren würde, läge die Gestaltung einer Nachkriegsordnung in den Händen der Alliierten - allen voran den USA und Großbritannien. Die von den USA angestrebte Währungskonferenz könnte jedoch kaum erfolgreich sein, wenn es dabei zu einem offenen Streit der verschiedenen Nationalinteressen kommen würde. Daher war es sowohl im amerikanischen als auch im britischen Interesse, über die wichtigsten Punkte zunächst untereinander Gespräche zu führen und somit eine anglo-amerikanische Übereinstimmung zu erzielen.

Im Juli 1942 - nach sechs Monaten fruchtloser Kontaktversuche durch die Briten - deuteten die USA endlich ihre Gesprächsbereitschaft an: Sie überreichten Sir Frederick Phillips, dem Ministerialdirigent im britischen Schatzamt, die »Zusammenfassung eines Entwurfs des amerikanischen Finanzministeriums« mit der Anweisung, dass niemand außer Keynes diese zu Gesicht bekommen sollte und zudem nicht bekannt werden dürfte, dass Großbritannien diese Unterlagen erhalten hätte oder auch nur von deren Existenz wüsste.[83] Im Gegenzug bekamen die USA Ende August 1942 Keynes' Entwurf der International Clearing Union.

Zu diesem Zeitpunkt hatten die USA jedoch noch kein Interesse an formellen Gesprächen, sondern wollten bestenfalls informelle und inoffizielle Vorgespräche ermöglichen. Am 14. August 1942 teilte US-Außenminister Hull dem britischen Botschafter Sir Ronald Campbell mit,

> dass dies nicht die Zeit wäre, um formelle Konferenzen zwischen unseren Regierungen über Nachkriegsprogramme und -politik durchzuführen, und dass ein bitterer Geschmack aufkommt bezüglich dessen, was auch als Vernachlässigung unserer Kriegspflichten bezeichnet werden könnte, wenn wir täglich den Krieg verlieren, nur weil wir herumsitzen, um langatmige Debatten und umständliche Konferenzen über Nachkriegspolitik und -programme abzuhalten, die möglicherweise nie eintreten werden. [Der Minister sagte, er würde es begrüßen,] wenn sich irgendein geeigneter Beamter in einer gänzlich informellen und inoffiziellen Weise mit einem Ökonomen zusammensetzen wollte. Dieser könnte aus Großbritannien oder auch von einer der 28 Vereinten Nationen hierherkommen, [aber] es könnten keine Entscheidungen gefällt, sondern lediglich das Fundament gelegt werden für eine beschließende Konferenz, die dann zu einem geeigneten Zeitpunkt stattfinden würde.[84]

Keynes analysiert den Vorschlag von White

Sobald Keynes die Unterlagen erhalten hatte, analysierte er den von White vorgeschlagenen International Stabilization Fund.

Unverständlich, diffus und hoffnungslos

Keynes zeigte sich von Whites Vorschlag wenig überzeugt – denn in den sehr technisch gehaltenen und kaum verständlichen Formulierungen konnte er keine Lösung der anstehenden Probleme entdecken. Obwohl White guten Willens schien, war die von ihm ausgearbeitete technische Lösung »ziemlich hoffnungslos« und könne »offensichtlich nicht funktionieren«:

> Ich habe mich auch mit den Unterlagen von Harry White befasst. Selten hat mich etwas zur gleichen Zeit derartig gelangweilt und derartig interessiert.[85]

> (...) es ist eine ziemliche Qual, den Vorschlag von Harry White zu lesen und in Gänze zu verdauen. Und ganz offensichtlich kann er nicht funktionieren.[86]

> Seine grundsätzliche Einstellung scheint mir sehr hilfreich und auch aufschlussreich zu sein. Aber die eigentliche technische Lösung halte ich für ziemlich hoffnungslos.[87]

Kein internationales Bankenprinzip

Den größten Mangel sah Keynes darin, dass White keine Lösung für die bekannten Probleme des Goldstandards gefunden hatte. Denn White sah für den Welthandel immer noch das Nebeneinander von Nationalwährungen vor, anstatt endlich auch auf globaler Ebene das Bankenprinzip einzuführen. Keynes nahm jedoch an, dass White von den Vorzügen internationalen Bankgeldes einfach zu überzeugen sein sollte:

Er hat keinen Weg gefunden, um den Problemen des Goldstandards zu entkommen und hat alles über die vorteilhafte Erfindung des Bankgeldes vergessen. Aber sobald man ihn auf die Vorzüge von Bankgeld hingewiesen hätte: könnte es dann noch ein Argument geben, dass er seine anderen grundsätzlichen Gedanken nicht um diese Methode herum neu ordnen würde?[88]

White versus Keynes

Anfang September 1943 reiste Keynes mit einer Delegation nach Washington, um mit White ein gemeinsames, angloamerikanisches Dokument zu erarbeiten, das später als Grundlage für die Konferenz von Bretton Woods dienen sollte. Die etwa drei Wochen anhaltenden Diskussionen zwischen der amerikanischen und britischen Delegation fanden im US-Finanzministerium statt und wurden von Keynes und White dominiert, die Sir Roy Harrod folgendermaßen charakterisierte:

White war schwierig, das steht außer Frage; zwar ersparte Keynes ihm keine verbale Auseinandersetzung, zeigte aber Taktgefühl und Nachsicht. Whites eigene Gefühle waren subtiler. Noch vor wenigen Jahren, bevor sein Stern gestiegen war, hatte er Keynes noch als den größten lebenden Ökonom verehrt. Nun stand er ihm als gleichwertiger Verhandlungsführer gegenüber – um genau zu sein, wohl eher als ungleicher Verhandlungsführer, da er selbst ja die größere Macht repräsentierte. (...) Ihre Diskussionsmethoden waren diametral entgegengesetzt. White war voller Schlagkraft und mannhaftem Antrieb. Er konnte zornig und grob sein. Seine Ernsthaftigkeit übertrug sich in einen Wortschwall, der manches Mal seine grammatikalischen Fähigkeiten überstieg. Keynes, wie wir wissen, war anders: schlagfertig in wunderbar geschliffenen Worten. Blitzschnell entdeckte er selbst in den abstrusesten Angelegenheiten jede Ungereimtheit seines Gegners, auf die er dann mit scheinbarer Freundlichkeit in bissiger und manchmal beleidigender Weise hinwies.[89]

Keynes selbst beschrieb White – in einem Brief an Sir Wilfrid Eady vom 3. Oktober 1943 – wie folgt:

> Mit Harry White haben wir, wie Sie sicherlich annehmen, eine ganz erhebliche Zeit verbracht. Unsere Vorbehalte ihm gegenüber sind nur ein matter Abglanz dessen, was seine Kollegen von ihm halten. Er ist anmaßend, unkollegial, will einen stets austricksen, mit einer grellen und krächzenden Stimme, ästhetisch bedrückend in Geist und Betragen; er besitzt nicht die geringste Vorstellung, wie man sich benimmt oder die Regeln zivilisierten Umgangs beachtet. Gleichzeitig habe ich großen Respekt vor ihm und mag ihn sogar. In vielerlei Hinsicht ist er der beste Mann, den es hier gibt. Ein sehr fähiger und ergebener Beamter, der eine immense Last an Verantwortung und Initiative trägt, sehr integer und von einem weitsichtigen, idealistischen, internationalen Ziel beseelt ist und ehrlich vorhat, der Welt sein Möglichstes zu geben. Darüber hinaus führt sein bezwingender Wille, gepaart mit der Tatsache, dass er konstruktive Ideen hat, dazu, dass er die Dinge auch erledigt bekommt, was hier nur wenig anderen gelingt. Mit Schmeicheleien der einfachen Art ist er nicht zu erreichen. Das gelingt einem am besten, indem man seinen Absichten Respekt entgegenbringt, und sein intellektuelles Interesse erregt (es ist eine große Erleichterung des Verkehrs, dass sein echtes Interesse über Sachverhalte jedweder Fragestellung auf so einfache Weise erregt werden kann) und ihn offen, bestimmt und frei von Finesse sofort zurechtweist, sobald er hinsichtlich sachdienlicher Argumentation oder angemessenem Benehmen entgleist.[90]

Umgekehrt war aber auch Keynes für White sicherlich kein einfacher oder angenehmer Gesprächspartner. Denn White hatte - obwohl er mit den USA zweifellos die stärkere Macht vertrat - große Bedenken, ob er sich in einer Debatte vor Publikum gegen den rhetorisch überlegenen Keynes durchsetzen könnte. Whites Angst zu versagen war so groß, dass sie ihn sogar gesundheitlich in Mitleidenschaft zog.[91]

Entsprechend aufreibend verliefen die Diskussionen zwischen White und Keynes, die ein Teilnehmer der britischen Delegation folgendermaßen beschrieb:

> Was für ein Tollhaus diese Diskussionen sind! Keynes und White sitzen nebeneinander, beide flankiert von den zwei langen Reihen ihrer Anhängerschaft. Ohne Tagesordnung und ohne irgendeine Vorstellung, was gerade diskutiert werden soll, beharken sie sich gegenseitig in einem schrillen Duett der Uneinigkeit, das nach einem Crescendo der gegenseitigen Beschimpfungen in einer chaotischen Vertagung des Treffens endet - gerade zur rechten Zeit, damit wir für ein Treffen mit der Delegation in das Willard [Intercontinental Hotel] zurückkehren können.[92]

Über die unausweichliche Notwendigkeit einer anglo-amerikanischen Zusammenarbeit merkte Keynes an:

> Langfristig betrachtet wird die anglo-amerikanische Zusammenarbeit fortschreiten, denn - egal wieviel man auch reden und streiten will - sobald man ernsthaft über Alternativen nachdenkt, erkennt man sofort, wie hoffnungslos und fehlgeleitet sie wären. Eine Alternative ist einfach nicht denkbar; daher müssen wir guten Mutes sein.[93]

Frankenstein verhüllt in irrem Gewand

In diesen Verhandlungen zur Erzielung einer gemeinsamen, anglo-amerikanischen Erklärung erhielt Keynes einen ersten Vorgeschmack von Whites Talent, eine Sache zu schreiben und eine andere damit zu meinen. Mit der Begründung, der Plan würde auf diese Weise in den USA auf weniger Widerstand treffen, hatte White für das anglo-amerikanische *Joint Statement* Formulierungen gewählt, die oberflächlich betrachtet ihr Gegenteil bedeuteten. Keynes war von dieser unsauberen Trickserei angewidert und berichtete an Sir Wilfrid Eady in einem weiteren, ebenfalls auf den 3. Oktober 1943 datierten Brief:

> Gott weiß, was Sie davon halten werden, sobald Sie es sehen, denn es ist ein extrem skurriles Dokument. Meiner Meinung nach stecken sehr aufrichtige Motive dahinter. Auf keinen Fall kann damit das Problem gelöst werden, aber unter gewissen günstigen Umständen könnte es die Sachlage verbessern.
>
> Das Problem ist, dass seine tatsächlichen Absichten vertuscht und scheinbar ins Gegenteil verkehrt wurden, um vermeintlichen amerikanischen Gefühlen zu entsprechen. Das Resultat ist, so scheint mir wenigstens, dass ein außenstehender Kritiker es für das Werk eines halbwegs Wahnsinnigen halten wird, oder aber für eine Art von schlechtem Scherz. Am Samstag haben Waley und ich versucht, ihn zu überzeugen, die eigentlichen Absichten etwas offensichtlicher werden zu lassen.
>
> Meiner Meinung nach ist er ein vollkommener Esel, das Problem in dieser Weise anzugehen. Man kann unmöglich brauchbare Resultate erzielen, wenn man die Suppe nicht auslöffelt, die ausgelöffelt werden muss, und wenn man den Plan der Welt nicht als das vorstellt, was er eigentlich ist. Man kann nicht alle

Kontinente gleichzeitig beschwindeln – in einem Vorhaben, das ein Handelsvolumen in Milliardenhöhe behandeln soll. Die Sache muss unter ihrer echten Flagge segeln.

Knapp gesagt besteht die Tarnung aus dem Folgenden. Allem Anschein nach sieht der Entwurf keine Unterscheidung zwischen Gläubigerländern und Schuldnerländern vor. Man fordert Schuldnerländer dazu auf, Auslandsinvestitionen in genau dem gleichen Maße zu fördern, wie dies auch die Gläubigerländer tun. Zwischen dem Vorhandensein einer positiven Handelsbilanz und der Verantwortung, entsprechende Auslandsinvestitionen zu tätigen, wird keinerlei Verbindung gezogen. Tatsächlich wird alles unternommen, um diese beiden Gedanken so weit wie möglich voneinander zu trennen. Das ist ganz offensichtlich verrückt. Harry gibt das zu – ohne auch nur im Geringsten zu widersprechen. Nachdem er seinen Frankenstein nun in diese verrückten Gewänder gesteckt hat, führt er im Weiteren diverse Joker ein, mit deren Hilfe der Plan in der Praxis dann tatsächlich in exakt der gegenteiligen Weise wirken würde wie oberflächlich betrachtet anzunehmen wäre.

Wie ein intelligenter und kluger Mann wie er glauben kann, dass dies der richtige Weg ist, um an eine bedeutende Frage heranzugehen, weiß der Himmel allein. (...) Möglicherweise hat er Recht, dass die USA der Zeit um 25 Jahre hinterherhinken und dass kein Amerikaner etwas akzeptieren würde, solange man nicht zuallererst dafür sorgt, dass es völlig schwachsinnig wirkt, aber sind die Menschen wirklich so töricht, oder gegebenenfalls töricht genug, um derart einfach beschwindelt zu werden?[94]

Zu diesem Zeitpunkt ahnte Keynes noch nicht, dass er später selbst zu den Opfern dieser Täuschungsmethode gehören würde.

Den Gegner in Sicherheit wiegen und ihm Hoffnung geben

Anglo-amerikanisches »Statement of Principles«

Durch die gemeinsame Ausarbeitung der anglo-amerikanischen Erklärung stellte sich bei Keynes ein Gefühl der Sicherheit ein. Denn es bestand zwischen White und Keynes die Übereinkunft, dass dieses gemeinsam verfasste Dokument das Ergebnis der Konferenz von Bretton Woods im Wesentlichen schon vorbestimmen sollte.

Vereinbarungsgemäß unterzeichnete Keynes das *Statement of Principles* und übergab es White, erhielt jedoch kein von White unterzeichnetes Exemplar[95] - was kaum überrascht, da White bereits plante, dessen Wortlaut zu ändern. Denn an Morgenthau übermittelte er eine andere Version, in der »gold-convertible currency« und »holdings of convertible exchange« bereits durch »dollars« ersetzt waren - obwohl er wusste, dass Keynes diese Änderungen nicht akzeptieren würde.[96]

White ging einfach davon aus, dass ihm das Austauschen dieser Wörter später auch auf der Konferenz von Bretton Woods gelingen würde.

Keynes durfte jedoch keinen Verdacht schöpfen, und so gab sich White die allergrößte Mühe, um bei Keynes den Eindruck zu verstärken, dass sie insgeheim gemeinsame Sache machen würden. In einem Brief vom 20. Juni 1944 berichtete Keynes an Sir Richard Hopkins über die hinter den Kulissen stattfindenden Absprachen mit White:

> Es gab auch eine ganze Reihe von Treffen hinter den Kulissen zwischen White und mir (...) alles lief wirklich ziemlich gut. Es gab keinen einzigen Augenblick der Erregung oder des ernsthaf-

ten Disputs und Liebenswürdigkeit herrschte vor. White hat bewiesen, im Großen und Ganzen ein bewundernswerter Versammlungsleiter zu sein. Seine Freundlichkeit mir gegenüber war extrem. Und hinter den Kulissen war er stets bemüht, eine Möglichkeit des Einvernehmens zu finden, außer wenn ihm eigene politische Schwierigkeiten im Weg standen.

Die Methode bestand darin, in keiner Angelegenheit zu einer formellen Einigung zu gelangen, da White sehr besorgt war, in Bretton Woods mit einem *fait accompli* oder der gestrichelten Linie für die Unterschriften aufzutreten.

Daher haben wir, theoretisch gesprochen, lediglich eine Reihe verschiedener Vorschläge erhalten, die einige Delegationen gerne vortragen würden, und diese in einem Dossier in einer passenden Reihenfolge eingeheftet; in Wirklichkeit haben wir jedoch natürlich, wie oben angedeutet, sehr viel mehr als nur das getan.[97]

Keynes war davon überzeugt, dass sich White an die Absprachen halten würde. Damit bei den Teilnehmern der Konferenz aber nicht der Eindruck entstünde, die geladenen Nationen würden missbraucht, um eine bereits vorgefasste anglo-amerikanische Vereinbarung abzusegnen, sollten weniger bedeutsame Punkte noch zur Debatte stehen:

Nach Meinung der Amerikaner – und der stimmen wir zu – ist es entscheidend, dass der Bretton-Woods-Konferenz kein Abkommen präsentiert wird, dass nur noch abgestempelt werden muss. Deshalb werden wir vor allem mit den Amerikanern in allen wichtigen Punkten Einigung erzielen müssen, wohingegen der Entwurf, welcher der Bretton-Woods-Konferenz präsentiert wird, noch einige Alternativen enthalten mag, damit die Konferenz auch etwas zum Debattieren hat.[98]

> Gleichzeitig stimmte [White] zu, dass wir und die Amerikaner hinter den Kulissen die größtmögliche Einigung darüber erzielen sollten, welche Alternativen wir fallen lassen könnten und bei welchen wir uns einig sind, sie durchsetzen zu wollen. Daher werden White und ich im größtmöglichen Umfang bereits einen vereinbarten Text haben, aber an der Oberfläche werden eine ganze Menge Angelegenheiten in ihren verschiedenen Alternativen angeboten werden. Wie all das klappen wird, werden wir noch sehen.[99]

Unitas – die Placebowährung als Hoffnung für Keynes

Die zentrale Frage in den verschiedenen Plänen von Funk, Keynes und White war stets die gleiche: Welche Währung würde nach dem Krieg das britische Pfund im internationalen Handel ablösen? Das Pfund würde eine Lücke hinterlassen, die in jedem Fall gefüllt werden musste.

Während Keynes die Einführung einer internationalen Währung als notwendig erachtete, sahen Funk und White – sobald der Krieg gewonnen wäre – ihre jeweils eigenen nationalen Währungen in der natürlichen Nachfolge. Funk sprach diesen Anspruch Nazi-Deutschlands offen aus – und schockierte damit die Welt.

White war geschickter: Sein Stabilization Fund nannte hier nicht den US-Dollar, sondern sah die Verwendung von *Unitas* vor. Allerdings blieb völlig rätselhaft, worin die Verwendung von Unitas im Einzelnen bestehen sollte. Auf diese Weise lenkten die rätselhaften Unitas von einer Diskussion über die Rolle des US-Dollars ab, denn im Folgenden entbrannte keine Debatte, ob der Dollar das Pfund ablösen würde, sondern darüber, worin eigentlich die Funktion von Unitas zu sehen wäre. In seinem Schreiben vom 9. Juni 1943 an Professor J. Viner grübelte Keynes entsprechend:

> Oben auf Seite sechs erwähnen Sie, dass die Unitas ›nur von buchhalterischer Bedeutung‹ wären. Aber besitzen die Unitas denn tatsächlich wenigstens diese eine Eigenschaft für normale Transaktionen des Fonds? Die Unitas tauchen zum ersten Mal in Abschnitt IV auf und scheinen in keinem tatsächlichen Bezug zu den normalen Transaktionen zu stehen, die gemäß Abschnitt III durchgeführt werden. So wie ich das verstehe, wird keine der in Abschnitt III aufgeführten Transaktionen dazu führen, dass ein Land Unitas hält.[100]

Wenn man die Unitas von ihrem verwirrenden Textschleier befreite, bestand ihre Funktion lediglich darin, dass man nun – da alle Währungen feste Wechselkurse haben sollten – jegliche Zahlungen auch in der fiktiven Einheit Unitas ausdrücken könnte. Aber weder sollten Konten in Unitas geführt werden, noch sollten sie überhaupt existieren: Sie waren eine rein theoretische Recheneinheit, ohne jegliche Geldfunktion.

Keynes Hoffnung bestand nun darin, Unitas mit den Funktionen einer Währung auszustatten und sie als internationales Zahlungsmittel zu etablieren. Denn mit der Schaffung einer internationalen Währung wäre der wesentliche Unterschied zwischen dem amerikanischen und dem britischen Plan ausgeräumt:

> Der Fonds selbst wird eine gemischte Ansammlung verschiedener Nationalwährungen halten und die Transaktionen werden daraus bestehen, eine Währung jeweils gegen eine andere zu wechseln. Dies stellt gewissermaßen den fundamentalsten Unterschied zwischen S.F. [Stabilization Fund, also dem US-Vorschlag] und C.U. [Clearing Union, also dem britischen Vorschlag; Anm. des Autors] dar. Wenn es nun so wäre, dass die Mitglieder

des Fonds einen Betrag in Unitas im Austausch gegen ihre zuvor eingebrachten Einzahlungen erhielten, um dann – als Folge der Clearingvorgänge – diese Unitas untereinender zu tauschen, so würden sich diese beiden Pläne längst nicht mehr so stark unterscheiden, wie sie es gegenwärtig tun.[101]

Die amerikanische Seite gab zu, dass Keynes Vorschlag »unermessliche Vorzüge« hätte, die man aber gegen den Widerstand der US-Banken leider nicht verwirklichen könnte:

> Sie wehren sich unerbittlich dagegen, Unitas als Geld zu verwenden und halten starr an der gemischten Ansammlung verschiedener Nationalwährungen fest. Sie geben zu, dass unsere Vorschläge unermessliche Vorzüge hätten, aber erklären, dass sie den Plan nur an ihren Bankfachleuten vorbeibringen können, wenn sie ihn in dieses sonderbare Kleid stecken. Ich glaube ihnen kein Wort und meine manchmal, dass die anderen Abteilungen eigentlich auf unserer Seite stehen, jedoch ohne dabei sehr überzeugt zu sein. (…) Aber es gibt nichts Schwierigeres, als mit Leuten eine Meinungsverschiedenheit auszutragen, die zugeben, dass dein Vorschlag ganz unvergleichlich besser ist, aber dann an ihrem Vorschlag mit der Begründung festhalten, er sei aus obskuren psychologischen Gründen der einzig umsetzbare.[102]

Keynes an Mutter: »Alles wird gut!«

Nach den wochenlangen und anstrengenden Unterredungen kehrte Keynes schließlich zurück nach London. Vor seiner Rückreise aus New York schrieb er am 18. Oktober 1943 stolz und guter Dinge an seine Mutter:

> Und wir sind in der Tat überaus zufrieden, was wir alles erreicht haben – es übertrifft unsere höchsten Erwartungen bei Weitem.

Alle waren überaus freundlich, ein großer *Wunsch nach Einigung*, und zwischen den britischen und amerikanischen Beamten entstand eine außerordentliche Kameradschaft mit beinahe emotionalen Abschiedsszenen. Wir bemühen uns alle wirklich sehr, gute Bausteine für eine Nachkriegswirtschaft zu legen – ganz egal, wie hoffnungslos schwerwiegend die politischen Probleme auch sein mögen.[103]

Abb. 7: Finanzminister Henry Morgenthau begrüßt die Delegierten, 8. Juli 1944 (Quelle: IWF)

Die Konferenz von Bretton Woods

Ein knappes Jahr später sollte jedoch alles ganz anders kommen, als es Keynes noch hoffnungsfroh seiner Mutter geschrieben hatte.

Denn auf der Konferenz von Bretton Woods (1.–22. Juli 1944) wurde nicht – wie von Keynes angenommen – das anglo-amerikanische »Joint Statement« umgesetzt, sondern das genaue Gegenteil davon bestimmt: der US-Dollar als künftige

Weltleitwährung. Fortan sollten die Währungen der westlichen Welt in einem festen Wechselkurs zum US-Dollar stehen und der US-Dollar als einzige Währung dem Gold gleichgesetzt werden. Mit anderen Worten: Die USA erhielten das historisch einmalige Privileg, »Gold zu drucken«, während die Nationen der westlichen Welt verpflichtet wurden, dieses »Papiergold« zu festgesetzten Währungskursen anzukaufen.

Heute erklärt der Internationale Währungsfonds dieses Ergebnis der Bretton-Woods-Konferenz in einem einzigen und leicht verständlichen Satz. Ein Satz, der zudem den Eindruck erweckt, als hätten die übrigen Nationen den USA dieses Privileg wissentlich eingeräumt:

> Die Länder, die dem IWF zwischen 1945 und 1971 beigetreten sind, haben sich darauf geeinigt, ihre Wechselkurse (den Kurs ihrer Währungen zum US-Dollar und, im Falle der USA, den Kurs von US-Dollar zu Gold) an feste Kurse zu binden, die nur verändert werden durften, um ein »fundamentales Ungleichgewicht« in der Zahlungsbilanz auszugleichen und wenn der IWF dies zudem genehmigte.«[104]

Und keiner hat's gesehen. Und niemand darüber gesprochen

Tatsächlich hatten jedoch weder Keynes noch die weiteren 730 Delegierten aus 44 Nationen bemerkt, dass sie den US-Dollar zur Weltleitwährung gekrönt hatten: Denn das eigentliche Ergebnis der Konferenz war in den drei Wochen andauernden Verhandlungen gar nicht zur Sprache gekommen.

Vielmehr versteckte sich die Sonderrolle des US-Dollars – die den Verlauf der kommenden Jahrzehnte dominieren sollte – in den vertrackten Klauseln eines 96-seitigen Dokuments mit »über 45 000 Wörtern, 31 Kapiteln, 100 oder mehr Sujets und über 100 Querverweisen.«[105]

Dieses äußerst unübersichtliche Dokument unterzeichneten die Delegierten der 44 Nationen, ohne dass ihnen die Gelegenheit gegeben wurde, es zuvor zu lesen.

Erst Wochen später, als das Abkommen einer genaueren Überprüfung unterzogen wurde, entbrannte über das vermeintliche Ergebnis der Konferenz eine heftige Diskussion, die über etliche Monate andauern sollte. Ungehalten über die heimlich geänderten Klauseln teilte Keynes mit:

> Der ursprüngliche Fehler bestand natürlich darin, dass wir dieses Thema zuvor nicht offen und in vollem Umfang behandelt hatten. Wir alle wissen, dass der Grund und zugleich die Entschuldigung hierfür darin zu finden ist, dass uns hierfür schlicht nicht die Zeit gegeben wurde. Ich selbst hatte den endgültigen Text der Klauseln, die nun strittig sind, niemals zu sehen bekommen, als ich das Schriftstück unterzeichnete, da das Entwurfskomitee ihn nicht rechtzeitig fertiggestellt hatte, um den Text in seiner kompletten Form verteilen zu können.[106]

Die Tricks von Bretton Woods

Anzunehmen, dass das Ziel der Konferenz darin bestanden hätte, eine möglichst objektive und ergebnisoffene Debatte zu ermöglichen, wäre sicherlich naiv. Vielmehr sollte die Konferenz von Bretton Woods dazu dienen, Whites Vorstellungen einer zukünftigen und nach US-amerikanischen Interessen gestalteten Ordnung nach außen hin mit dem Segen der internationalen Gemeinschaft zu versehen. Dieses Kunststück konnte White jedoch nur gelingen, indem er die Rolle der USA als Veranstalter der Konferenz in vollem Umfang ausnutzte.

Die im Folgenden aufgeführten Tricks und Kniffe zeigen dabei nicht nur, wie das Ergebnis der Konferenz von Bretton

Woods manipuliert wurde, sondern sollten auch als Mahnung dienen, dass Konferenzen und ähnliche Methoden der Meinungsbildung immer wieder missbräuchlich dafür genutzt werden können, eine vorgefasste Meinung durchzusetzen, anstatt in einer offenen Debatte neue Meinungen zu bilden.

Den Gegner von der Debatte fernhalten

Aufgrund seines überragenden internationalen Ansehens und seiner einzigartigen Überzeugungskraft war Keynes der Einzige, der Whites Pläne ernsthaft hätte gefährden können. Daher war es zentraler Bestandteil der Strategie von White, seinen größten Widersacher erst gar nicht in die Debatte eingreifen zu lassen. Dies erreichte er auf einfachste Weise: Er unterteilte die Konferenz von Bretton Woods in die zwei parallelen Schienen »Währung« und »Bank« und ernannte Keynes zum Vorsitzenden der Sitzungen über die Bank. So war Keynes an den Gesprächen über die Währungen nicht beteiligt, zu dessen Vorsitzendem er sich selbst erklärte.[107]

Abb. 8: Bretton Woods Steno Pool: Chefstenotypistin Miss Dix mit ihrer Assistentin Jane Cullen (Quelle: IWF)

US-amerikanische Schriftführer

Die Konferenz wurde weiter unterteilt in zahlreiche Kommissionen, deren Vorsitz von den ausländischen Nationen übernommen wurde. Auf diese Weise erhielt sie einen sehr internationalen Anstrich, ohne dass dies einen nennenswerten Einfluss auf das Verhandlungsergebnis hatte; denn die Schriftführer und ihre Assistenten waren allesamt US-Amerikaner. Diese wiederum bestimmten die Tagesordnung und zählten die Stimmen. Vor allem jedoch verfassten sie die Protokolle sowie das Abschlussdokument.[108]

Zu Beginn der Konferenz wurde den Delegierten in einem Memorandum die angebliche Neutralität der Schriftführer zugesichert:

> Die Schriftführer, ebenso wie alle anderen Offiziellen der Konferenz, sind in diesem Fall als internationale Vertreter zu betrachten. Praktisch gesehen verlieren sie nicht nur ihre nationale Identität, sondern werden auch von der Treuepflicht gegenüber den staatlichen oder nichtstaatlichen Organisationen befreit, denen sie verbunden sind.[109]

Auf Nummer sicher gehen: Übungskonferenz

Diese Schriftführer wiederum hatte White unmittelbar zuvor auf einer Übungskonferenz (Atlantic City, 15.–30. Juni 1944) speziell für ihre Aufgaben ausgebildet: Sie wurden in die komplexe Thematik eingearbeitet und hatten gelernt, wie sie in jedem einzelnen Punkt die US-amerikanische Position verteidigen könnten. Und wie sie gewährleisten könnten, dass dann das Abschlussdokument der »echten« Konferenz in Bretton Woods diese US-amerikanischen Positionen auch widerspiegelt.[110]

Stimmvieh bringt Zigarren aus Kuba

Da die Konferenz einen möglichst internationalen Eindruck machen sollte, musste überlegt werden, welche Nationen die USA laden würden. In der diesbezüglichen Sitzung vom 24. Mai 1944 sprach sich White gegen eine Beteiligung von Holland aus - das aufgrund seiner Kolonien sehr wohl ein bedeutender Mitspieler war. Er begrüßte es jedoch, Kuba einzuladen: die kubanischen Vertreter hätten nichts zu sagen, würden aber Zigarren liefern:

> Kuba: sie wären stille Teilnehmer und ihre hauptsächliche Funktion bestünde darin, Zigarren mitzubringen.[111]

Keynes war über die Liste der geladenen Länder entsetzt:

> Einundzwanzig der geladenen Länder können zu der Konferenz ganz offensichtlich nichts beitragen und werden lediglich im Weg herumstehen. Dies sind Kolumbien, Costa Rica, Dominica, Ecuador, Salvador, Guatemala, Haiti, Honduras, Liberia, Nicaragua, Panama, Paraguay, Philippinen, Venezuela, Peru, Uruguay, Äthiopien, Island, Iran, Irak, Luxemburg. Das monströseste Affenhaus, das es seit Jahren gegeben hat. (...)
>
> Sicherlich würde es ziemlich empörend und hoffnungslos irreal erscheinen, das Komitee mit einer Horde Länder zu besetzen, die keinerlei Ahnung von internationalen Finanzen haben, darunter sogar Kuba, wenn gleichzeitig Holland und sein Empire ausgeschlossen werden.[112]

Akute Alkoholvergiftung im Affenhaus

Keynes zeigte sich bereits im Vorfeld über die geplante Dauer der Konferenz von Bretton Woods und die geladenen Na-

Abb. 9: Frühlingsgefühle bei den Konferenzteilnehmern vor dem Mount Washington Hotel in Bretton Woods (Quelle: IWF)

tionen sehr erstaunt – schließlich stammte die Mehrzahl der Teilnehmer aus Lateinamerika, die nur über verhältnismäßig geringe Sachkompetenz verfügten. Da auf der Konferenz ohnehin nicht mehr viel entschieden werden sollte, fragte sich Keynes, womit die Delegierten drei Wochen lang beschäftigt werden könnten, ohne dem Alkohol zu verfallen:

> Die Vorstellungen des Dr. White werden von Tag zu Tag kurioser. 42 Nationen, also insgesamt 43, wurden für den 1. Juli eingeladen. Sie sollen keinerlei Einfluss auf Festlegungen oder die endgültige Entscheidung haben und alles soll nur *ad referendum* sein. Gleichwohl sieht es nun ganz so aus, als ob die Konferenzteilnehmer noch nicht einmal mehr dem Anschein nach irgendwelche Aufgaben zu erledigen hätten, da alles bereits erledigt sein wird, bevor sie eintreffen. (…) Die amerikanischen Zeitungen haben angedeutet, dass ›sich die am 1. Juli beginnende Konferenz möglicherweise über einige Wochen hinziehen könnte‹. Wenn dies kein Druckfehler für ›mehrere Tage‹ ist, dann kann man sich kaum vorstellen, womit sich dieses Affenhaus beschäftigen könnte. Man muss wohl annehmen, dass noch vor Ende der Konferenz akute Alkoholvergiftungen eintreten werden.[113]

Aufgebauschte Scheindebatte

Die Delegierten beschäftigten sich auf der Konferenz schließlich in erster Linie mit der Frage der Stimmgewichte der einzelnen Nationen: den sogenannten Quoten.

Die Quote, also der von der jeweiligen Nation in den Währungsfonds eingezahlte Betrag, sollte ihr Stimmgewicht bestimmen. Diese Frage nach dem jeweiligen Stimmgewicht traf natürlich die nationalen Befindlichkeiten, da alle Anwesenden in der Bewertung als möglichst wichtig anerkannt werden wollten.

Nach welchem Schlüssel die Quoten verteilt werden sollten, wurde jedoch nicht bekannt gegeben: Die Nationen wussten nur, dass die Gesamtsumme des Fonds auf einen Betrag zwischen 8000 und 8500 Millionen US-Dollar festgesetzt wurde. Um das eigene Stimmgewicht zu erhöhen, mussten sich die Nationen also gegen die jeweils anderen Nationen durchsetzen. Die Konkurrenzsituation verhinderte, dass sie sich auf der Konferenz gegen die USA verbündeten.

Diese Debatte traf zwar die nationalen Befindlichkeiten, war aber letztlich ein Scheingefecht: Denn es stand von vornherein fest, dass aufgrund ihres Stimmgewichts einzig die USA Vetorecht erhalten würden.

Babylon

Auf der Konferenz herrschte ein babylonisches Sprachengewirr, da viele der Delegierten – insbesondere etliche Vorsitzende der zahlreichen Komitees – des Englischen nicht mächtig waren:

> Der russische Delegierte (…) übergab den Vorsitz an seinen kanadischen Kollegen, sobald er seine Einführungsrede gehalten

> hatte – auf Russisch. Unglücklicherweise wurde dieses vernünftige Verhalten von den anderen Vorsitzenden nicht übernommen, mit dem Resultat, dass etliche der Komitees nur mit einer zum Wahnsinn reizenden Langsamkeit vorankamen.[114]

Und:

> Es war eine große Anzahl verschiedenster Menschen gekommen, die sich in ebenso vielen Abarten an unverständlichem Englisch unterhielten. Fast alles wurde in etwas gesagt, das Englisch klingen sollte. Die Russen sprachen kein Englisch; ihre Übersetzer auch nicht. Die Franzosen sprachen Englisch, waren aber stets besorgt, dass die exakte Bedeutung dessen, was sie zum Ausdruck bringen wollten, von ihren Übersetzern auch ganz genau übertragen wurde. (...) Die Russen waren eine interessante Gruppe. Ich hatte ständig das Gefühl, dass sie auf der einen Seite mit dem Erschießungskommando und auf der anderen Seite mit der englischen Sprache kämpfen mussten. Sie schienen große Angst vor den Reaktionen in ihrem eigenen Land zu haben und trauten sich nicht den kleinsten Schritt zu, ohne zuvor per Telefon oder Telegramm mit ihrer Regierung Rücksprache gehalten zu haben.[115]

Komplikationsoptimierung

Die ohnehin schon babylonische Verwirrung erfuhr eine weitere Steigerung durch das von White ausgedachte Verfahren, das die eigentlichen Vorgänge der Konferenz möglichst komplex gestaltete und es den Delegierten so unmöglich machte, den Überblick zu behalten. Selbst Whites eigene Mitarbeiter konnten den Verhandlungen nicht mehr folgen: Dean Gooderham Acheson, Leiter der amerikanischen Delegation zur Bankkommission, beschwerte sich bei White:

> Sie haben hier ein sehr umständliches Verfahren. Zuerst bekommt man einen Bericht des Entwurfskomitees, Komitee Eins und Komitee So-und-so. Diese Sachen werden alle zusammengetragen. Dann glauben alle, nun über etwas abstimmen zu können, erfahren dann aber, dass das nicht stimmt, weil die Angelegenheit an ein *ad-hoc-* oder Spezialkomitee übergeben wurde, von dem es dann wieder zum Entwurfskomitee kommt ...[116]

White erwiderte, die Konfusion beträfe bestenfalls Achesons Verstand. Alles liefe »glatt wie Seide« und »alle wichtigen Probleme seien gelöst«. Darauf Acheson:

> Ich bin mir sicher, dass sie gelöst wurden; aber ich glaube nicht, dass die Delegierten davon wissen.[117]

Scheinkomitees

Whites wichtigste Finte bestand in folgender Methode: Als Vorsitzender stand es ihm zu, sämtliche Fragen, sobald sie sich in der offenen Debatte als schwierig herausstellten, an »Spezialkomitees« zu übergeben, die dann hinter geschlossenen Türen verhandelten.[118] Er konnte diese Komitees dann mit seinen eigenen Leuten besetzen und so das erwünschte Ergebnis herbeiführen. Oder sie international besetzen und dann nicht einberufen. Beispielhaft sei hier das »Spezialkomitee für Quoten« erwähnt, das White der US-amerikanischen Delegation gegenüber folgendermaßen erklärte:

> Es ist das offizielle Komitee für die Festlegung der Quoten, das die Quoten mutmaßlich an die Kommission melden soll; aber wir werden es nicht einberufen. Die Vereinigten Staaten haben den Vorsitz. Wir werden das Komitee erst einberufen, wenn wir

die Quoten festgelegt haben; aber zumindest haben wir für den Augenblick den Anforderungen entsprochen.[119]

Der große Weltwährungstrick

Bei Nacht und Nebel: White verwandelt Dollar in Gold

Um den US-Dollar in den Rang von Gold zu erheben und ihm die Sonderrolle als Weltleitwährung zuzuschreiben, ohne dass die 730 übrigen Delegierten davon erfuhren, hatte White einen denkbar simplen Trick angewandt: er hatte in den Dokumenten das Wort »Gold« einfach mit den Worten »Gold und US-Dollar« ausgetauscht und einige zusätzliche Textpassagen eingefügt. Wie ihm dieses Kunststück unbemerkt gelingen konnte, ist im Tagebuch von Morgenthau[120] sowie in den Aufzeichnungen der Federal Reserve[121] dokumentiert:

> Am 13. Juli 1944 – die Delegierten hatten bereits zwei Wochen Konferenzmarathon hinter sich – teilte White Morgenthau mit, dass sich bei der nun bevorstehenden Nachmittagssitzung der Commission I alles entscheiden würde:
>
> Diese Sitzung heute Nachmittag ist extrem wichtig. Hier entscheidet sich in den meisten Punkten, ob wir Fische fangen oder nur unsere Köder verlieren.[122]

Während dieser Sitzung gelang es White, die weitere Ausarbeitung des Textes an ein »Spezialkomitee« zu übertragen. Nun hatte White absolute Kontrolle, denn das von ihm einberufene Spezialkomitee bestand nur aus ihm selbst und seinen engsten Mitarbeitern. Diesen Zwischenerfolg berichtete er umgehend an Morgenthau:

Abb. 10: Die Delegation der Vereinigten Staaten (von links nach rechts): stehend Harry D. White, Fred W. Vinson, Dean Acheson, Edward E. Brown, Marriner S. Eccles und Jesse P. Wolcott, sitzend Robert F. Wagner, Brent Spence, Finanzminister Henry Morgenthau und Charles W. Tobey (Quelle: IWF)

> [Die Kommission über den Fonds] ist ein gutes Stück weitergekommen. Ein großer Teil wurde verabschiedet und mit den anderen Dingen eine Spezialkommission beauftragt, die sich heute Abend darum kümmern wird.[123]

Noch am gleichen Abend begannen White und seine Mitarbeiter an der Umarbeitung des Entwurfs und waren schließlich die ganze Nacht bis drei Uhr in der Früh mit den Klauseln beschäftigt, die den US-Dollar zur Weltleitwährung machen sollten. Als White damit fertig war, teilte er Morgenthau stolz mit, dass der Entwurf nun in einem exzellenten Zustand sei[124] – während die Delegierten der anderen Nationen von diesen sinnumkehrenden Änderungen und Erweiterungen jedoch nicht in Kenntnis gesetzt wurden.

Unterschriften unter Unbekanntes

Sechs Tage später und drei Tage vor dem Ende der Konferenz berief Morgenthau am 19. Juli 1944 um 21 Uhr eine spätabendliche Sitzung ein[125], die ohne Keynes' Anwesenheit stattfand. Zum einen konnte er aus gesundheitlichen Gründen an abendlichen Sitzungen ohnehin kaum teilnehmen:

> Wir alle haben in den vergangenen vier Wochen nur gearbeitet, praktisch ohne Pause und jede wache Minute nutzend (...). Ich habe mich mit Nachdruck geweigert, nach dem Abendessen noch zu irgendwelchen Komitees zu gehen (mit einer einzigen Ausnahme und entgegen dem mir erteilten Rat, was mir auch prompt einen Herzinfarkt bescherte, sodass ich an Schuldgefühlen nicht weniger litt als an körperlichem Unbehagen.)[126]

Zum anderen wurde er aller Vermutung nach von dieser Sitzung gar nicht informiert: In den Aufzeichnungen der Konferenz findet sich keinerlei Hinweis, dass Keynes geladen wurde.[127] Dennoch eröffnete Morgenthau die Sitzung mit den Worten:

> Ich glaube, wir fangen schon mal an, und vielleicht kann Lord Keynes dann Anschluss finden.[128]

Im Verlauf dieser Sitzung wurde das unter US-amerikanischer Führung stehende »Conference Secretariat« autorisiert, aus den Unterlagen der Kommissionen und Unterkommissionen die endgültige Textfassung des Bretton-Woods-Vertrags zu erstellen. Ferner wurde beschlossen, dass dieser *Final Act* in der späteren Plenarsitzung nicht mehr geändert werden könnte, sondern von den Delegierten nur noch unterschrieben werden sollte:

> Mit der Unterschrift würde der Unterzeichnende daher im Wesentlichen ausschließlich bestätigen, dass er an der Konferenz teilgenommen und miterlebt hat, wie diese Dinge stattgefunden haben.[129]

Hierdurch erhielten White und seine Mitarbeiter die absolute Kontrolle über den Inhalt des Final Act, an dessen Fertigstellung sie nun Tag und Nacht arbeiteten. Zu diesem Zeitpunkt war klar, dass es den Delegierten nicht mehr möglich sein würde, den Text zu prüfen, da die Konferenz bereits ihrem Ende zuging. Zudem war der Final Act in einer derart unverständlichen Sprache abgefasst, dass er sich einer schnellen Überprüfung ohnehin entzog: Es handelte sich um ein 96-seitiges Dokument, über dessen mutmaßlichen Inhalt später noch monatelang gestritten werden sollte.

Die Konferenz von Bretton Woods endete am 22. Juli 1944 mit einem Galadiner, bei dem zahlreiche Reden gehalten wurden, die voll des Stolzes über das Erreichte waren. Keynes hatte die besondere Ehre erhalten, an diesem Abend den formellen Antrag für die Zustimmung des Final Act stellen zu dürfen. In seiner Ansprache lobte er Morgenthaus »weise und wohlgesinnte Führung« und Whites »unbezähmbaren Willen und seine Energie, stets geleitet von guter Laune und Humor«. Er schwärmte von einer Teamarbeit, wie er sie nur selten erlebt habe. Am Ende seiner Rede entwarf Keynes einen Ausblick in eine Zukunft, in der die neu gewonnene Brüderschaft zwischen den Nationen dem Alptraum der Vergangenheit ein Ende setzen würde:

> (…) hier in Bretton Woods ist uns möglicherweise etwas gelungen, das sehr viel bedeutender ist, als der Inhalt des Schlussdokuments. Wir haben gezeigt, dass eine Versammlung von 44 Na-

tionen tatsächlich dazu in der Lage ist, konstruktiv an einer Aufgabe zusammenzuarbeiten – in Freundschaft und absolutem Einvernehmen. Nur wenige haben das für möglich gehalten. Wenn wir, was wir hier zur Lösung einer begrenzten Aufgabe angefangen haben, in einem größeren Rahmen fortführen können, dann gibt es Hoffnung für die Welt. Jedenfalls werden wir nun wieder auseinandergehen und uns zu unseren verschiedenen Heimaten aufmachen, mit neu gewonnenen Freundschaften und neu gebildeten Vertrautheiten. Wir haben gelernt, miteinander zu arbeiten. Wenn es uns gelingt, in dieser Weise fortzufahren, dann wird dieser Alptraum, in dem die meisten von uns bereits zu viel Zeit ihres Lebens verbracht haben, vorbei sein. Die Brüderschaft unter den Menschen wird mehr geworden sein als nur eine Phrase.[130]

Während all dem lag in »Room B« der Final Act zur Unterschrift aus. Einige der Delegierten unterzeichneten ihn noch am selben Abend, andere am nächsten Morgen vor ihrer Abreise.[131] Dessen tatsächlichen Inhalt sollten sie jedoch erst Wochen später erfahren.

Abb. 11: Unbekannte Schönheit vor dem Mount Washington Hotel (Quelle: IWF)

Widersprüchlich und hoffnungslos obskur

Durch die von White bei Nacht und Nebel durchgeführten Änderungen war die Verhandlungsgrundlage von Bretton Woods - das innerhalb von zwei Jahren erarbeitete, angloamerikanische Statement of Principles[132] - in sein Gegenteil verkehrt worden: Während im Statement of Principles noch alle Währungen als gleichberechtigt angesehen wurden, nahm nun der US-Dollar eine dominierende Sonderrolle ein. Alle Währungen waren gleich und eine war gleicher.

Es dauerte jedoch eine Weile, bis dieser Inhalt des Bretton-Woods-Vertrags bekannt wurde, denn White und seine Mitarbeiter hatten ihn in einer Sprache verfasst, die selbst prominente Ökonomen überforderte - wie etwa den damaligen Vorsitzenden der US-Notenbank, Marriner Eccles, der sich bei White über die Unverständlichkeit beschwerte:

> Harry, dein Plan ist so verdammt kompliziert, dass ich unsere Leute bitten musste, es mal knapp in Laiensprache zusammenzufassen, nur damit ich verstehen kann, was das verdammte Ding eigentlich soll.[133]

Der britische Schatzkanzler, Sir John Anderson, merkte im Oktober 1944 an:

> Diese Konferenz brachte ein Dokument namens Final Act hervor. Es ist, wie ich zugeben muss, ein kompliziertes Dokument, unabwendbar lang und technisch. Es enthält einige sprachliche Obskuritäten, die zu Missverständen geführt haben und klargestellt werden müssen.[134]

Keynes hielt in einem Memorandum vom 29. Dezember 1944 fest, dass dieser »hoffnungslos obskure« Vertrag von den Briten besser nicht ratifiziert werden sollte:

> Man kann von uns nicht erwarten, eine Urkunde zu unterschreiben, die sich entweder selbst widerspricht oder hoffnungslos obskur ist.[135]

Die selbstmörderische Maßnahme ...

Die wohl gründlichste Analyse des Final Acts lieferte der Ökonom und Journalist Paul Einzig. In seinem Zeitungsartikel vom 10. August 1944 kam er zu dem Schluss, dass die in den vertrackten Klauseln des Final Act versteckte Sinnumkehrung »selbstmörderische« Folgen für Großbritannien hätte und es daher kaum vorstellbar wäre, dass das britische Parlament den Bretton-Woods-Vertrag ratifizieren würde:

> Vor einigen Wochen hatte sich Lord Bradbury darüber beschwert, dass das vorangegangene Joint Statement nicht nur in keinem verständlichen Englisch, sondern in überhaupt keinem Englisch verfasst sei. Dabei war das Dokument ja noch die Klarheit selbst im Vergleich zu dem Wirrwarr der verzwickten technischen Klauseln, die im endgültigen Entwurf enthalten sind (...). Ist es denn wirklich vorstellbar, dass das Parlament einer derartig selbstmörderischen Maßnahme zustimmen könnte?[136]

In einem weiteren Zeitungsartikel vom 23. August 1944 erläuterte Einzig die Absurdität der Klausel IV/4b, in der die Festlegung des US-Dollars als Weltleitwährung versteckt war. Denn diese Klausel verpflichtete die Nationen, ihre Währungen innerhalb fester Wechselkurse zu halten – mit Ausnahme der USA. Erst nach mehrfachem Lesen eröffnet sich dieser Inhalt; denn White und seine Mitarbeiter hatten hierfür eine Formulierung gefunden, in der die Worte »Dollar« oder »USA« nicht vorkamen. Für »USA« hatten sie diese Verklausulierung verwendet:

> Ein Mitglied, dessen monetäre Instanzen für die Abwicklung internationaler Transaktionen in tatsächlicher und freier Weise Gold innerhalb der in Abschnitt zwei dieses Artikels genannten Kurse ankaufen oder verkaufen (…)[137]

Einzig deckte auf, dass mit dieser Verklausulierung die USA gemeint waren und diese daher im Gegensatz zu allen anderen Ländern nicht die Verpflichtung hätten, schwache Währungen zu stützen:

> Nun, während sich die Vereinigten Staaten in der Lage befinden, Gold in freier Weise kaufen oder verkaufen zu können, wird Großbritannien hierzu wohl kaum in der Lage sein. (…) Demzufolge müssen schwache Währungen in London gestützt werden, während die gleichen Währungen in New York nicht gestützt werden müssen und daher dort unterhalb ihrer Londoner Kurse gehandelt werden.[138]

Da die Vereinigten Staaten als Einzige nicht verpflichtet wären, Währungen zum festgeschriebenen Wechselkurs anzukaufen, würde sich in den USA ein Schwarzmarkt für schwache Währungen herausbilden. Die dort zu ihrem tatsächlichen Wert gehandelten schwachen Währungen müssten dann von den anderen Nationen zu höheren Kursen angekauft werden – und zwar in unbegrenzten Mengen. Dies hätte zur Folge, dass zum Beispiel US-amerikanische Exporteure ihre in Polen eingenommenen Zloty in London gegen

Pfund tauschen könnten und auf diese Weise der Export US-amerikanischer Waren nach Polen von Großbritannien subventioniert würde.

... ein geplantes Missverständnis

Keynes erschien die Sinnumkehr des Bretton-Woods-Vertrags so widersinnig und ungeheuerlich, dass er zunächst nur an ein Missverständnis glauben wollte. In der Hoffnung, dieses ausräumen zu können, schrieb er am 6. Oktober 1944 an White und bat darum, das offensichtlich in der Eile unterlaufene Versehen durch entsprechende Ergänzungen zu korrigieren.[139] White ignorierte dieses Schreiben – selbst dessen Empfang bestätigte er nicht.[140]

Im November 1944 reiste Keynes schließlich nach Washington und konnte für den 18. November 1944 eine Besprechung mit White vereinbaren. Im Verlauf dieses Gesprächs wurde Keynes erklärt, dass keinerlei Missverständnis vorliege und es auch keine Möglichkeit einer Änderung gäbe. Keynes wies darauf hin, dass die anderen Nationen sicherlich sehr über den angeblichen Inhalt des von ihnen unterzeichneten Dokuments erstaunt wären:

> Ich fügte hinzu, dass die meisten der Unterzeichnenden extrem überrascht wären, wenn man ihnen erklären würde, worin die vorgeblichen Auswirkungen des von ihnen unterschriebenen Dokuments bestünden. (Wir, jeder von uns, mussten natürlich unterschreiben, ohne dass wir zuvor die Gelegenheit gehabt hätten, eine saubere und zusammenhängende Abschrift lesen zu können. Das Einzige, was wir davon je zu Gesicht bekommen hatten, war die gestrichelte Linie. Als alleinige Entschuldigung bleibt uns die Kenntnis, dass unsere Gastgeber bereits die letzten Vorkehrungen getroffen hatten, um uns binnen weniger

Stunden aus dem Hotel zu werfen, ohne Hostien erhalten zu haben, enttäuscht und ohne die letzte Ölung.)[141]

Auch sei es für den britischen Schatzkanzler sehr unangenehm, wenn er dem Unterhaus erklären müsse, dass die britischen Vertreter in Bretton Woods in die Irre geführt wurden, nur weil sie nicht ausgeschlafen genug waren und nun die in langen Debatten getroffenen Vereinbarungen hinter ihrem Rücken still und heimlich entfernt wurden:

> Außerdem befände sich der Schatzkanzler in einer unschönen Situation, wenn er dem Unterhaus erklären müsste, dass das offensichtliche Hintertürchen, das in den Bretton-Woods-Vertrag hineingeschrieben wurde, reiner Betrug ist, der nur zustande kommen konnte, weil die britischen Repräsentanten nicht ausgeschlafen genug waren, um zu bemerken, dass dadurch die Bestimmung ausgehebelt wurde. Die Frage, ob das mit Absicht geschah, betrifft nur den ganz kleinen Personenkreis derer, die den Final Act ausformuliert haben. Was nach sehr ausführlicher und offener Debatte vereinbart worden war, wurde dann ›im Stillen entfernt und aufgehoben‹.[142]

Keynes gelang es nicht, White und seine Mitarbeiter umzustimmen, und er trat seine Heimreise an. Zurück in London unternahm er einen weiteren Versuch: Er empfahl, dass sich nun der britische Schatzkanzler in dieser Sache schriftlich an Morgenthau wenden solle. Keynes entwarf ein Schreiben, in dem der Schatzkanzler ausführen sollte, dass er das britische Parlament über die offensichtlichen Irrtümer des Vertrags informieren müsse und dessen Befolgung daher von einer baldigen Klärung dieser Misslichkeiten abhängen würde – schließlich könne von Großbritannien nicht erwartet werden, eine Urkunde zu unterzeichnen, die sich selbst widerspreche oder hoffnungslos obskur sei. Bei dem Vertrag handele es sich um einen widersprüchlichen, mehrdeutigen und fehlerhaften Entwurf – was jedoch angesichts der überstürzten Arbeiten der letzten Konferenztage keineswegs erstaunlich sei.[143]

Am 1. Februar 1945 schickte der britische Schatzkanzler ein entsprechendes Schreiben an Morgenthau – der es jedoch nicht beantwortete. Im Gegenteil: Morgenthau leitete es an White weiter, der wiederum am 22. Februar 1945 Robert Brand und Redvers Opie mitteilte, dass der Vertrag eindeutig sei. White schlug daher vor, der Schatzkanzler solle das Schreiben zurückziehen, damit es in den offiziellen Unterlagen nicht auftauche. Falls er das Schreiben nicht zurückziehen wolle, so möge er doch in jedem Falle den Hinweis auf die überstürzten Arbeiten der letzten Konferenztage entfernen.[144] Als der Schatzkanzler das Schreiben zwei Monate später immer noch nicht zurückgezogen hatte, erneuerte White seine Forderung, wenigstens den Bezug auf Hast und Eile zu entfernen. Auch sei es nun auf April 1945 umzudatieren, damit dem US-Senat nicht erklärt werden müsse, weshalb es nicht Teil der offiziellen Unterlagen war.[145]

Der Schatzkanzler hielt es für eine nicht zu vertretende Verfälschung der Tatsachen, das Schreiben vorzudatieren, erklärte sich aber schließlich bereit, den für das US-Finanzministerium peinlichen Hinweis auf die überstürzten Arbeiten zu entfernen:

> Die Schwierigkeiten in der Auslegung, auf die sich das Schreiben des Schatzkanzlers bezog, hatte Keynes bereits kurz nach seiner Rückkehr aus Bretton Woods angesprochen, und ein weiteres Mal, als Keynes im vergangenen Herbst in Washington weilte.

> Das Datum zu ändern würde nun implizieren, dass uns diese Erkenntnis erst in letzter Minute gekommen ist, was nicht zutrifft. (...) obwohl sich kaum bestreiten lässt, dass der endgültige Entwurf ziemlich übers Knie gebrochen wurde und sich möglicherweise noch andere Mängel offenbaren, so könnte es für das Finanzministerium der Vereinigten Staaten doch peinlich sein, wenn eine diesbezügliche Bemängelung aktenkundig würde und das Risiko bestünde, dass ein derartiges Schreiben vorgelegt oder veröffentlicht werden müsste. Um Herrn Morgenthau diese Peinlichkeit zu ersparen, [werden wir die Bezugnahme auf Hast und Eile entfernen].[146]

Am 3. Mai 1945 erhielt White ein im Wortlaut geändertes, aber immer noch auf den 1. Februar datiertes Schreiben – das ihm Brand persönlich überbrachte.

Der Goldjunge mit dem Baseballschläger

Die Entwicklung hatte einen Weg eingeschlagen, wie ihn das *New York World Telegram* bereits im April 1943 vorhergesehen hatte: Die USA besaßen die politische Macht, eine Neuordnung der Wirtschaft entsprechend ihren Bedürfnissen durchzusetzen und würden sicherlich auch den politischen Willen aufbringen, diese Macht zu gebrauchen. In diesem Artikel hieß es:

> Der Junge, dem der Ball gehört, ist normalerweise Kapitän und entscheidet, wann und wo gespielt wird und wer in der Mannschaft ist. Die Stabilisierung der internationalen Finanzen mag zwar kein Baseballspiel sein, aber dennoch ist es ein Spiel. Gold ist bei diesem Spiel so notwendig, wie es Ball und Schläger für Baseball sind. Da die USA nun rund 21 der gemeldeten 28 Milli-

arden [Dollar] an Gold besitzen, glauben wir, dass entweder Uncle Sam der Kapitän der Mannschaft sein wird, oder es wird kein Spiel geben.[147]

Die Presse Nazi-Deutschlands hatte den Plan von Keynes als »wohlüberlegt«, den der Vereinigten Staaten jedoch als »unfertig« und »geradezu dilettantisch« bezeichnet und dabei festgestellt, dass die USA ihre politische Übermacht offensichtlich zur Schaffung eines »Dollar-Imperialismus« verwenden würden:

> Die Keynessche Konzeption einer konjunkturaktiven Weltwirtschaftspolitik (...) ist (...) wohl überlegt. (...) Die Gegenpläne der USA (...) machen dagegen einen recht unfertigen, ja geradezu dilettantischen Eindruck. (...) Allzu deutlich trugen die us.-amerikanischen Projekte den Stempel des neuen Dollar-Imperialismus, dem es weniger darauf ankommt, sachlich zu argumentieren als machtpolitisch sich durchzusetzen. (...)
>
> Dieses imperialistische Dollarkonzept hat begreiflicherweise viel Aufsehen erregt. Wenn es dennoch Washington gelungen ist, die Mehrzahl der Exilregierungen für dieses Projekt zu interessieren, so hat das seine besonderen Gründe. (...) Hauptsächlich dürfte es wohl die berechnende Überlegung jener Schattenregierungen sein, daß Englands Stern im Sinken ist und daß die USA bei der Neuaufteilung der Welt, so meinten sie jedenfalls, ein gewichtiges Wort mitreden. Aus diesem Grunde schlagen sie sich in das Dollarlager.[148]

Diese Kritik entsprach der offiziellen Stellungnahme Nazi-Deutschlands: Walther Funk – der wohlgemerkt Europa nach einem Sieg Nazi-Deutschlands unter einen auf die Reichsmark gestützten Währungsimperialismus stellen wollte –

hatte am 7. Juli 1944 den Währungsplan aufs Schärfste als »Dollarimperialismus« kritisiert. Von dieser Rede Funks berichtete die Deutsche Allgemeine Zeitung in einem Leitartikel:

> Reichswirtschaftsminister und Reichsbankpräsident (...) Funk kennzeichnete den anglo-amerikanischen Währungsplan als Instrument des amerikanischen Wirtschaftsimperialismus (...) Man könne glauben, sagte der Minister, daß es bei den weltweiten militärischen und politischen Auseinandersetzungen dieser Zeit Wichtigeres gäbe, als Diskussionen über einen »Weltwährungsplan«, denn der unbefangene Betrachter wird sich sagen: Was kann es für einen praktischen Wert haben, über die internationale Geldwertgestaltung nach dem Krieg zu diskutieren, bevor dieses weltbewegende Ringen der Völker mit seinen gewaltigen Umwälzungen und Umwertungen und mit seinen furchtbaren Zerstörungen von Leben und Gütern entschieden ist? (...)
>
> Warum nun (...) Währungsplanungen? Weil für den angloamerikanischen Geldimperialismus (wir nennen ihn auch Plutokratie) das Denken in Geld und das Herrschen mit Geld oberstes Lebensgesetz und höchste Staatsraison bedeuten und weil man sich mit den jetzt vorbereiteten Währungskonstruktionen die durch den Krieg erstrebte Machtposition für den Frieden sichern will. (...)
>
> Wenn heute die Amerikaner die Rückkehr zur Goldwährung propagieren, so bedeute dies, insbesondere mit Rücksicht auf den herrschenden Goldbesitz dieses Staates, nichts anderes, als die Erhebung der Dollarwährung zur Weltwährung und den Anspruch auf die absolute Herrschaft in der Weltwirtschaft. Das wäre die Erfüllung der letzten Kriegsziele des amerikanischen Gold-Dollarimperialismus.[149]

Abb. 12: Atompilz über Nagasaki, 9. August 1945[150]

Die Dollarbombe: Wer zahlt, schafft an

Während sich USA und Großbritannien noch über den Inhalt des Bretton-Woods-Vertrags stritten, änderten sich die politischen Rahmenbedingungen schlagartig durch die am 6. und 9. August 1945 erfolgten Atombombenabwürfe auf

Hiroshima und Nagasaki: Japan kapitulierte, der Krieg war vorbei. Kurz darauf kündigten die USA den *Lend-Lease-Act* – plötzlich und mit sofortiger Wirkung:

> Der Präsident hat den Leiter der Behörde für Außenwirtschaft angewiesen, umgehend die notwendigen Maßnahmen zu ergreifen, um alle Lend-Lease-[Leih-Pacht-]Operationen einzustellen und sämtliche Lend-Lease erhaltenden, ausländischen Regierungen hiervon in Kenntnis zu setzen. Der Präsident verfügt, alle noch ausstehenden Lend-Lease-Verträge zu annullieren, mit Ausnahme jener Verträge, zu deren Übernahme sich alliierte Regierungen bereit erklären, oder deren Erfüllung im Interesse der Vereinigten Staaten ist.[151]

Großbritannien war auf die durch den Lend-Lease-Act erfolgte Unterstützung dringend angewiesen und auf dessen plötzliche Aufkündigung nicht vorbereitet. Diese empfand Churchill als »grob und harsch«, hoffte jedoch noch auf US-amerikanische Unterstützung – Großbritannien war völlig ausgeblutet und stand kurz vor der Zahlungsunfähigkeit. Die Angelegenheit drängte, denn der Import von Nahrungsmitteln und Rohstoffen musste bezahlt werden. Noch im September reiste Keynes daher nach Washington, um von den USA 5000 Millionen US-Dollar Finanzhilfe zu erbitten;[152] die erhoffte schnelle Hilfe blieb jedoch aus. Nach über fünf Wochen nervenaufreibenden Verhandlungen telegrafierte Keynes nach London:

> Ich selbst bin nun ziemlich am Ende meiner physischen Kräfte.[153]

Schließlich erklärten sich die USA am 13. November 1945 bereit, Großbritannien einen verzinslichen Kredit in der Höhe von 3750 Millionen US-Dollar zu gewähren. Jedoch unter einer wesentlichen Bedingung: die Ratifizierung des Bretton-Woods-Vertrags:

> Finanzminister Vinson wiederholte, dass die Gewährung eines Kredits an Großbritannien davon abhängig sei, dass die Briten Bretton Woods ihre Zustimmung erteilen. Er konstatierte, den Briten sei bereits erläutert worden, dass sie Bretton Woods ratifizieren müssten, bevor der Kongress den Vorschlag eines Kredits behandeln könnte.[154]

Amerikanische Pistole auf britischer Brust

Am 6. Dezember 1945 wurde das anglo-amerikanische Kreditabkommen in Washington unterschrieben. Als dessen Bedingungen veröffentlicht wurden, schrieb der *Economist*:

> Bettler können nicht wählerisch sein. Aber sie können, einer alten Tradition folgend, die Begierden der Reichen mit einem Fluch belegen.[155]

Um den dringend benötigten Kredit zu erhalten, musste der Bretton-Woods-Vertrag noch bis zum 31. Dezember 1945 ratifiziert werden; das Kreditabkommen wurde daher binnen weniger Tage durch das britische Parlament gepeitscht. Angesichts der ausweglosen Situation war die Debatte entsprechend aufgeheizt:

> Einige von uns drängen nun schon seit zehn Monaten auf eine Diskussion über [den Bretton-Woods-Vertrag]. Es wurde uns nie gestattet, darüber zu diskutieren. Nun hält man uns eine Pistole an die Schläfe und teilt uns mit, dass wir das ganze Ding innerhalb von drei Tagen verabschieden müssen.[156]

Ob wir nun einen Handelskrieg mit Amerika wollen oder nicht: wir haben ihn. Und ganz egal, wofür wir heute Abend stimmen werden: wir werden uns immer noch in einem Handelskrieg befinden. (…) Dieses Darlehen trägt weder Anzeichen von Weisheit noch von Güte. In den Bedingungen des Darlehens findet sich auch kein Anzeichen, das uns die Vermutung erlauben würde, dass eine Regierung, die uns eine derart knausrige und barbarisch vorsintflutliche Vereinbarung wie diese anbietet, (…) eine Hilfe für die Welt sein kann.[157]

Der Antrag der Regierung fordert uns dazu auf, eine Reihe von Vorschlägen zu begrüßen, die abgesehen von der Regelung der Lend-Lease-Vereinbarung obskur, rüde und – ich bedaure, das sagen zu müssen – zweier Verbündeter unwürdig sind, die soeben unter Strapazen die Welt gerettet haben. Dennoch erkenne ich, dass wir einen Dollarkredit benötigen, weil die im Krieg erbrachten Opfer uns eine derartige finanzielle Notlage beschert haben, dass wir ohne ihn nicht auskommen können. Aber es sind extrem harte Bedingungen, an die der Kredit geknüpft ist. Wenn ich den Kreditvertrag lese, so komme ich zu dem Schluss, dass die Amerikaner wohl meinen, der Krieg hätte mit einem großen Knall in Pearl Harbour begonnen und mit einem großen Knall in der Bucht von Tokio geendet. (…) Es stimmt, dass die Schießerei fast vorbei ist und dass wir die Verdunkelungen von unseren Fenstern entfernt haben, aber die Verdunkelungen bleiben uns in vielen anderen Aspekten unseres Lebens erhalten und wir hatten gehofft, dass die Amerikaner uns genauso großzügig helfen würden, diese anderen Verdunkelungen zu entfernen, wie sie uns auch im Krieg geholfen haben. In dieser Hoffnung wurden wir enttäuscht. Die Bedingungen dieses Kredits sind derart, dass noch die Kinder und Kindeskinder von denjenigen unserer Generation, die in diesem Krieg gedient haben und in ihm gefallen sind, Amerika fortwährend für den Einsatz werden entlohnen müssen, den es für unser gemeinsames Streben nach Freiheit erbracht hat. Kommt es nur daher, dass die Amerikaner während des Krieges eine so hervorragende generöse Haltung an den Tag gelegt haben, dass wir die Rückkehr auf das Niveau und die Bräuche der Wirtschaft nun als so beißend empfinden? (...) Diese Vorschläge, die dem britischen Volk vor die Füße geworfen werden, stellen eine gewaltige Herausforderung dar. In unserer Geschichte standen wir bereits vor Herausforderungen dieser Art und haben sie gemeistert, und wir werden sie auch dieses Mal meistern. Aber nur, wenn wir unser Handeln darauf basieren, wie die Welt gerade ist und nicht, wie wir gerne hätten, dass die Welt wäre. Ich sehe dieses kleine Land stehen zwischen dem wiedererwachten Imperialismus Russlands und der Wirtschaftsaggression Amerikas. (...) Ich meine, wir sollten die vereinten Erfahrungen dieses Landes, die in diesen wirtschaftlichen Belangen sehr viel größer als die jeden anderen Landes sind, Amerika und Russland zur Verfügung stellen und ihnen einfach zeigen, wie sie zu einem wahren multilateralen Handelssystem ebenso viel beitragen könnten und auch sollten, wie es von uns auch erwartet wurde, an diesen einseitigen und obskuren Vorschlägen mitzuarbeiten.[158]

Churchill, damals Oppositionsführer, erinnerte an die unschätzbare Hilfe von historisch einmaliger Dimension, die Großbritannien im Rahmen des Lend-Lease-Acts von den USA erhalten hatte. Dass nun jedoch die Ratifizierung des Bretton-Woods-Vertrags zur Vorraussetzung des Kredits gemacht wurde, missfiel Churchill. Er empfahl daher, dass sich die konservative Partei bei der Abstimmung enthalten sollte:

Allen sind die vielen Einwendungen gegen das Abkommen bekannt, das uns gerade vorliegt. Die Regierung hat ihre Enttäuschung in keiner Weise verheimlicht. Sie teilen uns mit, dass es ihnen nicht möglich war, günstigere Bedingungen zu erzielen, und ich glaube, dass ich zum Ausdruck bringen darf, dass wir ihre Enttäuschung von ganzem Herzen teilen. (...)

Uns wird mitgeteilt, dass dies ein kommerzieller Vorgang sei und dass das Darlehen ausschließlich als kommerzieller Vorgang betrachtet werden kann. (...) Es ist bedauerlich, dass ein kommerzieller Vorgang mit einem nichtkommerziellen Vorgang wie dem Bretton-Woods-Vertrag vermengt wird, für den wir nun ein Gesetz, bzw. die Commercial Policy Declaration, zu verabschieden haben und auf das sich die beiden Länder einigen müssen, um einen gemeinsam vereinbarten Weg beschreiten zu können. All die Argumente, das Darlehen als einen kommerziellen Vorgang zu behandeln, stehen im Widerspruch dazu, es an die Zustimmung zu anderen Abkommen zu knüpfen, die hierzu nicht in Beziehung stehen und als ganz und gar gesondert zu betrachten sind. Es ist bedauerlich, dass wir es zugelassen haben sollten, eine kommerzielle Vereinbarung über ein Darlehen mit anderen Vorgängen zu vermengen und mit diesen zu verknüpfen. Mir missfällt diese Vermengung. (...)

So wie es steht, scheinen wir das Schlechteste in doppelter Ausführung zu bekommen.

(...) es ist in der Tat zu schlecht, um wahr zu sein (...). Ich bin über die unanständige Hast verärgert, in der uns diese äußerst schwerwiegenden komplexen Angelegenheiten vor die Füße geworfen werden und mit der sie nun geregelt werden müssen. Monatelang gab es geheime Verhandlungen – über die es täglich Gerüchte gab, die jeweils von den Gerüchten des nächsten Tages widerlegt wurden. Nun, ganz plötzlich, werden wir mit einer ganzen Reihe komplizierter und weitreichender White Papers konfrontiert, und man teilt uns mit, dass wir ihnen binnen weniger Tage zustimmen müssen – genauer: binnen einer begrenzten Anzahl parlamentarischer Stunden. Ich nehme dies als Anlass für eine Beschwerde gegen die Regierung, dass sie sich in dieser Zeitfrage derart einschüchtern ließ.

Aus diesen Gründen, die man mit Leichtigkeit noch weiter ausführen könnte, weigert sich unsere Seite des Unterhauses, für diese Reihe an Vorgängen in irgendeiner Weise einen Teil der Verantwortung zu übernehmen. Wir erkennen an, dass die Pflicht der Entscheidung bei der Regierung liegt. (…) Als Vorsitzender der Konservativen Partei fällt mir die Aufgabe zu, meinen ehrenwerten Freunden einen Ratschlag zu erteilen, wie wir uns in dieser gegenwärtigen trostlosen und schwierigen Lage verhalten sollten. (…) Wir glauben daher, dass es besser und klüger ist, uns als Ganzes der Stimme zu enthalten (…) und dass dies der Weg sein soll, den wir einschlagen werden. (…)

Ganz gleich, welche Beanstandungen wir auch diesen gegenwärtigen Vorschlägen entgegengebracht haben, ganz gleich, welche Befürchtungen – und diese sind sehr ernst zu nehmen – sie in unseren Herzen erweckt haben: Sowohl für ihre Großzügigkeit als auch für die Meisterschaft in ihrem Streben nach Freiheit werden die Vereinigten Staaten für immer fortbestehen als Monument der menschlichen Tugend und als Hoffnung für die Welt von morgen.[159]

Als es zur Abstimmung kam, wurde das anglo-amerikanische Kreditabkommen schließlich mit 345 zu 98 Stimmen verabschiedet – und mit diesem auch der Bretton-Woods-Vertrag.

Keine Debatte!

Nach der Abstimmung über das Kreditabkommen erinnerte der Abgeordnete Robert Boothby an die von den wechselnden Regierungen immer wieder erhaltenen Versprechungen, wonach das Parlament die Gelegenheit erhalten würde, den Bretton-Woods-Vertrag ausführlich zu besprechen:

> Wie allgemein zugegeben wird, hatten wir mehrfach und von aufeinanderfolgenden Regierungen die Zusage erhalten, dass uns die Gelegenheit gegeben würde, den Bretton-Woods-Vertrag umfassend und unbehindert zu diskutieren. Aber gemäß der Entscheidung, die Sie heute Nachmittag gefällt haben, Sir, wird eine solche umfassende Diskussion in der Tat unmöglich sein.[160]

Seine Forderung nach einer Debatte über Bretton Woods wurde aus formalen Gründen abgelehnt; über den Vertrag könne nun nicht mehr debattiert werden, da er bereits als Bestandteil des Kreditabkommens verabschiedet wurde:

> Das wäre nicht gemäß dem Inhalt dieses Gesetzes, weil letzten Endes dieses Gesetz bedingt, dass Bretton Woods angenommen wird (...) und das Unterhaus kann keine Angelegenheit verhandeln, über die es bereits eine Einigung erzielt hat.[161]

Schließlich gab Mr. Boothby auf – unter deutlichem Protest:

> Ich bedaure es überaus, dass es mir nicht erlaubt ist, die Grundsätze des Bretton-Woods-Vertrags zu diskutieren, nachdem ich die letzten 18 Monate darauf gewartet habe, genau dies zu tun. (...) Ich komme mir vollkommen gelähmt vor. Ich weiß nicht, wo ich bin, noch womit ich anfangen kann. Ich glaube, ich kann wohl nicht viel mehr tun, als vehement, heftig und energisch zu protestieren und mitzuteilen, dass ich – wenn ich nur nicht von so freundlicher Natur wäre – nun in Versuchung käme, Ihren Beschluss anzufechten, bis ich mit Gewalt von den Serjeant-at-Arms [Parlamentsdienern] aus dem Unterhaus entfernt würde.[162]

Abb. 13:
Harry Dexter White (links) und John Maynard Keynes beim Eröffnungstreffen des Gouverneursrates des Internationalen Währungsfonds in Savannah, Georgia, USA am 8. März 1946[163] (Quelle: IWF)

Geburtskonferenz in Savannah, USA

Zur Inauguration von Fonds und Bank luden die USA vom 8. bis 22. März 1946 zu einer Konferenz nach Savannah. Auf dieser Konferenz sollten noch einige technische Fragen geklärt werden – etwa die Frage nach den Gehältern des Managements und dem Sitz der beiden Institutionen. US-Finanzminister Frederick Moore Vinson begrüßte die Teilnehmer mit den salbungsvollen Worten:

> Wenn ich Sie heute und hier begrüße, so kann ich nicht – und werde auch nicht – den nostalgischen Erinnerungen an unser anderes Zusammentreffen entkommen, dieser bemerkenswerten Konferenz in Bretton Woods. (...) eine der überragendsten Errungenschaften dieser Konferenz wurde in den Dokumenten dieser historischen Versammlung nicht festgehalten (...) das gegenseitige Vertrauen und die aufrichtige Verständigung, die zwischen den Repräsentanten der 45 Nationen in Bretton Woods erzielt wurde. (...)

> Wir haben die Bretton-Woods-Verträge hier bei uns. Wahrhaftig, in Gegenwart dieser Verträge fühle ich mich voll der Demut. Es sind großartige Dokumente. Sie durchfluten diesen Raum mit ihrer Ehrlichkeit, ihrer Tugendhaftigkeit und ihrer Wahrheit. Wir saßen zusammen und haben sie geschrieben, mit unseren Händen, unseren Herzen und unseren Seelen.[164]

Die »verfluchten Zwillingsrotzlöffel« Bank und Fonds

In seiner spektakulären Eröffnungsrede erinnerte Keynes zunächst an die hohen Erwartungen und märchenhaften Ideale der internationalen Gemeinschaft, warnte dann aber vor der drohenden Gefahr, dass die beiden Zwillingsinstitutionen Bank und Fonds politisch missbraucht und in ihr gewünschtes Gegenteil verkehrt werden könnten:

> [Verehrter] Vorsitzender, [verehrte] Direktoren, Stellvertreter, Berater und Beobachter. Ich war, ebenso wie etliche andere der hier Anwesenden auch, sehr eng vertraut mit dem, was – wie ich glaube – für immer als die Pläne von Bretton Woods bekannt sein wird. Es war eine lang andauernde Schwangerschaft; die kraftvollen Zwillinge sind ernsthaft überfällig; sie werden daher, so hoffe ich, entsprechend zu Gewicht und Kräften gekommen sein und ihrer vielfältigen und kollektiven Herkunft damit alle Ehre erweisen. In jedem Fall ist es ein Privileg, auf das ich ungerne verzichten würde, in der Stunde ihrer Geburt anwesend zu sein – sei es in der Funktion als Gouverneur oder als Gouvernante, gemeinsam mit den Hebammen, Krankenschwestern, Ärzten und Personen, die für die Taufe bereitstehen (wobei ich persönlich dabei bleibe, dass die Taufnamen falsch gewählt wurden und die Namen eigentlich miteinander vertauscht werden müssten).
>
> Ich zweifle nicht daran, dass – verborgen hinter Schleiern aus

Louisianamoos[165] – die üblichen Feen zur Taufe erscheinen und passende Geschenke bringen werden. Welche Geschenke und Segenswünsche könnten am nützlichsten für die beiden Zwillinge sein, denen wir (zu Recht oder Unrecht) die Namen ›Master Fond‹ und ›Miss Bank‹ gegeben haben?

Ich schlage vor, dass die erste Fee einen Josefsmantel bringen sollte – ein buntes Gewand, welches diese Kinder als ständige Erinnerung daran tragen sollen, dass sie der ganzen Welt angehören und dass ihre Loyalität einzig dem Allgemeinwohl verpflichtet ist, ohne Furcht oder Gunst für irgendwelche partikulären Interessen. Fromme Worte, die äußerst schwierig zu erfüllen sind! Es gibt bisher fast keine dauerhaft erfolgreiche Erfahrung, derzufolge eine internationale Institution die Wünsche ihrer Stammväter erfüllt hätte. Entweder wurde die Institution zweckentfremdet, um zum Instrument in den Händen einer kleinen Gruppe zu werden, oder sie entwickelte sich zu einer Strohpuppe, durch die kein Lebenshauch mehr strömt. Jedes Ereignis und jede Erweiterung unserer neu geborenen Institutionen muss so geplant werden, dass ihr wahrhaftig internationaler Charakter und Zweck betont und erhalten werden.

Nun, die zweite Fee ist ganz modern und wird vielleicht eine Schachtel mit verschiedenen Vitaminen bringen, A, B, C, D und das ganze restliche Alphabet. Denn: Wohl mögen die Kinder treu ihr buntes Gewand tragen, aber sie selbst zeigen blasse und zarte Gesichter. Denn Tatkraft und ein furchtloses Gemüt, das schwierige Angelegenheiten nicht aufschiebt oder meidet, sondern sie vielmehr begrüßt, ist, was wir von unseren Säuglingen erwarten müssen.

Die dritte Fee, sehr viel älter und bei Weitem nicht so modern, mag vielleicht – wie der Papst bei seinen Kardinälen – mit ihrer Hand die Lippen der Kinder schließen und sie dann wieder öffnen und ihnen hierdurch den Geist von Weisheit, Geduld und absoluter Diskretion einhauchen, damit sie sich, während sie aufwachsen, zu geachteten und zuverlässigen Empfängern von Vertrauen, von Sorgen und von Ratlosigkeiten entwickeln und zuverlässige und weise Unterstützung all jenen bieten, die sie in allen widrigen Zeiten benötigen werden. Denn wenn diese Institutionen das volle Vertrauen der misstrauischen Welt gewinnen wollen, so muss es nicht nur so sein, sondern auch sichtbar werden, dass sie sich jedem Problem absolut objektiv und ökumenisch widmen, ohne Befangenheit oder Begünstigung. Wie Sie sehen, fordere und hoffe ich eine ganze Menge.

Ich hoffe, dass Mr. Kelchner kein Fehler unterlief und dass keine bösartige Fee unter den Anwesenden ist; keine Carabosse, die er übersehen hat und vergaß, sie zu der Feier einzuladen. Denn falls es so wäre, so würde die böse Fee bestimmt folgende Flüche ausstoßen: ›Ihr zwei Rotzlöffel sollt zu Politikern werden; alles, was ihr denkt und macht, soll einen ›arrière-pensée‹ [Hintergedanken] haben; alles, was ihr beschließt, soll nicht der Sache selbst, sondern etwas anderem dienen.‹

Falls das passieren sollte, dann ist das Beste, was über die beiden Kinder hereinbrechen könnte – und so wird es möglicherweise kommen –, dass sie in einen ewigen Schlaf verfallen, aus dem sie niemals wieder erwachen, und man auf den Höfen und Märkten der Menschheit nie wieder von ihnen hört.

Nun, Ladies and Gentlemen, ob mit oder ohne Feen, dies sieht mir doch nach einer sehr angenehmen Feier und frohen Taufe aus; mögen die Omen günstig sein.[166]

Keynes erntete für seine Rede den stürmischen Applaus der Delegierten; nicht jedoch von US-Finanzminister Vinson, der die Anspielung der bösen Fee auf sich bezog. Ein Teilnehmer hörte ihn murmeln:

Es macht mir nichts aus, als bösartig bezeichnet zu werden, aber sehr viel, wenn man mich eine Fee nennt.[167]

Tyrannischer Freund

Keynes hatte in seiner Rede sehr deutlich seine Furcht zum Ausdruck gebracht, dass Fonds und Bank für politische Zwecke missbraucht werden könnten. Als im Verlauf der Konferenz die politische Einflussnahme der USA zunehmend offensichtlicher wurde, zeigte sich Keynes zunehmend pessimistischer:

> Die Amerikaner haben nicht die geringste Ahnung, wie sie diese Institutionen nun zu funktionierenden internationalen Unternehmen machen können, und ihre Ideen sind in nahezu jeder Hinsicht schlecht. Dennoch haben sie deutlich vor, ihre eigenen Vorstellungen ohne jede Rücksicht auf uns andere durchzusetzen. Entsprechend macht es nun den Eindruck, als würden sich die Institutionen zu amerikanischen Unternehmungen entwickeln, von einem gigantischen amerikanischen Mitarbeiterstab geleitet, wobei wir anderen ziemlich am Rande stehen. Ich bin mir sicher, dass sich - sobald sie die Arbeit aufnehmen - die Dinge nicht so entwickeln, wie sie es erwarten. Vielleicht kann Kritik erst in dieser Phase wirksam werden. Gegenwärtig kann ich nur sagen, dass ich ziemlich pessimistisch bin. Die Amerikaner an der Spitze scheinen absolut keine Vorstellung von internationaler Zusammenarbeit zu besitzen; da sie die größten Partner sind, glauben sie, das Recht zu haben, in jedem einzelnen Punkt den Ton angeben zu können. Wenn sie die Melodie kennen würden, wäre das ja nicht so schlimm; aber unglücklicherweise kennen sie sie nicht.[168]

Um eine politische Einflussnahme auf die Institutionen einzudämmen, unternahm Keynes den verzweifelten Versuch, für den Sitz der Institutionen nicht Washington, sondern New York zu vereinbaren:

> (1) der Fonds und die Bank sollten international und unabhängig auftreten;
> (2) keine Regierung sollte in der Lage sein, Leiter und Mitarbeiter unzulässig zu beeinflussen;
> (3) es gäbe Vorteile von technischer Natur, wenn der Sitz in New York wäre, da sich hier das Finanzzentrum der Vereinigten Staaten befindet; und weil
> (4) die Zusammenarbeit mit dem Wirtschafts- und Sozialrat dort einfacher wäre.[169]

Aber dieser Kampf war aussichtslos; denn die USA wollten die politische Kontrolle über die Institutionen nicht an einen möglichen Einfluss der New Yorker Finanzwelt verlieren:

> Die Regierung der Vereinigten Staaten hatte eine große Summe Geld einbezahlt und daher ein erhebliches Interesse, den Sitz beider Institutionen nach Washington zu legen, um das Vertrauen der amerikanischen Bevölkerung zu stärken und um zu verhindern, dass eine private Einflussnahme in New York zu großes Gewicht erhalten könnte.[170]

Nach der Konferenz erläuterte Keynes in einem Memorandum an den britischen Schatzkanzler, dass diese zentrale Frage von den USA schon längst entschieden war, bevor sie in Savannah verhandelt wurde:

> Zu Beginn war es unsere Absicht, für eine Organisationsstruktur des Fonds zu sorgen, die gute Möglichkeiten schaffen würde, damit sich dieser zu einem internationalen Organ und Fokus der

Zentralbanken und Finanzministerien aus aller Welt entwickeln könnte, zu dem sie Vertrauen empfinden und dem sie ihre Bedenken und technischen Schwierigkeiten mitteilen könnten. Wir sind davon ausgegangen, dass [er] (...) von einem Stab internationaler Beamter gemanagt und geführt werden würde (...). So könnte, wenn es gelänge, möglicherweise ein wahrhaft internationales Organ für Beratung und Zusammenarbeit entstehen.

Wir hatten es nicht für möglich gehalten, dass auch nur eine der Institutionen außerhalb von New York sein könnte. In New York stünden sie im täglichen Kontakt, wie dies von einem wichtigen internationalen Finanzzentrum gewährleistet werden kann; sie hätten ausreichenden Abstand zum politischen Einfluss des Kongresses und den nationalistischen Flüsterkorridoren der Botschaften und Gesandtschaften in Washington; und sie wären vermutlich in ausreichender Nähe zum Sitz der Vereinten Nationen, um bezüglich statistischer oder ökonomischer Tätigkeiten eng mit dem Wirtschafts- und Sozialrat zusammenarbeiten zu können.

Als wir auf unserem Weg zur Konferenz noch in New York waren, haben wir der Federal Reserve Bank von New York diese Vorstellungen erörtert und sind dabei auf volle Zustimmung gestoßen. Auch gerüchteweise hörten wir nichts anderes. Erst ein oder zwei Tage bevor wir Washington in Richtung Savannah verließen, teilte mir Mr. Vinson mit, die amerikanische Delegation hätte beschlossen, dass beide Institutionen ihren Sitz in Washington haben sollten und dass dies ein endgültiger Entschluss sei, dessen Begründung sie mit uns nicht diskutieren würde. Die Regierung der Vereinigten Staaten, so sagte er, sei befugt, alleine zu entscheiden, welcher Ort innerhalb der Vereinigten Staaten vorzuziehen sei.

In Savannah stellten wir fest, dass die Mehrzahl der anderen Delegationen (China, Polen und vielleicht einige Südamerikaner

> waren auf der anderen Seite) unsere Ansicht teilten, dass dies eine unglückliche und in der Tat auch sehr schlechte Entscheidung war. Zudem schien es in erster Linie die persönliche Entscheidung von Mr. Vinson zu sein. (...) Unglücklicherweise hielt Mr. Vinson es für angebracht - ohne uns zu warnen oder unsere Meinung einzuholen -, seine Absicht direkt dem Präsidenten vorzutragen und von diesem die Befugnis zu erhalten, es zu einer bedingungslosen Anweisung an die amerikanische Delegation zu machen, von der sie unter keinen Umständen abweichen dürften. Dies machte es zum Beispiel Mr. Clayton unmöglich, unseren Argumenten Gehör zu schenken, ganz gleich wie sehr er deren Gültigkeit auch anerkannte.
>
> Mr. Vinson bereitete es keine großen Schwierigkeiten, seine Entscheidung auf der Konferenz durchzuziehen, lautstark unterstützt (wie es so Usus wurde) von einer pathetischen Prozession an Jasagern, unter denen Äthiopien (vertreten durch einen amerikanischen Banker), Salvador, Guatemala, Mexiko und China besonders zu nennen sind, während der Rest diskrete Ruhe bewahrte, mit Ausnahme Kanadas und den Westeuropäern, die unsere Ansichten mehr oder weniger zuverlässig unterstützten.[171]

Über die rücksichtslose Art, mit der sich die USA in allen wesentlichen Punkten durchsetzten, war Keynes zunehmend entsetzt - wie Paul Bareau später beschrieb:

> Es war ein rauer Kampf, in dem sich Keynes zum ersten Mal in seinen Auseinandersetzungen mit den Amerikanern nicht Argumenten gegenübersah, sondern den großen Bataillonen von Abstimmungsblöcken. (...) Wir haben in jedem einzelnen Punkt verloren, jedoch nicht durch das Vortragen eines rationalen Arguments in der Debatte, sondern aufgrund der massiven Zusammenhäufung der Kohorten, die automatisch für Amerika stimm-

ten – zumeist südamerikanische Staaten, auf deren Repräsentanten Verlass war, dass sie die Reden, die sie vom Sekretariat der Delegation der Vereinigten Staaten erhalten hatten, manchmal nur mit beträchtlicher Not vorlesen konnten. (…) Viele der in Savannah vertretenen Länder waren in diesen Punkten unserer Meinung. Aber sie haben ihre Meinung niemals so weit vertreten, dass sie gegen die Vereinigten Staaten gestimmt hätten. Wir waren die Einzigen, die das taten. Sich in lobbyistischer Weise um Stimmen zu bemühen, Unterstützer zu mobilisieren und die Politik der Mittagessen und Dinnertische gehörte nicht zu den Künsten, in denen Keynes glänzte oder die er tatsächlich je versucht hätte zu kultivieren. Umso mehr gab es allen Grund, bitter über die Art und Weise enttäuscht zu sein, in der sich eine Reise, die er als erfreuliche Abwechslung vorausgesehen hatte, eine Reise nach Savannah zur Zeit der Kamelienblüte, eine Gelegenheit, so viele Freunde zu treffen, nun so entwickelt hatte, wie geschehen. ›Ich kam nach Savannah, um die Welt zu treffen‹, sagte er, ›aber ich traf nur einen Tyrannen.‹[172]

Gebrochene Herzen

Bald darauf starben sowohl Keynes als auch White an Herzversagen.

Noch während der Zugfahrt von Savannah nach Washington erlitt Keynes einen schweren Herzinfarkt, den er nur knapp überlebte. Zurück in London verfasste er ein ebenso ausführliches wie kritisches Memorandum über die Konferenz von Savannah und erlitt wenige Tage später, am 21. April 1946, einen weiteren Herzinfarkt, den er nicht mehr überlebte.

White kümmerte sich nach der Konferenz zunächst um die Ausarbeitung des Morgenthau-Plans, wonach Deutschland nach dem Krieg deindustrialisiert und in einen kleinbäuerlichen Agrarstaat umgewandelt werden sollte. Im Mai 1946 trat er seinen Posten als geschäftsführender Direktor des Internationalen Währungsfonds an, von dem er jedoch am 31. März 1947 plötzlich zurücktrat: Ihm wurde vorgeworfen, dass er Informant eines russischen Spionagerings sei. White bat darum, sich vor dem Komitee für unamerikanische Umtriebe verteidigen zu dürfen. Am 13. August 1948 trug White in seiner Verteidigung vor dem Komitee vor:

> Ich möchte zu Beginn erklären, dass ich weder heute noch je zuvor Kommunist war, oder je im Begriff sein könnte, einer zu werden. (…) Die Prinzipien, an die ich glaube und nach denen ich lebe, machen es mir unmöglich, jemals eine illoyale Handlung auszuführen oder irgendetwas anderes gegen die Interessen unseres Landes zu unternehmen, und ich habe zur Information des Komitees kurz notiert, woran ich glaube.
>
> Mein Credo ist das amerikanische Credo. Ich glaube an die Redefreiheit, die Gedankenfreiheit, die Pressefreiheit, die Freiheit der Kritik und die Freizügigkeit. Ich glaube an das Ziel der Chancengleichheit und das Recht jedes Individuums, seiner oder ihrer selbst gewählten Berufung zu folgen, und das Recht jedes Individuums, die Gelegenheit zu erhalten, seine oder ihre Möglichkeiten in vollkommener Weise zu entwickeln. (…) Ich bin gegen den willkürlichen und unberechtigten Gebrauch von Gewalt oder Autorität, ganz gleich aus welcher Quelle sie stammen oder gegen welches Individuum oder gegen welche Gruppe sie eingesetzt werden.
>
> Ich glaube an eine Regierung durch Gesetze, nicht durch Menschen; in der Gesetze über Menschen stehen und niemand über den Gesetzen steht.
>
> Ich betrachte diese Prinzipien als heilig. Ich achte sie als das Grundgefüge unseres American way of life, und ich glaube an sie

> als lebendige Realität und nicht als bloße Worte auf Papier. [... Für diese Prinzipien] zu kämpfen, war ich in der Vergangenheit bereit, und bin bereit, sie jederzeit mit meinem Leben zu verteidigen, wenn es nötig ist.[173]

Zwei Tage später erlitt White einen Herzinfarkt, fiel ins Koma und starb tags darauf, am 16. August 1948.

ZUSAMMENFASSUNG

Als mögliche Nachkriegsordnungen wurden im Wesentlichen drei Modelle diskutiert:

(1) Die Reichsmark als Leitwährung und Gleichgewicht durch Gütertausch (Nazi-Deutschland);
(2) eine internationale Währung und Gleichgewicht durch Gütertausch (Großbritannien);
(3) der US-Dollar als Leitwährung und Gleichgewicht durch freie Märkte (USA).

Aufgrund ihrer überragenden politischen Macht konnten die USA durch die Konferenz von Bretton Woods (1944) ihre Vorstellungen einer Nachkriegsordnung durchsetzen und den US-Dollar als Weltleitwährung bestimmen.
Die angeschlossenen Währungen waren nun in einem festen Wechselkursverhältnis an den US-Dollar gebunden, der wiederum 1/35 Unze Gold entsprach.
Das in Keynes' Plan angestrebte ausgeglichene Wirtschaftswachstum der Nationen – erzielt durch das Gleichgewicht des Gütertauschs – konnte nicht erreicht werden. Wohl aber förderte das Wirtschaftsprinzip des freien Marktzugangs die Expansion der westlichen Industrieländer.

Dollarkrise

Dollarkrise, 1. Akt: Wo ist das Gold?

»The Dollar is our currency, but your problem«

Der US-Finanzminister John Connally brachte es auf den Punkt, als er 1971 die europäischen Finanzminister warnte: »Der Dollar ist unsere Währung, aber euer Problem.«[174]

Denn in der Tat stellte der US-Dollar von Anfang an ein Problem für alle anderen Länder dar. Zuerst war er zu knapp, dann gab es ihn im Überfluss. Im Gleichgewicht war er nie. Und so brach das Bretton-Woods-System bereits nach der verhältnismäßig kurzen Zeit von nur 25 Jahren unter der nicht enden wollenden Dollarflut zusammen.

Dollarknappheit

Um den Bretton-Woods-Vertrag in die Tat umsetzen zu können, musste zunächst ein seltsames Problem gelöst werden: die Dollarknappheit. Denn – da die USA kaum Waren aus dem Ausland importierten – standen nach Ende des Zweiten Weltkriegs außerhalb der Vereinigten Staaten nur sehr geringe Mengen an US-Dollar zur Verfügung. Solange aber keine US-Dollars zur Verfügung standen, konnten sie auch nicht als internationales Zahlungsmittel verwendet werden. Hierzu mussten sie erst in die Welt gebracht werden – und zwar in großen Mengen.

Falls dies nicht gelingen würde und der US-Dollar weiterhin knapp bliebe, drohten die USA zudem unter die sogenannte »Scarce-Currency«-Klausel des Bretton-Woods-

Vertrags zu fallen. Diese Klausel sah vor, ein Land mit Handelsbeschränkungen zu versehen, falls dessen Währung knapp werden sollte.

Marshallplan statt Morgenthauplan

Das Problem der Dollarknappheit löste sich durch den Marshallplan, der am 3. April 1948 vom US-Kongress verabschiedet wurde und mit einem Umfang von 12,4 Milliarden US-Dollar das größte Hilfsprogramm aller Zeiten darstellt.

Auch wenn Kritiker anmerken, dass diese Mittel weitestgehend zum Kauf US-amerikanischer Güter zurück in die USA flossen und der Marshallplan nicht nur humanitäre, sondern auch politische Ziele verfolgte, so verdient diese von den Vereinigten Staaten zum Wiederaufbau Europas aufgebrachte Hilfe die allergrößte Anerkennung: Ihr Umfang entsprach der Hälfte der Goldreserven der USA.

Die Größenordnung der amerikanischen Hilfe entkräftet auch das Argument, der Plan von Keynes hätte sich in Bretton Woods alleine schon deshalb nicht gegen die amerikanischen Interessen durchsetzen können, weil die USA dann ihre einseitige Position als größtes Export- und Gläubigerland aufgeben und einen erheblichen Teil ihrer Guthaben an alle Welt hätten verteilen müssen. Denn das haben sie auch so getan, allerdings mit einem erheblichen Unterschied: fortan dominierte die Weltleitwährung US-Dollar den Welthandel.

Der US-Amerikaner James Dines, wohl einer der klarsichtigsten Finanzanalysten seiner Zeit, fasste in seinem Buch *The Invisible Crash* diesen Vorgang knapp zusammen:

> Die Vereinigten Staaten pumpten Dollars nach Europa, welche die Europäer zum Kauf amerikanischer Materialien nutzten, und so wurde der Dollar zum weltweiten Zahlungsmittel.[175]

Abb. 14: Aufbau in West-Berlin mithilfe des Marshallplans, nach 1948[176]

Abb. 15: Plakat, mit dem die US-Regierung in Europa für den Marshallplan warb[177]

Dollarflut: Die USA exportieren Papier und Inflation

Der Dollarknappheit folgte bald eine Dollarflut. Während zunächst US-amerikanische Hilfsprogramme Quelle dieser Dollarflut waren, wurde die Welt schließlich mit US-Dollar überschwemmt, als die Vereinigten Staaten in zunehmendem Maße das Bretton-Woods-System zur Finanzierung US-amerikanischer Interessen ausnutzten. Denn die anderen Nationen mussten die von den USA gedruckten Dollar in unbegrenzter Menge zu festen Wechselkursen ankaufen – und waren hierzu schließlich genötigt, selber die Notenpresse anzuwerfen.

Auf diese Weise finanzierten die Vereinigten Staaten ihre militärische und wirtschaftliche Expansion, die Subvention der heimischen Wirtschaft, die Berliner Luftbrücke, die Mondfahrt, den Kalten Krieg und vieles mehr und exportierten dabei mit ihren Dollars zugleich ihre hausgemachte Inflation in alle Welt.

James Dines beschrieb diesen Mechanismus folgendermaßen:

> Auf diese Weise stellte der Internationale Währungsfonds unter Beweis, eine der größten Inflationslokomotiven in der Finanzgeschichte der Welt zu sein. (…) die Vereinigten Staaten konnten einfach mehr Papier drucken. Als die US-Inflation begann, sich zu ihrem Endstadium hin zu beschleunigen, zwang der IWF andere Länder zu verhindern, dass deren Währungen über ihren Nennwert zum Dollar stiegen; also zwangen die Vereinigten Staaten die Welt dazu, die Inflation zu importieren. Deutschland zum Beispiel war gezwungen, Milliarden von Dollar zu kaufen, um den Dollar in seinem Kursverhältnis zur Mark zu stützen, und druckte, um das tun zu können, Milliarden zusätzliche Mark. Dadurch erhöhte sich Deutschlands Geldmenge und die absorbierten Dollars wurden zu dessen ›Reserve‹.[178]

Etwas nüchterner klingt die Erklärung der Deutschen Bundesbank:

> Der Eckpfeiler des Abkommens von Bretton Woods war der ›Gold-Dollar-Standard‹, bei dem sich die Länder verpflichteten, die Devisenkurse ihrer Währungen in sehr engen Grenzen gegenüber dem US-Dollar zu halten. Ihre Notenbanken mussten also immer dann Dollar gegen eigene Währung kaufen, wenn der Dollarkurs am unteren Interventionspunkt lag.[179]

De Gaulle will Gold

Als die Dollarflut bedrohliche Ausmaße annahm, forderte Frankreich die Rückkehr zum Goldstandard.[180] Um die US-amerikanische Regierung und das Bretton-Woods-System unter Druck zu setzen, begann Charles de Gaulle ab 1962 damit, US-Dollars zurück in die Vereinigten Staaten zu bringen und sie beim amerikanischen Schatzamt in Gold einzutauschen. Zwischen 1962 und 1966 verschiffte de Gaulle Gold im Wert von fast drei Milliarden US-Dollar von New York nach Paris.[181] Dines hierzu:

> Dieses Spiel lief über Jahrzehnte, bis Europa endlich bemerkte, dass sich die Dollars aufstauten – erst bis zu ihren Knien, dann bis zu ihren Bauchnabeln und schließlich bis zu ihren Nasenlöchern – und verlangte, dass wir unsere Notenpressen verlangsamen. Charles de Gaulle hatte in den späten 1960ern versucht, uns zu bremsen, und wurde dafür international beschimpft. De Gaulle wusste, dass die einzige Möglichkeit, das US-Finanzministerium zu bremsen, darin bestand, für diese Papierdollar Gold zu verlangen – eine Vorgehensweise, die letzten Endes funktionierte.[182]

Vietnamkrieg

Es war aber nicht de Gaulle, sondern der große Geldbedarf für den Vietnamkrieg, der schließlich das Bretton-Woods-System zum Einstürzen brachte. Die Deutsche Bundesbank vermerkt hierzu:

> (…) die USA hatten nicht zuletzt zur Finanzierung des Vietnam-Kriegs übermäßig US-Dollar emittiert und mussten bereits 1971 die Goldeinlösungsverpflichtung aufgeben (…).[183]

Der tatsächliche Zusammenbruch des Bretton-Woods-Systems spielte sich allerdings weitaus dramatischer ab, als dieser schlichte Satz erahnen lässt. Während die Nationen nicht mehr bereit waren, die durch den Vietnamkrieg verursachten Kosten und Inflation zu tragen, übten die USA erheblichen

Druck aus, um das System so lange wie möglich aufrechtzuerhalten. Deutschland wurde daran erinnert, dass sein Überleben vom Schutz durch das amerikanische Militär abhänge, und auch die übrigen Nationen sollten den US-Dollar durch Ankäufe stützen und sich so an den Kosten der »Verteidigung der freien Welt« beteiligen. Im *Dines Letter* hieß es hierzu:

> Ihr Herausgeber kommt gerade von einer Reise nach Europa zurück, wo er nach den Gründen schnüffelte, warum der Goldpreis seine Jahreshöchstmarken bis auf Anschlag schiebt. Die Europäer sind wegen der gewaltigen Dollarmassen, die sich in ihren Tresoren stapeln, in Panik, da wir nun seit Jahren ein Defizit nach dem anderen einfahren. Aber es gibt für sie keinen einfachen Ausweg. Sie versuchen, Westdeutschland so viele Dollars wie möglich anzukleben, das gezwungen ist, sie zu nehmen, weil ihr politisches Überleben von der amerikanischen Militärmacht abhängt, aber auch hier ist irgendwann Schluss. Die Europäer sind darüber verärgert, dass der US-Dollarabfluss in ihren Ländern einen inflationären Druck erzeugt; aber wenn sie das Ganze auffliegen lassen und Gold verlangen, werden sie uns damit in den Bankrott treiben und ihre restlichen Dollars werden dann wertlos. Die Europäer haben sich in eine erstaunlich blöde Ecke manövriert und werden so lange verwirrt bleiben, bis die unvermeidliche panische Flucht aus der Ecke losbricht.
> 5. März 1971[184]

und:

> Während des Wochenendes, bei der American Bankers Association in München, hat Finanzminister John B. Connally ziemlich klar Stellung bezogen und es ohne Arroganz oder Missachtung ausgedrückt. Connally sagte: ›Wir werden den Dollar nicht ab-

werten; wir werden den Preis von Gold nicht ändern; wir können mit Recht erwarten, dass von den anderen ausgeglichenere Handelsvereinbarungen veranlasst werden; und wir erwarten, dass sich Europa der Verantwortung bewusst wird, einen größeren Kostenanteil in der Verteidigung der Freien Welt zu übernehmen.‹ (…)
4. Juni 1971[185]

Wie die Finanzierung US-amerikanischer Interessen – allen voran der Vietnamkrieg – schließlich den Zusammenbruch des Bretton-Woods-Systems beförderte, ist den folgenden Abschnitten zu entnehmen.

Der Druck steigt

Seit Beginn des Bretton-Woods-Systems nahm die Verschuldung der USA stetig zu und ihre Goldvorräte kontinuierlich ab. Ab 1960 waren die Schulden höher als die Goldreserven, und als 1968 die galoppierende Verschuldung der USA den Wert der ihrer Goldreserven bereits um ein Mehrfaches überstieg, sank das Vertrauen in den US-Dollar rapide: Würden die Staaten ihre Schulden jemals – wie versprochen – in Gold zurückzahlen können?

In dieser Situation kam es im März 1968 zu einem Run auf Gold, in dessen Verlauf die Bank of England schließlich am 15. März (einem Freitag) die Londoner Goldbörse schließen musste und weltweit der Handel mit Gold, Währungen und Aktien ausgesetzt wurde; selbst kleine Münzhändler schlossen ihre Ladentüren und Restaurants, Hotels und Geschäfte in aller Welt verweigerten die Annahme von Travellerschecks oder US-Dollar. Sofort wurde für das Wochenende in Washington eine Notkonferenz mit internationaler Beteiligung anberaumt: wie sollte es am Montag weitergehen können?

Denn der Wert des US-Dollars und mit ihm der Wert aller anderen Währungen war plötzlich völlig ungewiss. James Dines schrieb am 22. März:

> Letzte Woche begann nach unserem Redaktionsschluss die Goldkrise, die wir schon seit Langem vorhergesagt hatten. Als sich die Flucht aus dem Papier zunächst von einem Spaziergang zur Bank, um dort Gold zu kaufen, in einen Trab verwandelte, dann ein Kanter und schließlich ein Galopp wurde, musste die Bank of England dem Druck nachgeben und schloss am 15. März ihre Schalter. Alle hörten auf, Gold zu verkaufen; sogar die Münzhändler in New York. Als das volle Ausmaß der Panik begann, den Beton zwischen den Trommelfellen unserer Politiker zu durchdringen, wurden in Washington plötzlich geheime Sitzungen einberufen. (...) In ihrem Leitartikel vom 16. März schreibt die *New York Times*: ›Die Mitglieder des internationalen Goldpools, die sich heute in Washington treffen, stehen einer unanfechtbaren Tatsache gegenüber: das Zahlungssystem ist zusammengebrochen. Ihre Aufgabe besteht nun nicht mehr darin, einen Kollaps zu verhindern, sondern die Struktur neu aufzubauen.‹
>
> (...) Gold hat es vermocht, den US-Präsidenten dazu zu bringen, Ausgabenkürzungen zu versprechen; Gold hat Minister in aller Welt versammelt, damit sie ihre feuchten Hände ringen; es hat Banken geschlossen; und vielleicht vertreibt es gerade die Vereinigten Staaten aus Vietnam. Zeitungen haben die Szene mit Worten wie ›Chaos, Panik, Krise, abstrus und Tumult‹ beschrieben.

In der *Times* vom 16. März schrieb Edwin L. Dale, Jr.: ›Einige im Ausland befindliche Amerikaner erfuhren, was eine internationale Finanzkrise heutzutage bedeuten könnte, als sie ihre Travellerschecks nicht mehr in Dollar eintauschen konnten. Aber es gibt keinen Grund zu der Annahme, irgendwelche wesentlichen Auswirkungen hier zu Hause zu erwarten, selbst für den Fall, dass das Weltfinanzsystem zusammenbrechen würde.‹

(...) Während des Wochenendes begannen die Nachrichten über die internationalen Reaktionen zur Krise allmählich einzutreffen. Goldhändler in Mailand hatten aufgehört, Gold zu verkaufen, aufgrund des ›nahezu kompletten Mangels an Nachschub‹. In aller Welt wurde der Handel mit Devisen eingestellt, von Finnland bis Malaysia. Die Börsen in aller Welt wurden geschlossen, selbst in Südafrika, während sich Hotels, Restaurants und Geschäfte weigerten, US-Dollar und britische Pfund anzunehmen.

22. März 1968[186]

Doppeldenk[187]: Zwei Preise für Gold

Über das Wochenende entwickelte die Notkonferenz ein sogenanntes Gentleman's Agreement, wonach die westliche Welt den US-Dollar wenigstens noch so lange stützen würde, wie der Vietnamkrieg im Gange wäre. James Dines hierzu:

In der *Times* vom 24. März wurde nahezu versehentlich ein ›Gentleman's Agreement‹ preisgegeben. (...) die *Times* hatte erklärt, dass ›politische Entscheidungsträger in Washington erwägen, ob – selbst mithilfe der stringenten Beschränkungen von internationalen Transaktionen, die Präsident Johnson am Neujahrstag verhängte – es möglich sei, das Zahlungsbilanzdefizit *auf eine akzeptable Höhe zu verringern* [unsere Hervorhebung], solange der Vietnamkrieg noch andauert.‹ Und hier ist das Husarenstück: Sie reden von dem Unvermögen der USA, den Krieg ohne die vollumfänglichen Beschränkungen der Kriegszeit fortzuführen und daher sei ›das Abkommen – oder vielleicht angemessener das ›Gentleman's Agreement‹ –, das die Zentralbanken am ver-

gangenen Wochenende erzielten, zumindest vorläufig keine weiteren Goldbestände aus den USA abzuziehen, von allergrößter Bedeutung.‹
29. März 1968[188]

Neben diesem inoffiziellen Gentleman's Agreement, die USA nicht durch weitere Goldeinkäufe zu belasten, wurde an diesem Wochenende beschlossen, den Goldpreis nun auf zweierlei Weise zu notieren: der offizielle Preis zwischen den Nationen (festgesetzt auf 35 US-Dollar pro Unze) und einem freien, sich im Markt ergebenden Goldpreis.

Das Gentleman's Agreement mag Voraussetzung für die nun zwei verschiedenen Goldpreise gewesen sein – hätten die Nationen sich doch sonst bei den USA günstig mit Gold eindecken können, um es dann zu wesentlich höheren Preisen am freien Markt zu verkaufen.

Das Bretton-Woods-System bricht zusammen

Mit den Kosten des Vietnamkriegs stieg der Dollardruck unaufhörlich, bis schließlich im Mai 1971 Deutschland, Schweiz, Holland und Belgien die Annahme weiterer US-Dollar verweigerten – ausgelöst durch eine beiläufige Bemerkung des französischen Finanzministers Valery Giscard d'Estaing während eines Abendessens in Hamburg. Dines hierzu:

> Deutschland, Schweiz, die Niederlande und Belgien weigerten sich, US-Dollars zu akzeptieren, da es nicht mehr möglich ist, diese Dollars in den USA gegen Gold zu tauschen, wodurch sie das System erschütterten, das 1944 in Bretton Woods geschaffen wurde und das den Dollar zum Mittelpunkt des internationalen Finanzuniversums erklärte und ihn mit 35 $ pro Unze Gold definierte.

Der Dollar ist dermaßen bankrott und seine Aussichten sind so trostlos und traurig, dass eine rein beiläufige Bemerkung am vergangenen Montag Abend dies alles losgetreten hatte. In einer Diskussion während eines Abendessens in Hamburg hat der französische Finanzminister Valery Giscard d'Estaing vorgeschlagen, der Preis von Gold solle angehoben werden, um den Abfluss von Dollars nach Europa einzudämmen; mit anderen Worten: der Dollar solle abgewertet werden. Dies verärgerte die Deutschen und die Italiener, weil sie große Dollareigentümer sind und einer Abwertung des Dollars entsprechend widerwillig gegenüberstehen.

(...) Eigentlich ist bisher nichts anderes passiert, als dass sich die Europäer ein Herz gefasst und erkannt haben, dass der Dollar die größte Bedrohung der internationalen Finanzstabilität darstellt.

7. Mai 1971[189]

Nixon schließt das Goldfenster: Das Ende von Bretton Woods (1971)

Als die Bank of England am 13. August 1971 von den USA die Garantie forderte, dass die britischen Reserven von drei Milliarden US-Dollar nicht abgewertet werden, reagierte Richard Nixon prompt und verkündete zwei Tage später das Ende der Bindung des US-Dollars an Gold.[190]

Mit einem Schlag hatten sich die 2666 Tonnen Gold der Briten in Papier verwandelt (heutiger Wert: rund 80 Milliarden US-Dollar).

Genauso waren die restlichen Außenschulden der USA von rund 70 Milliarden US-Dollar nur noch Papier; wobei die entsprechende Goldmenge von 62,2 Millionen Tonnen auch die heutigen Goldreserven der Welt – rund 30 Millionen Tonnen – um das Doppelte übersteigen würde. Der derzeitige Wert dieser von den USA nicht eingelösten Goldversprechen entspricht rund 1,9 Billionen Dollar.

Über diesen historischen Wendepunkt in der Währungsgeschichte schrieb James Dines in seinem *Letter*:

> Wie wir seit Langem vorausgesagt haben, erfolgte die Abwertung während eines Wochenendes, und sie kam mit einem *Wehrmacht-Blitzkriegstempo*. Es gab keine Warnung; auch das hatten wir lange vorhergesagt. Um in Zukunft verstehen zu können, wie Regierungen abwerten, hier der Artikel, der am Freitag vor der Abwertung im *Wall Street Journal* vom 13. August erschien: ›Was jedoch die Situation der Währungen anbelangt, so bleibt diese unbestimmt. Einige Analysten sahen in einem Bericht, wonach die USA breitere Schwankungsmöglichkeiten für die Kurse der Währungen vorgeschlagen hat, ein sicheres Anzeichen dafür, dass die USA keine Absichten hätten, den Dollar abzuwerten. Ein Gerücht, das gestern plötzlich auftauchte, besagte, das Weiße Haus plane erhebliche Steuererleichterungen, um die Wirtschaft zu beleben. Allerdings wurde das Gerücht von der Regierung zurückgewiesen.‹
>
> Am 15. August 1971 erklärte Präsident Nixon für den US-Dollar einen »Chapter XI«-Bankrott. In seiner Rede änderte er unilateral das seit 25 Jahren bestehende Internationale Finanzsystem und erklärte, die USA würden nunmehr den Umtausch der vom Ausland gehaltenen Dollars in Gold einstellen. (…)
>
> Ganz offensichtlich ist der Dollar nun eine Fiatwährung ohne Wert, wie der russische Rubel oder der Lower Slobovnik. Dies ist der erste Schritt einer klassischen Goldkrise. Momentan befindet sich die Weltfinanzordnung in einer führerlosen Situation. (…) Deutschland, das mehr Dollars besitzt als wir Gold in Fort Knox, wird durch die Abwertung entsprechende Verluste erleiden, was

wiederum seine eigene Währung in Mitleidenschaft ziehen wird – daher scheinen für die nahe Zukunft weitere Finanzturbulenzen sicher zu sein. Aber die USA müssen die zugrunde liegenden Ursachen der Abwertung abstellen – wie etwa die Ausgaben für ausländische Kriege, die Versorgung der US-Truppen im Ausland ohne Ausgleichszahlungen, Entwicklungshilfe, übermäßiger Tourismus, unfaire Handelsbeschränkungen durch Japan und andere Länder und vor allem ein Ende der US-Inflation, die unsere Güter durch zu hohe Preise von den Weltmärkten ausschließen.
20. August 1971[191]

Frankreich fordert »Marshallplan rückwärts« zur Rettung der USA

Das Ende der Goldbindung konnte jedoch nicht die Frage nach der erdrückenden Außenverschuldung der USA klären, die in ihrer Größenordnung zu einer Bedrohung für die Weltwirtschaft geworden war. Am 13. September 1972 schlug Frankreich daher vor, den USA durch einen »Marshallplan« zur Hilfe zu eilen: man sollte den offiziellen Goldpreis auf 70 US-Dollar pro Unze verdoppeln und die dadurch in aller Welt entstehenden Profite den USA zur Begleichung ihrer Schulden leihen.[192] Dieser Vorschlag vermag die damalige Ratlosigkeit ein wenig zu beleuchten.

Die Doppeldenk-Goldpreisschere klafft immer weiter auseinander

Der Preis, den Gold am freien Markt (etwa den Goldbörsen in London oder in Hong Kong) erzielte, entfernte sich immer weiter vom vereinbarten »offiziellen« Goldpreis, der nur in kleinen Schritten angepasst wurde: von 35 US-Dollar zunächst auf 38 (Dezember 1971) und dann auf 42,22 US-Dollar (Februar 1973) pro Unze.

Heute muten diese Anpassungen in zweierlei Hinsicht absurd an: auf der einen Seite gab es ohnehin seit 1971 keinen Anspruch mehr auf den Tausch von US-Dollar in Gold; auf der anderen Seite musste, wer tatsächlich mit US-Dollar Gold kaufen wollte, bereits etwa das Doppelte des »offiziellen« Preises bezahlen. James Dines schrieb:

> Der Preis von 35 $ pro Unze wurde durch den Gold Reserve Act von 1934 festgesetzt und bestand bis zu seiner Abwertung im Dezember 1971 auf 38 $ pro Unze. Jetzt lautet der Preis 42,22 $ pro Unze, was ganz genauso lächerlich ist, wie es der vorige Preis auch schon war, weil in Hong Kong der Preis am freien Markt soeben ein Allzeithoch von 75,93 $ erzielte! Kann man sich vorstellen, dass erwachsene Menschen derartige Spielchen mit einem völlig unrealistischen Preis von einem Rohstoff treiben, während gleichzeitig der Preis am freien Markt viel höher ist? (…)
> 16. Februar 1973[193]

Was ist das Geld noch wert?

Die Dollarkrise hatte ein Durcheinander verursacht, das immer schwieriger zu überblicken war: die Schulden der USA stiegen kontinuierlich an, für Gold gab es nun zwei verschiedene und auseinanderklaffende Preise, einige Nationen hatten ihre Währungen immer noch an den US-Dollar gebunden, andere hatten die Bindung aufgehoben und verweigerten den Ankauf von US-Dollar.

Unter diesen Bedingungen wurde es immer schwieriger, den Wert der Währungen zu bestimmen – weder untereinander noch im Verhältnis zu Gold oder zu Waren. Am 5. März 1973 (einem Montag) wurde schließlich der offizielle Handel mit Währungen eingestellt – weltweit und für ganze zwei Wochen! Niemand wusste, wie es weitergehen sollte und welchen Wert die verschiedenen Währungen und Gold dann noch hätten. James Dines schrieb:

> Am 5. März beschlossen die europäischen Finanzminister, die offiziellen Devisenmärkte für den Rest der Woche zu schließen, um dadurch die USA dazu zu bewegen, in dieser Krise zu handeln. Das bedeutet also, dass die wichtigen Währungen den ›freien Schwebezustand‹ ihrer Wechselkurse für diese Woche beibehalten, indem sie sich weigern, Dollars zu kaufen, um den Kurs ihrer Währungen unten zu halten (oder um den Kurs des Dollars hoch zu halten). Also: *die Währungskurse der gesamten Welt schweben gerade, eine Vorgehensweise, wie wir sie schon seit über einem Jahrzehnt strengstens empfohlen haben, trotz der Tatsache, dass jeder, der von politischer Wichtigkeit war, uns widersprach.*
>
> (...) die Dollarrücklagen ausländischer Zentralbanken und anderer offizieller Organe werden auf 70-80 Milliarden $ geschätzt, zusätzlich werden etwa 20 Milliarden $ im Ausland von privater Hand gehalten. Mit einem Schuldenstand von rund 100 Milliarden $ und nur 10 Milliarden $ an Gold in Fort Knox wird der Goldpreis noch sehr viel weiter steigen müssen, bis sich die beiden Werte entsprechen. Vielleicht werden 200 $ für Gold noch nicht genug sein!
>
> 9. März 1973[194]

Währungen im freien Markt und ohne intrinsischen Wert

Aus dieser dramatischen Situation heraus ist das Währungssystem entstanden, an das wir uns heute gewöhnt haben und das wir für völlig normal und selbstverständlich halten: freie Fiatwährungen ohne intrinsischen Wert.

Am 14. März 1973 erklärte Deutschland die Bindung der D-Mark an den US-Dollar für beendet und nicht nur die D-Mark, sondern auch andere wichtige Währungen wurden fortan frei gehandelt.[195] Dieser Zustand sollte jedoch lediglich eine Notlösung sein und nur vorübergehend anhalten: so lange, bis die USA ihre Handelsbilanz wieder in ein Gleichgewicht mit der Welt gebracht hätten. Die Deutsche Bundesbank schätzte sehr optimistisch, dass die USA dies nicht vor 1974 erreichen könnten; die Welt müsste also wohl mindestens ein Jahr mit freien Währungen leben.[196]

US-Dollar im freien Fall

Bis 1971 war der US-Dollar »so gut wie Gold«; bis 1973 konnte man ihn zwar nicht mehr zu festen Kursen gegen Gold, wohl aber gegen andere Währungen tauschen; ab 1973 war sein Wert nun gar nicht mehr gewiss – weder in Gold noch in Geld.

Völlig losgelöst von Gold und Währungen befand sich der US-Dollar nun im freien Fall und hatte innerhalb von nur sechs Monaten – von Januar bis Juni 1973 – die Hälfte seines Wertes verloren.[197] Angesichts dieses dramatischen Dollarverfalls forderte Frankreich auf einer Krisensitzung in Basel die Einführung einer goldgedeckten europäischen Währung. Schließlich wurde jedoch der Kompromiss vereinbart, dass die Zentralbanken der westlichen Welt den völligen Kollaps des US-Dollars durch Interventionen am Markt verhindern sollten.[198]

Wettlauf der Notenpressen

Die USA finanzierten ihr Defizit weiterhin mittels Notenpresse und überschwemmten die Welt mit US-Dollars – die Folgen waren Inflation und weiterer Kursverfall des Dollars. James Dines beschrieb, wie die Situation immer mehr außer Kontrolle geriet:

Nachdem die Vereinigten Staaten ihre Druckerpressen schneller laufen lassen und sie größere internationale Defizite machen als irgendwer sonst, türmen sich im Ausland mehr Dollars auf als die Ausländer bei uns überhaupt ausgeben können. Angesichts des derzeitigen Stands von Angebot und Nachfrage nach Papier hat diese maßlose Menge an Papierdollars im Ausland daher seinen Wert im Verhältnis zu anderen Währungen gedrückt. (…) Also fangen die Ausländer damit an, allerlei Handelsbeschränkungen zu errichten, wie etwa gespaltene Devisenkurse (Frankreich kauft von Touristen Dollars an, nicht jedoch von Banken) und Zollschranken. (…)

Hinter dieser inflationären Sturmflut steckt auch das Gefühl der Verzweiflung derer, die im Ausland Dollars halten (nachdem sie seit dem 15. August 1971 für diese Dollars kein Gold mehr bekommen können), dass sie diese verdammt noch mal besser schnell ausgeben sollten, bevor man sie nur noch zum Tapezieren verwenden kann. Daher werfen sie uns die Dollars so schnell sie können zurück vor unsere Füße, wodurch sich der inflationäre Druck auf die Preise unserer Waren nur noch erhöht. Können Sie sehen, wie all diese Dinge miteinander verquickt sind und wir Ihnen ein hübsches Paket geschnürt haben?

Mit all diesen Dollars, die aus Übersee zu uns zurückströmen, hat Washington die Kontrolle über die Geldmenge bereits verloren! (…)

10. August 1973[199]

Dollarkrise oder Ölkrise?

Angesichts von Inflation und Kursverlust des US-Dollars erhöhten die erdölexportierenden Länder den Ölpreis. Diese Entwicklung war nur logisch: Denn anstatt Öl gegen Papiergeld fragwürdigen Wertes einzutauschen, könnte man es genauso gut im Boden lassen. Im Gegensatz zum US-Dollar würde es dort nicht an Wert verlieren, sondern gewinnen. James Dines:

> Die Araber reden schon davon, die Ölpreise am Anfang des zweiten Quartals ein weiteres Mal anzuheben, ›wenn die Inflation nicht unter Kontrolle gebracht wird‹. Dies erscheint uns ein bedrohlicher Wink zu sein, weil es darauf hinweist, dass die Araber endlich verstanden haben, dass sie in verfallenden Dollars und von immer wackeligeren Regierungen bezahlt werden. Sie stehen vor der Wahl, entweder das Öl so lange im Boden zu lassen, bis wieder fiskalische Vernunft eingekehrt ist, oder aber dieses Papier unverzüglich gegen Gold einzutauschen. Der hierdurch entstehende Abzug von Kaufkraft von allen ölimportierenden Ländern wird deren reales Wachstum bremsen und die Inflation in aller Welt beschleunigen. Die Konsequenzen sind furchteinflößend, nicht nur ökonomisch und politisch, sondern auch militärisch. Wird Europa stillhalten und zulassen, dass 3 % des Bruttosozialprodukts der gesamten europäischen Wirtschaft plötzlich den Besitzer wechseln, von den Europäern zu den Arabern? (…)
> 11. Januar 1974[200]

Die Situation spitzte sich weiter zu: Als das Vertrauen in den US-Dollar immer weiter schwand, mussten Großbritannien und Deutschland ihre Ölimporte schließlich mit Gütern bezahlen! James Dines:

> (…) nach dem enormen Vertrauensverlust in Papiergeld schließen Großbritannien und Westdeutschland für Öl aus dem Mittleren Osten nun *Tauschgeschäfte* ab! Großbritannien schickt an den Iran 242 Millionen $ in Form von Textilfasern, Stahl, Papier, Chemikalien und anderen Industrieprodukten. Sagt einem denn die-

ses Schreckgespenst nichts, nun schon auf primitiven Tauschhandel zurückgreifen zu müssen? Zeigt es nicht, dass die Qualität des Geldes bis in ihren Kern verfault ist?

1. Februar 1974[201]

Fieberkurven 1949–1974

In der grafischen Darstellung der Abnahme der US-Goldreserven bei gleichzeitiger Zunahme der US-Außenverschuldung und Anstieg des Goldpreises ist ersichtlich, dass das Bretton-Woods-System zu keinem Zeitpunkt stabil funktionierte. Als Nixon 1971 das Goldfenster schließlich schloss, entsprach die Außenverschuldung der USA dem fünffachen Wert der US-Goldreserven. In nur 25 Jahren hatten die aufgelaufenen Auslandsschulden der Vereinigten Staaten von rund 70 Milliarden US-Dollar die großzügigen Leistungen des Marshallplans bereits um das Sechsfache überstiegen.

Aus den Kurven lässt sich auch erkennen, dass sich die USA ab 1971 – nun befreit von der disziplinierenden Wirkung der Bindung an Gold – in noch schnellerem Maße verschuldeten, während der Wert des US-Dollars gemessen an Gold rapide sank (also der Preis von Gold stieg).

Heute, in 2009, entspricht die US-Außenverschuldung etwa dem 54-Fachen der US-Goldreserven (8133,5 Tonnen[202] zu 248 Milliarden US-Dollar; Auslandsschulden 13,4 Billionen US-Dollar im März 2009[203]). Wenn man sich pro US-Dollar nur um einen Millimeter fortbewegen würde, so müsste man 335 Mal die Erde umrunden, um die heutige US-Außenverschuldung abzuschreiten.

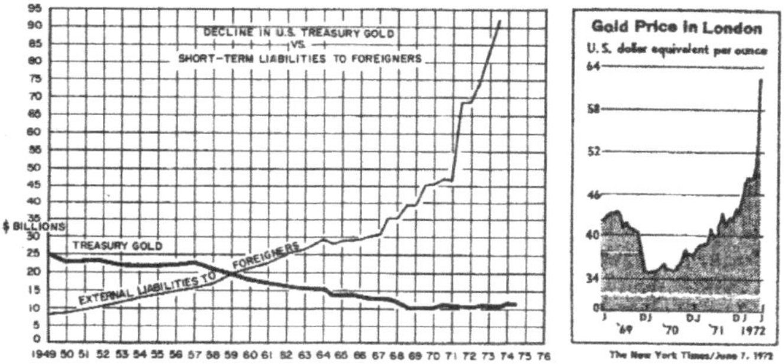

Abb. 16: Abnahme der US-Goldreserven bei Zunahme der US-Außenverschuldung von 1949–74[204] und Entwicklung des Goldpreises von 1969–72[205]

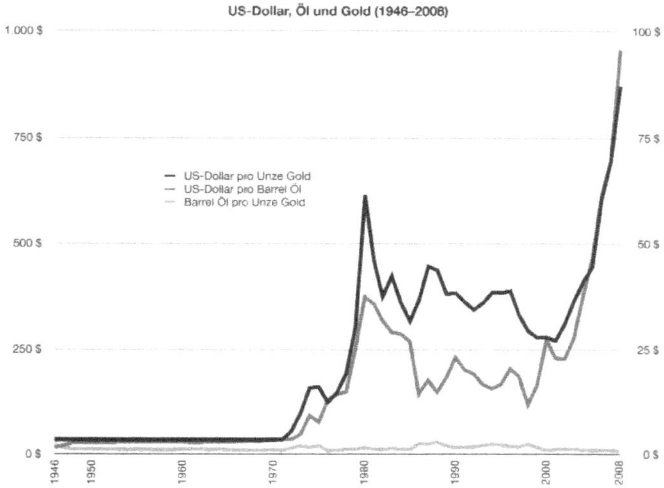

Abb. 17: Entwicklung des Öl- und Goldpreises von 1946–2008[206]

Fieberkurven 1946–2008

Betrachtet man die Entwicklung des US-Dollars im Vergleich zu Öl und Gold von 1946 bis 2008, so stellt man fest, dass der Absturz des US-Dollars mit der durch den Vietnamkrieg bedingten Aufkündigung seiner Bindung an Gold beginnt (1971) und sich ab 1982 knapp 20 Jahre lang zumindest einigermaßen stabil verhält, um dann ab 2001 erneut steil abzustürzen. In den 37 Jahren von 1971 bis 2008 hat der US-Dollar dabei gegenüber Öl und Gold etwa 96 Prozent seines Wertes verloren (ist auf 1/25 seines Wertes gefallen).

Ganz anders das Verhältnis von Öl zu Gold: es pendelt seit über 60 Jahren um einen Wert von 10 Barrel Öl pro einer Unze Gold.

Militäreinsätze und Kriege der USA ab 1950 (Auswahl)[207]

1950–53 **Korea-Krieg**; 1956 Suez-Krise, **Ägypten**; 1958 **Libanon**; 1958–63 **Taiwan-Straße**; 1960–62 **Kongo**; 1965–75 **Vietnam, Laos, Kambodscha**; 1967 Sechs-Tage-Krieg, **Mittlerer Osten**; 1977–99 Operation »Coronet Oak«, **Zentral- und Südamerika**; 1981–92 **El Salvador, Nicaragua**; 1982–87 **Libanon**; 1986 **Libyen, Bolivien**; 1987–90 **Persischer Golf**; 1989–90 **Panama**; 1990–91 **Liberia**; 1990–93 **Bolivien**; 1991 **Irak, Somalia**; 1992–96 **Bosnien**; 1994 **Ruanda**; 1995 **Somalia**; 1996 **Liberia, Zentralafrikanische Republik, Zaire, Ruanda, Uganda**; 1997 **Kongo, Sierra Leone, Kambodscha, Irak**; 1998 **Kenia, Irak**; seit 2001 **Afghanistan**; seit 2003 **Irak**

ZUSAMMENFASSUNG
Das Bretton-Woods-System krankte erst an Dollarknappheit, dann an Dollarflut; ein stabiles Gleichgewicht der Währungen konnte nicht erzielt werden.
Die Dollarflut hatte ihren Ursprung in der Finanzierung US-amerikanischer Interessen und Ziele und erreichte schließlich ihren Höhepunkt durch die explodierenden Kosten des Vietnamkriegs, unter deren Last das Bretton-Woods-System schließlich zusammenbrach. Dieser Zusammenbruch erfolgte in zwei Schritten:
(1) Aufgabe der Bindung des US-Dollars an Gold (1971),
(2) Aufgabe der festen Wechselkurse (1973).

Aus dieser Situation des Zusammenbruchs ist unser heutiges System freier Wechselkurse hervorgegangen; es sollte zunächst nur als Übergangslösung dienen.

Hegemonialwährung mit freien Wechselkursen

Obwohl das Bretton-Woods-System seit der einseitigen Aufkündigung des Dollar-Gold-Standards durch die USA zusammengebrochen ist, blieben die Bretton-Woods-Institutionen Weltbank und Internationaler Währungsfonds (IWF) erhalten. Immer noch genießen die USA als einzige Nation Vetorecht innerhalb des IWF, der es seinen Mitgliedsstaaten verbietet, Nationalwährungen an Gold zu binden.[208]

Auch ist der US-Dollar weiterhin die dominierende Währung – rund 65 Prozent der Währungsreserven der Zentralbanken in aller Welt werden in ihm gehalten, und der Welthandel basiert auf dem US-Dollar als dessen wichtigste Transaktionswährung, denn die Güter der Welt werden vornehmlich in US-Dollar notiert und gehandelt.

Vorteile für die USA

Das heißt: Wer zum Beispiel Öl kaufen will, muss zunächst US-Dollar kaufen. Und wer am Welthandel teilnimmt, muss auch US-Dollar als Reserve halten. Kurz: Die Welt hat einen großen Hunger nach US-Dollar, den nur die Vereinigten Staaten nach Belieben herstellen können. Diese Dominanz als Transaktions- und Reservewährung unterscheidet ihn von allen anderen Währungen der Welt und sichert den USA eine Sonderrolle zu: die des Hegemons.

Auf den ersten Blick erstaunlich, hat die Loslösung des US-Dollars von Gold seiner Macht jedoch nicht geschadet, sondern sie vielmehr noch erhöht; denn die USA können das Währungssystem für sich nun ohne die begrenzende Wirkung eines Goldversprechens nutzen. John Braithwaite und Peter Drahos schreiben hierzu:

> Die von uns untersuchte Finanzgeschichte zeigt, dass stabile Wechselkurse normalerweise nur im Zusammenhang mit einer dominierenden Hegemonialwährung vorkommen. Das Problematische einer solchen Hegemonialwährung besteht darin, dass der Hegemon nun über einen Schutzschild verfügt, der es ihm erlaubt, die Kosten fehlender Finanzdisziplin auf andere abzuwälzen. Unter diesen Bedingungen wird staatliche Souveränität sehr zerbrechlich, da sie möglicherweise nur noch von wenigen Staaten aufrechterhalten werden kann. Dies trifft zu, egal ob die Wechselkurse starr oder frei sind. Sind sie frei, erhalten die Systemhalter einer Hegemonialwährung möglicherweise noch mehr Macht. Die USA sind nun in einer stärken Position, um den US-Dollar zu beeinflussen, als zu Zeiten des Bretton-Woods-Abkommens, als sie den Dollarkurs nur innerhalb festgesetzter Grenzen steuern konnten.[209]

Die Vorteile der USA ergeben sich dabei im Wesentlichen aus dem Folgenden:

- Aufgrund der Nachfrage nach US-Dollar verfügen die USA über eine nahezu unbegrenzte Kreditlinie, mit der sie die Durchsetzung ihrer Interessen auf Kosten der Welt finanzieren können.[210]
- Da der Wertverlust des US-Dollars die Währungsreserven in aller Welt abwertet, können die USA einen großen Teil ihrer Kosten auf andere abwälzen (sich ihrer Schulden durch Inflation entledigen).

Wie diese Mechanismen im Einzelnen arbeiten und ineinandergreifen, wird weiter unten anhand der Finanzkrise des Jahres 2008 erläutert.

US-Dollar, Euro und Yen

Den geschilderten Vorteilen der USA stehen natürlich entsprechende Nachteile der übrigen Nationen entgegen. Und so wundert es nicht, dass die Einführung des Euro nicht nur der europäischen Binnenwirtschaft nutzen, sondern vor allem auch die Asymmetrie brechen sollte, die sich durch die Vorherrschaft des US-Dollars ergibt. John Braithwaite und Peter Drahos schreiben hierzu:

> Die von der Europakommission vorangetriebene Konvergenz und Harmonisierung ist nicht nur für die EU von Bedeutung, sondern für die internationalen Finanzbeziehungen im Allgemeinen. Yves-Thibault de Silguy, in der Kommission zuständig für ökonomische, monetäre und finanzpolitische Angelegenheiten, bemerkte 1997 in einer Rede, dass der US-Dollar das internatio-

nale Geschehen dominierte, da er in 50 % aller kommerziellen Transaktionen und 80 % aller Finanzmarktgeschäfte verwendet wird.[211] Die Tatsache, dass der US-Dollar die Hegemonialwährung ist, bedeutet, dass es den USA leichter möglich ist, den ›Konsequenzen ihrer missbräuchlichen Verstöße gegen solide Geldpolitik‹ zu entgehen.[212] Die Agenda der internationalen Finanzpolitik der EU besteht darin, die Finanzmärkte und den Handel aus der Umklammerung durch die USA zu befreien, wie de Silguy in seiner Rede verdeutlichte:

›Obwohl Europa die größte Wirtschafts- und Handelsmacht darstellt, genießt es im internationalen Geschehen keinen Einfluss. Die Einführung des Euro wird dieses Paradoxon korrigieren und den Weg öffnen, hin zu einem ausgeglicheneren und multipolaren Weltfinanzsystem. Hierdurch ergibt sich auch für den Yen die Möglichkeit, sich parallel zum Euro weiterzuentwickeln. Anstatt nur einer dominanten Währung wird es drei geben - den Dollar, den Yen und den Euro.‹[213]

Dollarkrise, 2. Akt (2008): Wo ist das Geld?

Wie der Krieg in die Krise führte und wie die Krise den Krieg finanzierte

Bereits 1959 hat der in Belgien geborene Ökonom Robert Triffin auf den schweren Konstruktionsfehler des internationalen Finanzsystems hingewiesen, der sich durch die Sonderrolle des US-Dollars als Weltleitwährung ergibt: Triffin prognostizierte, dass sich die USA aufgrund der weltweiten Nachfrage nach US-Dollar bei dem Rest der Welt so lange verschulden werden, bis diese systembedingte Schieflage des internationalen Finanzsystems schließlich in dessen Krise endet.

Begünstigt durch mangelnde Bankenaufsicht, fehlende Finanzstandards und intransparente Finanzinstrumente wurde der von Triffin beschriebene Durst der Welt nach Dollar zur Erzielung kurzfristiger Gewinne ausgenutzt und führte zu einem erheblichen Machtzuwachs des Finanzsektors.

Das Finanzsystem geriet noch weiter in Schieflage, als die amerikanische Zentralbank ihre Leitzinsen immer weiter senkte – in Reaktion auf die Terrorangriffe des 11. September, aus Angst vor weiteren Terrorangriffen und dem Irakkrieg. Auf diese Weise förderte sie – sehenden Auges – das Anschwellen der Immobilienblase, auf deren Geldzufluss die US-amerikanische Regierung in Zeiten des Krieges kaum verzichten konnte.

Die von aller Welt erhaltenen Immobilienkredite in Höhe von etwa 20 Prozent des weltweiten Bruttosozialprodukts wurden von den USA jedoch nur auf den ersten Blick zum Bau oder Kauf von Immobilien genutzt; tatsächlich finanzierten sie das US-Handelsbilanzdefizit und mit diesem auch den Irakkrieg.

Der US-amerikanischen Zinspolitik lag aber eine gewaltige Fehleinschätzung zugrunde: Der Irakkrieg sollte kostengünstig nach etwa zweieinhalb Monaten beendet sein. Weit gefehlt: Der Konflikt dauert heute bereits sechs Jahre an, in der US-amerikanischen Geschichte war nur der Zweite Weltkrieg teurer als der Krieg im Irak (geschätzte Kosten 2700 Milliarden US-Dollar; das entspricht etwa 400 US-Dollar pro Kopf Weltbevölkerung).

Und so hat sich heute, nach 50 Jahren, Triffins Prophezeiung in Form der US-Immobilienkrise erfüllt: Die USA haben sich bei der Welt maximal verschuldet und können die aufgenommenen Immobilienschulden nicht mehr zurückzahlen. Das internationale Finanzsystem muss in seinen Grundlagen neu überdacht werden.

Krieg und Krise

Als am 11. September 2001 zwei Verkehrsmaschinen in die Twin Towers des World Trade Centers krachten, hielten die Gebäude den gewaltigen Einschlägen zunächst stand. Erst Sekundäreffekte – ausgelöst durch die Brände – brachten sie schließlich zum Einsturz.

Auch die Weltwirtschaft, der diese Anschläge galten, zeigte sich zunächst erstaunlich resistent. Erst sieben Jahre später stürzten die durch den Terrorangriff ausgelösten Sekundäreffekte die internationale Finanzwelt schließlich in die größte Krise seit 1929.

Heute, im Nachhinein, lassen sich einige strukturelle Mängel der weltweiten Finanzmärkte gut identifizieren: Mangelnde Bankenaufsicht und Transparenz, falsche Bewertungen durch die Ratingagenturen, undurchsichtige Finanzderivate, fehlende internationale Finanzstandards, an kurzfristigen Gewinnen orientierte Bonuszahlungen, laxe Kreditvergaben und blinde Spekulation begünstigten einen weltweiten Flächenbrand – aber sie lösten den Brand nicht aus.

Der Brandsatz, der das Feuer entfachte, wurde von der US-amerikanischen Zentralbank gezündet: billiges Geld in großen Mengen. Denn die US-amerikanische Zentralbank reagierte auf die Anschläge mit einer Reihe drastischer Zinssenkungen, um mit billigem Geld die Wirtschaft der USA anzukurbeln und möglichen negativen Effekten der Terroranschläge vorzubeugen. Alan Greenspan, bis Februar 2006 Vorsitzender der US-Notenbank Federal Reserve System (Fed), notierte retrospektiv:

> Die Fed reagierte auf die Unsicherheit, indem wir unser Programm der aggressiven Zinssenkungen beibehielten. Wir führten damit die Serie der sieben Zinssenkungen fort, mit denen wir Anfang 2001 begonnen hatten, um die Auswirkungen des Dotcom-Crashs und des allgemeinen Einbruchs am Aktienmarkt aufzufangen. Nach den Anschlägen des 11. September senkten wir die Zinsen noch vier Mal und ein weiteres Mal auf dem Höhepunkt der Unternehmensskandale im Jahr 2002. Im Oktober 2002 stand der Tagesgeldsatz bei 1,25 Prozent, einer Zahl, die wir ein Jahrzehnt zuvor für unfassbar niedrig gehalten hätten. (Der Satz war seit den Tagen von Präsident Eisenhower nicht mehr so niedrig gewesen.) (...)
>
> Zwischen 2000 und 2003 sanken auch die Zinsen für langfristige Anleihen immer weiter: Die Zinsen auf Staatsanleihen mit einer Laufzeit von zehn Jahren gingen von fast 7 Prozent auf weniger als 3,5 Prozent zurück.[214]

Die Federal Reserve senkte den Zinssatz bis auf ein Prozent, den niedrigsten Stand seit einem halben Jahrhundert. 38 Monate lang, von Oktober 2002 bis November 2005, lagen die

Zinsen schließlich unterhalb der Inflationsrate: die Fed verteilte »kostenloses« Geld. Kein Wunder, dass in dieser Zeit die Häuserpreise ihre höchsten Steigerungsraten verzeichneten.[215] Jedermann bekam einen Kredit für den Hauskauf, die Nachfrage nach Häusern stieg exponentiell. Der Investmentbanker George Soros fasste diese historische Ausnahmesituation lapidar folgendermaßen zusammen:

> Billiges Geld erzeugte eine Immobilienblase, eine Explosion fremdkapitalfinanzierter Unternehmensübernahmen und weitere Exzesse. Wenn Geld kostenlos ist, wird der rationale Kreditgeber so lange Kredite vergeben, bis kein Kreditnehmer mehr zu finden ist.[216]

In den Unterlagen der Federal Reserve ist heute nachzulesen, dass man sich dort schon 2002 bewusst war, mit dem billigen Geld möglicherweise eine immense Immobilienblase zu verursachen. Alan Greenspan sagte hierzu vor dem US-Kongress aus:

> Durch niedrige Hypothekenzinsen und günstiges Wetter erfuhr der private Hausbau in den vergangenen Monaten eine beachtliche Unterstützung. (…) Die anhaltende Stärke im Markt für privaten Hausbau führte zu Bedenken, dass hier möglicherweise eine Immobilienblase im Entstehen ist.[217]

In den jeweils nach fünf Jahren veröffentlichten internen Gesprächsprotokollen der Fed wurden die niedrigen Zinsen bereits im März 2002 als »nicht nachhaltig« und sogar »extrem gefährlich« bezeichnet.[218] Diesen Gesprächsprotokollen ist auch zu entnehmen, weshalb die Fed die Zinsen jahrelang auf diesem gefährlichen Niveau beließ: Die US-amerikanische

Wirtschaft musste trotz des Irakkriegs und der Angst vor weiteren Terrorangriffen bei Laune gehalten werden.[219] Und die beste Möglichkeit, die Wirtschaft anzuschieben, bestand in der Förderung des Hausbaus. In seiner Autobiografie führt Alan Greenspan an:

> Nach dem 11. September war die Wirtschaft geschwächt; es waren die Ausgaben der Konsumenten, die der Wirtschaft aus dieser Schwächephase heraushalfen. Und diese Konsumausgaben wiederum wurden von der Entwicklung am Immobilienmarkt getrieben: Die stürzenden Hypothekenzinsen hatten den privaten Immobilienmarkt in vielen Teilen der USA belebt, wodurch die Werte der Häuser gewaltig stiegen. Die Häuserpreise stiegen in den Jahren 2000, 2001 und 2002 um jeweils 7,5 Prozent pro Jahr und damit doppelt so schnell wie nur wenige Jahre zuvor. Dabei wurden nicht nur historisch viele Häuser neu gebaut, sondern auch historisch viele bereits gebaute Häuser weiterverkauft. Dieser Boom führte zu einem großartigen Stimmungsschub: Selbst wenn man sein Haus nicht verkaufte, konnte man sehen, wie die Häuser in der Nachbarschaft erstaunliche Preise erzielten – was bedeutete, dass auch das eigene Haus im Wert gestiegen war.[220]

Der durch die niedrigen Zinsen ermöglichte Immobilienboom wurde zudem mittels gezielter Maßnahmen der US-Regierung unterstützt: Steuersenkungen und -rückzahlungen sowie diverse politische Programme zur Förderung des Hausbaus. Durch diese Maßnahmen kletterte der Anteil von Hausbesitzern in der US-amerikanischen Gesellschaft auf den historischen Höchststand von 69,3 Prozent im zweiten Quartal 2004.[221] Diese Konjunkturmaßnahmen hatten – ebenso wie die niedrigen Zinssätze – ihre Begründung in den Anschlägen des 11. September. Das US-Schatzamt führt hierzu aus:

> Die Terroranschläge führten zu einem Rückgang der Konjunktur und erhöhten die Ausgaben für die nationale Sicherheit. Um diesen Effekten entgegenzuwirken, erließ der neue Präsident, George W. Bush, Steuersenkungen und -rückzahlungen; aber das Defizit stieg, und mit ihm stiegen die Staatsschulden.[222]

Das Risiko, durch das Zusammenwirken von niedrigen Zinsen und staatlichen Immobilienprogrammen eine Blase zu verursachen, wurde dabei bewusst in Kauf genommen. Alan Greenspan:

> Ich war mir darüber im Klaren, dass eine Lockerung der Kreditbedingungen für Subprime-Kreditnehmer das finanzielle Risiko erhöhte und dass subventioniertes Hauseigentum den Markt verzerrt. Doch ich war damals wie heute der Überzeugung, dass der Nutzen einer weiteren Verbreitung des Hauseigentums dieses Risiko wert ist.[223]

Zudem stellte die Fed in einer Untersuchung fest, dass das Risiko erfolgreich auf andere Investoren abgewälzt werden konnte – auf jene Investoren aus aller Welt, die heute tatsächlich die Hauptlast der Kreditausfälle tragen. Im Protokoll des Federal Open Market Committee (Offenmarktausschuss) der US-Notenbank heißt es:

> Der Ausschuss besprach und diskutierte bei diesem Treffen Präsentationen der Mitarbeiter zu den Themen Immobilienbewertung und Währungspolitik. In den USA sind, insbesondere in einigen Gegenden, die Häuserpreise bezogen auf Einkommen oder Mieten in den letzten Jahren auf sehr hohe Werte angestiegen. Zuzüglich zu lokalen Marktfaktoren scheinen die Häuserpreise von zahlreichen Einflüssen gestützt zu werden, darunter

> eine deutliche Zunahme der verfügbaren Einkommen, niedrige Hypothekenzinsen sowie Finanzinnovationen im privaten Hypothekenmarkt. Die Preise sind womöglich etwas überhöht und stehen im Widerspruch zu diesen grundsätzlichen Faktoren; es bereitete jedoch erhebliche konzeptuelle und statistische Probleme, die Höhe der Überbewertung national bzw. in regionalen Märkten zu bemessen. Die Teilnehmer der Besprechung erwähnten im Besonderen, dass der Anstieg der Häuserpreise einhergeht mit einer allmählichen Verlagerung hin zu möglicherweise riskanteren Arten von Hypotheken, darunter Kredite mit flexibler Verzinsung und tilgungsfreie Darlehen. Diese riskanteren Hypotheken könnten in Zukunft für Kreditgeber und Kreditnehmer eine Herausforderung darstellen. Trotzdem befanden sich die Finanzinstitute mit ihrem Kapital im Allgemeinen in komfortablen Positionen; solche Kredite haben bisher gut funktioniert und ein großer Teil des mit ihnen verbundenen Risikos wurde mittels Verbriefung auf andere Investoren übertragen.[224]

Als 2006 die Zinsen wieder auf ein nachhaltiges Niveau angehoben wurden, stiegen die Häuserpreise zunächst nicht mehr weiter, verbilligten sich dann in zunehmendem Tempo und brachten die Blase im Februar 2007 schließlich zum Platzen; im August 2007 mussten weltweit Zentralbanken intervenieren, indem sie das internationale Bankensystem großzügig mit Geld versorgten, ein weiteres Mal im März 2008.[225/226]

ZUSAMMENFASSUNG
Die Angriffe auf das World Trade Center hätten die Weltwirtschaft nicht wirklich existenziell bedroht; sie erzielten diese Wirkung durch die Überreaktion der USA. Die mit der Angst vor weiteren Terroranschlägen und der kriegsbedingten Beunruhigung der Wirtschaft begründete Zins- und Wirtschaftspolitik stellte sich als der Nähr-

boden heraus, auf dem die Immobilienblase schließlich prächtig gedeihen konnte. Das Platzen dieser Blase bringt nun das US-dominierte Weltwirtschaftssystem und damit die Vorherrschaft der USA ins Wanken.

Um zu verstehen, wie es so weit kommen konnte, welche Schritte und Zusammenhänge zur wahrscheinlich größten Finanzkrise aller Zeiten geführt haben, ist es notwendig, zwei grundlegende Fragen zu klären: Wo kam das Geld her? Wo ist das Geld hin?

Boom and Bust – Spekulationsblasen als Strategie

Boom: Wo kam das Geld her?

Das Geld kam aus zwei Quellen: Der kleinere Teil stammte aus bereits vorhandenem Geld - etwa von Investoren -, der weitaus größere Teil wurde von US-amerikanischen Banken in Form von Giralgeld neu geschöpft. Entsprechend führte die Immobilienblase zu einem gewaltigen Anstieg der Dollargeldmenge.

Auch wenn es im Einzelnen nicht möglich ist, sämtliche Quellen des in die Immobilienblase geflossenen Geldes exakt zu erfassen, so ist doch hinreichend bekannt, dass nur ein Teil dieser Investitionen aus den USA selbst stammt. Ein erheblicher Anteil des Geldes strömte aus aller Welt in die USA. Dies ist auch gut daran zu erkennen, dass Banken weltweit aufgrund der Not leidenden US-Immobilienkredite nun vor dem Aus stehen. Dem aktuellen Bericht (April 2008) des U.S. Department of the Treasury *Foreign Portfolio Holdings of U.S. Securities*[227] ist zu entnehmen, dass die größten Ankäufer sogenannter »Asset-backed securities« (ABS; forderungsbesicherte Wertpapiere) in Japan, China, Großbritannien, auf den Cayman Islands, in Luxemburg, Kanada, Belgien, Irland, in der Schweiz, den Niederlanden sowie in den ölexportierenden Ländern des Mittleren Ostens zu finden sind. Ein wesentlicher Teil des Geldes wurde von US-Banken neu geschöpft. Dieser Vorgang bedarf einer Erläuterung, denn die Schöpfung von Geld ist wohl die seltsamste und unbegreiflichste seiner Eigenschaften.

Geldschöpfung 1.0 – »nach Lehrbuch«

Das Geld kommt in die Welt, indem es von Banken »aus dem Nichts« (Schumpeter) geschöpft wird. Der Schöpfungsvorgang erfolgt in der Vergabe von Krediten; Geld entsteht erst im Kredit.

Dieser Prozess erscheint dem Laien zunächst unverständlich. Als glaubhafte Quelle mag die Deutsche Bundesbank dienen, welche die »multiple Giralgeldschöpfung« folgendermaßen erklärt:

> (…) das Bankensystem [ist] aber auch in der Lage, durch Gewährung von Krediten aktiv Giralgeld entstehen zu lassen und damit die Geldmenge insgesamt zu erhöhen. (…)
>
> Der Geldschöpfungsprozess erscheint damit wie Zauberei: Die Banken schöpfen anscheinend selbst Geld, ohne die Deutsche Bundesbank nötig zu haben.[228]

Diese Geldschöpfung aus Kredit entspricht dem Vorgang, dass der von der Bank erteilte Kredit dem Kreditnehmer unmittelbar als Geld zur Verfügung steht, mit welchem er dann Waren und Dienstleistungen bezahlt. Die Bank hat ihm dabei Geld geliehen, welches sie selbst zuvor noch gar nicht hatte, welches es noch gar nicht gab. Geld entsteht also nicht, indem man es sich verdient, sondern, indem es sich zuvor jemand leiht.

Um in der Kreditvergabe neues Geld zu schöpfen, benötigt die Bank lediglich zwei Zutaten: Kreditnehmer und die gesetzlich vorgeschriebene Mindestreserve. Im Eurowährungsraum liegt der Mindestreservesatz bei zwei Prozent: für je 100 Euro, die Banken durch Kredit »aus dem Nichts« schöpfen, müssen sie jeweils zwei Euro Mindestreserve bei der Zentralbank halten.[229] Anders ausgedrückt: Die Banken können maximal die 50-fache Menge ihrer Mindestreserve als neues Geld schöpfen und an Kreditnehmer verleihen. Auch die Anzahl der Kreditnehmer ist begrenzt - denn sie müssen den Banken im Austausch gegen die erhaltenen Kredite entsprechende Sicherheiten verpfänden.

Nachdem das Geld nun geschöpft wurde, bringt es der Kreditnehmer in Umlauf. Im Beispiel des Hauskäufers erhält dieser einen Kredit über eine Million US-Dollar, kauft damit das Grundstück und bezahlt Architekten, Handwerker und Bauunternehmer. Der Verkäufer des Grundstücks sowie Architekt, Handwerker und Bauunternehmer haben »sich das Geld verdient«, welches der Hauskäufer der Bank schuldet. Die Schulden des einen sind somit das Geld des anderen; das Geld ist durch das Schuldversprechen des Kreditnehmers gedeckt und erhält seinen Wert durch die gesellschaftliche Annahme, dass der Schuldner seine Schulden eines Tages zurückzahlen wird.

Das Geld belebt die Wirtschaft und generiert dem Staat Steuern. Im Falle eines Immobilienkredits geben die am Hausbau beteiligten Architekten, Handwerker und Bauunternehmer das verdiente Geld aus und kaufen sich davon ihrerseits beispielsweise wieder Häuser, Autos oder Fernseher und zahlen bei jedem Umlauf des Geldes Steuern an den Staat.

Kreditnehmer	Bank
gibt Sicherheit	erhält Sicherheit
erhält Geld	vergibt Kredit

Abb. 18: Geldschöpfung 1.0

ZUSAMMENFASSUNG
Durch die Vergabe von Krediten schöpfen Banken Geld »aus dem Nichts«; der Kreditnehmer erhält Geld, die Bank eine Sicherheit.
Die durch diesen Schöpfungsvorgang mögliche Geldmenge ist begrenzt durch die gesetzliche Mindestreserve und das Vorhandensein kredittauglicher Sicherheiten.

Geldschöpfung 2.0 – »amerikanisch«

Die Anomalie der US-Immobilienblase beginnt mit dem Finden immer neuer Kreditnehmer. Normalerweise ist ihre Zahl dadurch begrenzt, dass Banken für ihre Kredite Sicherheiten verlangen; nur wer diese anzubieten hat, kann einen Kredit erhalten.

Geld wird also nicht wirklich nur »aus dem Nichts« geschöpft, sondern es bedarf auch eines »Etwas«: des als Sicherheit verpfändeten Eigentums[230], zum Beispiel eines Grundstücks.

Da Sicherheiten nur begrenzt verfügbar sind, ist – nach Lehrbuch – auch die Zahl der Kreditnehmer, genauer gesagt die Summe der Kredite, begrenzt. Die Höhe der im Kredit geschöpften Geldmenge steht somit in einem Verhältnis zu den zur Verfügung stehenden Sicherheiten. Mit anderen Worten: Die Geldmenge ist durch das Vorhandensein an verpfändbarem Eigentum begrenzt.

In den USA wurden jedoch in zunehmendem Maße auch dann Kredite vergeben, wenn nur sehr geringe oder gar keine Sicherheiten vorhanden waren: die »Subprime Mortgages«, Kredite mit mangelhafter Sicherheit. Außerdem wurden Immobilien, die bereits als Sicherheiten eingebracht waren, aufgrund der gestiegenen Immobilienpreise neu und nun höher bewertet und mit weiteren Krediten belastet: deren Eigentümer erhielten von den Banken weiteres Geld. Hierdurch stiegen Geldmenge und Nachfrage nach Immobilien weiter. Dadurch erhöhten sich die Immobilienpreise. Dadurch konnten die bereits hinterlegten Sicherheiten von den Banken erneut höher nachbeliehen werden. Dadurch wurde wieder mehr Geld geschöpft. Dadurch stiegen die Immobilienpreise. Und so weiter und so fort.

Es wurde also mehr Geld geschöpft, als es nach dem Prinzip traditioneller Geldschöpfung überhaupt möglich gewesen wäre – sehr viel mehr Geld, als verpfändbares Eigentum zur Verfügung stand. Die so geschöpfte Geldmenge blähte die Immobilienblase so weit auf, bis sie vor ihrem Platzen etwa 20 Prozent des weltweiten Bruttosozialprodukts enthielt – aus dem Nichts geschöpftes Geld, das durch keine entsprechenden Sicherheiten gedeckt war.

Diese neue Methode der »Geldschöpfung 2.0« wurde ermöglicht, weil es den US-Kreditinstituten gelang, die Schuldversprechen der Hauskäufer in alle Welt weiterzuverkaufen und somit das Ausfallrisiko der Kredite zu externalisieren.

Um diesen Trick der Externalisierung des Ausfallrisikos zu ermöglichen, mussten die Schuldversprechen der vielen einzelnen Kreditnehmer handelbar gemacht werden. Dies geschah durch sogenannte Verbriefung oder »securitization«, ein technischer Vorgang, bei dem die Schuldversprechen zahlreicher Kreditnehmer sozusagen in »Wundertüten« verpackt in handelbare Wertpapiere verwandelt werden: die »Mortgage Backed Securities« (MBS)[231]. Diese MBS-Wundertüten ließen sich dann wiederum in noch größere Wundertüten umpacken: die »Collateralized Debt Obligations« (CDO)[232]. Derart verschnürt wurden die Schuldversprechen in alle Welt verkauft, wodurch deren Käufer nun zu den eigentlichen Kreditgebern des Immobilienbooms wurden. Die Welt lieferte Geld, die USA in Wundertüten gebündelte Schuldversprechen[233] (im Folgenden vereinfacht als »Immobilienanleihen« bezeichnet).

Diese Immobilienanleihen wurden von Investoren weltweit stark nachgefragt, da sie von US-Ratingagenturen bestmöglich mit »AAA« bewertet wurden, jedoch wesentlich höhere Renditen erzielten als andere »AAA«-bewertete Papiere, beispielsweise US-Staatsanleihen.

Zunächst gewannen alle Beteiligten; die amerikanischen Bürger erhielten Kredite für den Bau von Häusern, Hedgefonds und andere Investoren konnten am boomenden US-Immobilienmarkt teilhaben und erhebliche Gewinne erzielen, die Kreditinstitute verzeichneten hohe Einnahmen, die US-Wirtschaft boomte. Durch den Verkauf von Immobilienanleihen konnten die US-Defizite und Militärausgaben nun scheinbar mühelos finanziert werden.

Jedoch hat diese neue Methode der Geldschöpfung einen für das langfristige Funktionieren der Weltwirtschaft schwerwiegenden Mangel: Die Geldschöpfung kann in nahezu unbegrenzter Höhe erfolgen. Denn aufgrund des Weiterverkaufs der Schuldversprechen, also der Externalisierung des Kreditrisikos, benötigt die »Geldschöpfung 2.0« weder Sicherheiten noch belastet sie die Mindestreserven der Banken.

Kreditnehmer	Bank	Ratingagentur	Investor
erhält Geld	vergibt Kredit		
	bündelt Kredite in »Wundertüten«	vergibt »AAA« auf »Wundertüten«	
	verkauft »Wundertüten«		kauft »Wundertüten«
	erhält Geld		gibt Geld
	externalisiert Risiko		trägt Risiko

Abb. 19: Geldschöpfung 2.0

ZUSAMMENFASSUNG

Durch die Vergabe von Krediten schöpfen Banken Geld »aus dem Nichts«. Die Banken bündeln die mit dem geschöpften Geld gleichzeitig entstehenden Schuldversprechen in »Wundertüten«. Ratingagenturen attestieren diesen Wundertüten mit »AAA« die höchste Sicherheit, obwohl den Krediten großenteils keine brauchbaren Sicherheiten zugrunde liegen. Investoren aus aller Welt decken sich mit den hochrentablen und angeblich sicheren Wundertüten ein. In Erwartung hoher Renditen finanzieren diese Investoren nun die Kredite und tragen deren Ausfallrisiken.

Die durch diesen neuen Schöpfungsvorgang mögliche Geldmenge ist nahezu unbegrenzt – Mindestreserven werden nicht belastet, Sicherheiten nicht benötigt.

Bevor wir uns nun der Frage zuwenden, wo dieses in großen Mengen »ohne Sicherheiten aus dem Nichts« geschöpfte Geld hin ist, sollten wir zunächst nach dessen Besonderheiten fragen: Welchen Wert hat dieses Geld, und unterscheidet es sich von anderem Geld, dessen Schöpfung durch verpfändete Sicherheiten abgesichert ist? Was ist sein Wert und ist es genauso »echt«?

Verfall des Dollars

Die durch die oben beschriebene »Geldschöpfung 2.0« dramatisch erhöhte Dollarmenge führte zu einem entsprechenden Verfall der Kaufkraft des US-Dollars. Oder anders ausgedrückt: Die Preise von Rohstoffen stiegen, während der US-Dollar fiel.

Die Größenordnung des Dollarverfalls in den sieben Jahren nach den Anschlägen vom 11. September lässt sich gut erkennen, wenn man seinen Wert im Vergleich zu Öl, Gold und Euro betrachtet. Während der Preis von Öl in US-Dollar ausgedrückt immer weiter in die Höhe schoss – von etwa 25 US-

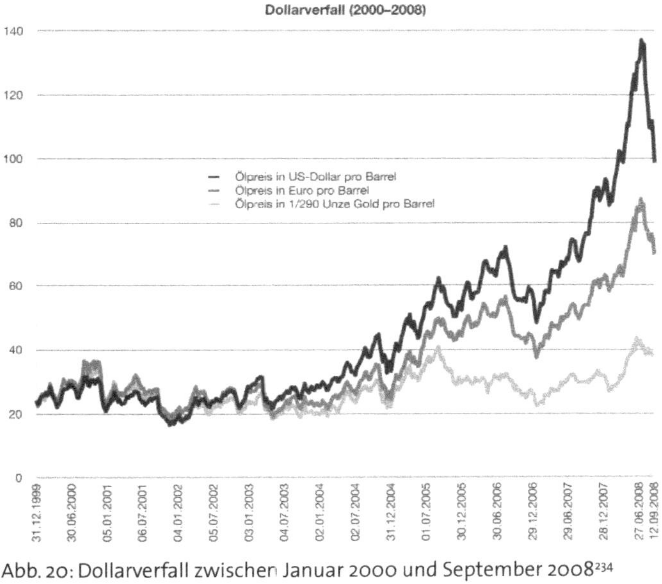

Abb. 20: Dollarverfall zwischen Januar 2000 und September 2008[234]

Dollar in 2001 auf 140 US-Dollar in 2008 –, pendelte das Verhältnis von Öl zu Gold jahrelang nahezu unverändert um den Wert von etwa 1/10 Unze Gold pro Barrel Öl (Abb. 20). Überall war zu hören, das Öl habe sich verteuert, der Ölpreis sei explodiert. Aber zutreffender wäre die Feststellung, dass der US-Dollar an Kaufkraft verloren hatte – und zwar im Vergleich zu Öl bis auf ein Sechstel seines Wertes gefallen war. Besser erging es dem Euro: Er war zwar nicht so stabil wie Gold, aber immer noch deutlich stabiler als der US-Dollar. Gegenüber dem Euro büßte dieser rund 40 Prozent seines Wertes ein (von 0,90 in 2001 auf 1,59 US-Dollar pro Euro in 2008).

ZUSAMMENFASSUNG
Die erhöhte Dollarmenge führte zu einem Verfall der Kaufkraft des US-Dollars.

Falschgeld – die Finanzpolitik der USA

Die Motivation, Falschgeld zu drucken, besteht darin, sich fremdes Eigentum anzueignen. Dies ist möglich, da man zu seiner Schöpfung kein bereits vorhandenes Eigentum verpfänden muss, sondern die Blüten einfach druckt und damit einkaufen geht.

Ganz anders bei »echtem« Geld: Dieses erhält der Kreditnehmer unter Leistung einer Sicherheit. Er muss seine Schulden also zurückzahlen, um sein Eigentum aus der Verpfändung wieder zu lösen. Solange er statt seines Eigentums nun frei über das im Kreditvertrag erhaltene Geld verfügt, ist er gezwungen, mit diesem Geld gewinnbringend zu wirtschaften, da er – nach Bedienung des Kredits – sein verpfändetes Eigentum zurückerhalten will. »Echtes« Geld läuft im Kreis, denn es muss an den Kreditgeber zurückgezahlt werden.

Falschgeld läuft nicht im Kreis, da ihm weder Kredit noch Sicherheit zugrunde liegt. Mit »echtem« Geld kauft man sein eigenes Eigentum zurück, mit Falschgeld ergaunert man sich fremdes Eigentum.

Aus dieser Sicht des Eigentums ist das in den USA mittels »Geldschöpfung 2.0« geschöpfte Geld von Falschgeld kaum zu unterscheiden. Da bei seiner Schöpfung nur geringe bis keine Sicherheiten geleistet wurden, konnte mit diesem Geld fremdes Eigentum in großem Stil angeeignet werden: Grundstücke, Häuser, Autos …

Wer Falschgeld druckt, steht zunächst vor einem unangenehmen Problem: Er muss es möglichst unauffällig in den Verkehr bringen, es schnell gegen »echtes« Geld oder Waren eintauschen. Wie Geld diskret in Umlauf gebracht werden kann, erläuterte der derzeitige US-Zentralbankchef Ben Bernanke am 21. November 2002 in einer beachtenswerten Rede, die ihm den Spitznamen »Hubschrauber-Ben« einbrachte, da er unter anderem die Möglichkeit erwähnte, Geld durch das Abwerfen aus Hubschraubern zu verteilen. Da dies jedoch keine besonders diskrete Methode darstellt, führte Bernanke bei dieser Gelegenheit andere, sehr viel elegantere Methoden zur Verteilung von Geld an. Als eine dieser Möglichkeiten nannte Bernanke ausdrücklich auch das Anschieben der Immobilienbranche:

> Für die Fed bestünde noch eine weitere Möglichkeit; sie könnte ihre Autorität nutzen und in den Märkten für Verbindlichkeiten der staatlichen Agenturen tätig werden (zum Beispiel Mortgage Backed Securities – hypothekarisch besicherte Wertpapiere – von Ginnie Mae, der Government National Mortgage Association).[235]

Diese Rede ist bemerkenswert, da sie – ein Jahr nach dem 11. September – zu einem Zeitpunkt gehalten wurde, als die USA vor dem Problem der Finanzierung ihrer Kriege bei gleichzeitiger Finanzierung ihrer Defizite standen. Aus dieser Situation heraus wurden damals die Grundlagen für die nun ausgebrochene Finanzkrise gelegt. Die Rede zeigt, dass diese Thematik besondere Beachtung fand: Die Versorgung der Wirtschaft mit Geld in Zeiten widriger Umstände. Und ebenso, dass man zu diesem Zwecke auch vor ungewöhnlichen Maßnahmen nicht zurückschrecken würde. Nur auf den Hubschrauber wollte man lieber verzichten.

Doch wie könnte man Geld drucken und es möglichst unauffällig in den Wirtschaftskreislauf einspeisen? Über mögliche Alternativen zum Helikopterabwurf wurde innerhalb der Fed verzweifelt diskutiert.[236] Diese Verzweiflung wird anhand der sarkastischen Witze deutlich, mit denen die Diskussionen immer wieder aufgelockert wurden: Alan Greenspan schlug scherzhaft vor, mit dem Geld Washingtons Senatoren zu kaufen – so hätte man zugleich auch mehr Einfluss auf die Politik des Finanzministeriums:

> MR. GRAMLICH: (…) Es gibt nur eine Möglichkeit, wie das Schatzamt für uns zusätzliche Staatsanleihen ausgeben oder im Markt anbieten kann, damit wir sie dann kaufen können: Es muss Defizite machen oder Vermögenswerte kaufen. Und ich finde keine der Optionen reizvoll. Wir könnten eine Studie hierzu machen, aber würde sie zu einem anderen Ergebnis kommen? So meine Vermutung, Al [gemeint ist Alan Greenspan], ich hoffe, dass wir zum letzten Mal über dieses Thema gesprochen haben! [Gelächter]
>
> MR. BROADDUS: Nun, sie müssen nicht unbedingt Vermögenswerte kaufen. Sie könnten genauso gut die Steuern senken. Dadurch wird die Finanzpolitik nicht eingeschränkt.

MR. GRAMLICH: Aber das bedeutet Defizit. Das ist die Defizitoption. Was auch immer man über Defizite denken mag, ich glaube, sie sollten Teil der fiskalischen Planung sein. Und ich will nicht, dass das Schatzamt seine Planung nur deswegen ändert, damit wir etwas unternehmen können, das nur eine zweitrangige Verbesserung der Geldpolitik darstellt. Ich glaube einfach nicht, dass es das wert ist.

CHAIRMAN GREENSPAN: Ich nehme an, es wäre am Besten, wenn wir Washingtoner Senatoren kaufen!

MR. GRAMLICH: Oder das Schatzamt könnte sie kaufen und uns dann darüber ein Wertpapier ausstellen. [Gelächter][237]

An anderer Stelle führt Greenspan an, die Fed könne soviel Geld drucken, wie sie wolle, und dann damit Baseballteams kaufen:

CHAIRMAN GREENSPAN: (...) Als Zentralbank könnten wir auch einfach Geld drucken und Vermögenswerte kaufen - wir könnten für alles, was wir brauchen, Baseballteams kaufen - und dabei so viel Geld erzeugen, wie wir wollen.[238]

Von Jerry L. Jordan stammt der Vorschlag, das Geld mittels einer Lotterie zu verteilen:

MR. JORDAN: Als Teil einer pädagogischen Übung, da dies ja eine akademische Diskussion ist, würde ich es genau andersrum machen. Wie könnte man als Zentralbank die Geldmenge erhöhen, wenn man nicht die Möglichkeit hat, Staatsanleihen oder etwas Ähnliches zu kaufen? Meine Antwort wäre, einfach eine Lotterie mit positiver Gewinnausschüttung zu betreiben. Ohne Zweifel könnte man schrecklich viele Lose verkaufen [Gelächter], wenn man eine Lotterie mit positiver Gewinnausschüttung hätte, die

> dem Konto des Gewinners gutgeschrieben wird. Man kann die Geldmenge aufblasen so viel man will.[239]

Tatsächlich hat die Fed aber weder Baseballteams gekauft noch das Geld per Lotterie verteilt. Sie hat einen besseren Weg gefunden: den Kauf von Immobilienanleihen. Die Fed pumpte Geld in den Hausbau und schob somit die Immobilienblase an.

Eigentlich sind der Fed marktverfälschende Eingriffe untersagt, und so hätte dieser Ankauf von Immobilienanleihen gegen die Statuten der Fed verstoßen. Die entsprechenden Passagen waren aber bereits im August 1999 vorübergehend außer Kraft gesetzt worden, um der Fed während des Datumswechsels zur Jahrtausendwende zusätzliche Möglichkeiten einzuräumen, das Geldsystem überaus großzügig mit Liquidität zu versorgen.[240] Diese Ausnahmeregelung wurde in Folge jeweils um ein weiteres Jahr verlängert; ab 2003 galt die Ausnahme dann als neue Regel[241], und die Fed finanzierte den Immobilienboom durch immer größere Ankäufe von Immobilienanleihen (Abb. 21).

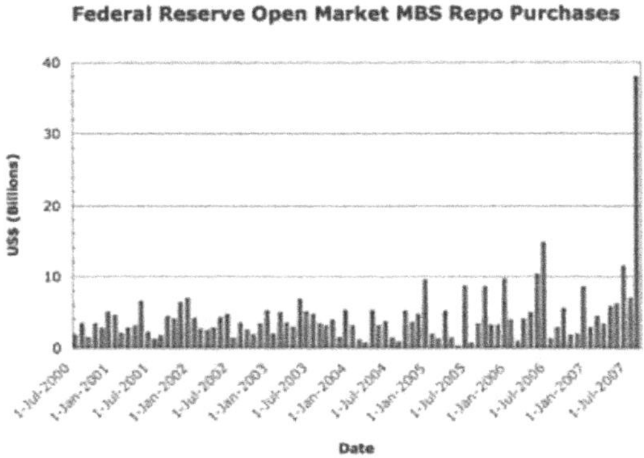

Abb. 21: Ankauf von Mortgage Backed Securities durch die Federal Reserve, 2000–07[242]

ZUSAMMENFASSUNG
Salopp gesprochen handelt es sich bei einem erheblichen Teil des in der Immobilienblase zusätzlich in Umlauf gebrachten Geldes eigentlich um Falschgeld; es wurde ohne Hinterlegung von Sicherheiten geschöpft und großzügig an Immobilienkreditnehmer verteilt. Im Resultat kommt diese Verteilung ungedeckten Geldes dem Geldabwurf aus einem Hubschrauber gleich.

Bust: Wo ist das Geld hin?

Der Wert der Immobilienanleihen ist ins Bodenlose gefallen, Banken mussten Konkurs anmelden und große Vermögen wurden vernichtet – aber wo ist das Geld geblieben? Über diese Frage herrscht allgemeine Ratlosigkeit. Nach einigem Rätselraten und Suchen findet sich zumeist nur die wenig erhellende Antwort: Das Geld ist verschwunden. Selbst einige Fachleute gehen davon aus, dass es sich einfach in Luft aufgelöst hat, wie etwa folgende Szene aus der Fernsehsendung »Hart aber fair«[243] zeigt:

> Zuschauerfrage: »Wie lösen sich zig Milliarden einfach so in Luft auf? Irgendjemand muss doch von der ganzen Sache profitieren.«
> Hilmar ›Peanuts‹ Kopper[244]: ›Nein, die Lösung, ja, die, sie, äh, sie entfallen wieder. So, wie wenn die Börse steigt, kommt Geld dazu. Können Sie sagen, wo kommt das denn her? Ist plötzlich das Depot; der letzte Aktienbesitzer hat plötzlich; sein Vermögen wird mehr wert. Wenn die Börse runtergeht, wird es weniger wert.‹
> Prof. Dr. Rudolf Hickel[245]: ›Bei Aktien kann man's so erklären: wenn Aktienkurse fallen, weil sie überbewertet waren, wird in der Tat – das kann man dem Anrufer sagen –, wird Kapital schlichtweg verbrannt.‹

Folgt man der Meinung des ehemaligen Chefs der Deutschen Bank Hilmar Kopper und Rudolf Hickel, Professor für Wirtschaftswissenschaften, dann hat sich das in dieser Immobilienblase verlorene Geld tatsächlich in Luft aufgelöst; es wurde »schlichtweg verbrannt«. Diese Antwort klingt schon sehr simpel: Wer soll denn das Geld verbrannt haben? Wie geht das?

Zunächst stellt sich die Frage, ob und wie Geld überhaupt verschwinden kann. Erfreulicherweise ist diese Frage verhältnismäßig einfach zu beantworten: Geld verschwindet auf die gleiche Weise, wie es auch entsteht. Es entsteht im Kredit und verschwindet erst wieder, wenn der seiner Schöpfung zugrunde liegende Kredit getilgt wird. Es verschwindet erst, wenn die Schulden an die Bank zurückgezahlt werden. Dann löst es sich tatsächlich in Luft auf.

Solange Kreditnehmer das ihnen geliehene Geld nicht zurückzahlen, zirkuliert es aber noch. Da ein großer Teil der Immobilienkredite nicht getilgt wurde, muss dieser Teil des Geldes noch vorhanden sein. Kopper und Hickel haben sich also anscheinend durch einen Trick täuschen lassen. Aber wie funktioniert dieser Trick und wo ist das Geld hin?

Der Blasentrick

Das Geld scheint sich auf ebenso unerklärliche Weise in Luft aufgelöst zu haben, wie die Erbse beim trickbetrügerischen Hütchenspiel. Auch hier ist und bleibt die Erbse verschwunden, zumindest solange man nur unter das eine Hütchen blickt, unter dem man gerade eben die Erbse noch gesehen hatte.

Natürlich ist sie aber nicht wirklich verschwunden, sondern liegt unter einem der anderen Hütchen. Verhält es sich mit dem in der Immobilienblase abhanden gekommenen

Abb. 22: *Der Gaukler* (Hieronymus Bosch, 1450–1516)

Geld vielleicht so wie mit der Erbse unter dem Hütchen? Könnte es sein, dass das Geld gar nicht wirklich verschwunden ist, sondern nur trickreich bewegt wurde?

Wir können den Weg des Geldes einfach verfolgen: Es kam in die Welt, indem US-amerikanischen Bürgern Immobilienkredite gewährt wurden. In Umlauf gebracht wurde es dann, als die Kreditnehmer dieses Geld in Immobilien investierten. Unter den ersten, die es sich dann ehrlich verdienten, waren Bauunternehmer, Handwerker, Grundstücksverkäufer, Architekten, Makler etc. Hier begann die trickreiche Bewegung des Geldes, denn der Geldstrom spaltete sich nun in zwei Richtungen auf: Ein Teil ging als Steuern an den US-amerikanischen Staat, der andere Teil wurde von den Bauunternehmern, Architekten etc. für weitere Investitionen oder

Konsum genutzt. Bei jedem Umlauf spaltete sich der Geldstrom erneut in Steuern und Konsum auf und verzweigte sich immer weiter. Auf diese Weise ist der Inhalt der sich blähenden Blase über den USA fein verteilt als Geldregen niedergegangen, kurbelte die US-amerikanische Wirtschaft an und bescherte dem Staat Steuereinnahmen.

Da die USA ein erhebliches Handelsbilanzdefizit aufweisen, floss ein Teil dieses Geldregens – im Tausch gegen importierte Waren – weiter in alle Welt. Kaum in der Welt angekommen, strömte ein Teil gleich wieder zurück in die USA, um in angeblich sicheren Immobilienanleihen angelegt zu werden. Der Verkauf von weiteren Immobilienanleihen erlaubte die Vergabe zusätzlicher Immobilienkredite, und so regnete das Geld erneut über den USA nieder und floss von dort in die Welt – wiederum im Austausch gegen Waren. Auf diese Weise pendelte das Geld zwischen den Vereinigten Staaten und der Welt hin und her: Geldregen über den USA und dessen Abfluss in die Welt, wieder und wieder. Bei jedem Durchgang förderte das Geld Waren in die USA und Immobilienanleihen in die Welt.

Und hierin liegt die eigentliche Täuschung: Man fragt sich, wo das Geld geblieben ist. Dabei sollte man nicht nach dem Geld, sondern den entstandenen Schulden und den gelieferten Waren fragen. Denn das Geld vermehrte sich durch dieses Hin- und Herpendeln nicht, aber bei jedem weiteren Durchgang erhöhten sich die Schulden der USA gegenüber der Welt (und die Warenlieferungen der Welt an die USA).

Dieser Vorgang entspricht bildhaft folgender Situation: Sie gehen regelmäßig in einem feinen Lokal essen. Nachdem Sie Ihre Rechnung bezahlt haben, leiht Ihnen der Wirt das Geld zurück und Sie unterschreiben ihm einen Schuldschein. Der Wirt macht das, weil Sie ihm Zinszahlungen versprechen und ein stadtbekannter Kaufmann sind. Das geht einige Jahre so, und jedes Mal bezahlen Sie mit dem gleichen Geldschein, den Ihnen der Wirt am Ausgang im Austausch gegen einen weiteren Schuldschein wieder zurückgibt. Schließlich möchte der Wirt die Schulden samt Zinsen von Ihnen beglichen haben, aber Sie besitzen immer noch nur den einen Geldschein und können Ihre Schulden nicht bezahlen. Und so geben Sie dem Wirt den Geldschein ein letztes Mal. Das Geld landet zwar am Ende beim Wirt, deckt aber nur den allerkleinsten Teil der Schulden.

Die Pendelbewegung des Geldes zwischen den USA und der Welt war nicht nur Motor der US-amerikanischen Wirtschaft, sondern auch der Weltwirtschaft, die eifrig Waren für die USA fertigte, wofür sie im Gegenzug Immobilienanleihen erhielt. Der beständige Geldregen über den USA hatte enorme Ausmaße angenommen: Mit dem Verkauf von Immobilienanleihen und Industrieanleihen ins Ausland konnten die USA die Hälfte ihres jährlichen 800-Milliarden-Dollar-Handelsbilanzdefizits finanzieren.[246] Sie konnten also weiterhin problemlos mehr Waren aus dem Ausland importieren als sie Waren exportierten, etwa T-Shirts aus China oder Autos aus Deutschland. Dieser Zustrom von Geld in die USA erlaubte aber nicht nur den Kauf von T-Shirts, Autos etc. – vielmehr half er auch, die Kriege in Afghanistan und im Irak zu finanzieren, ohne durch die hohen Kriegsbelastungen die US-Wirtschaft zu lähmen. Auf diese Weise wurden die Kosten der US-amerikanischen Kriege schließlich von der ganzen Welt getragen.

Die Einnahmen dienten aber nicht nur als schier unerschöpfliche Geldquelle, sondern auch als Indikator für die Gesundheit der US-amerikanischen Wirtschaft: Denn angesichts ständig steigender Kriegskosten und der zunehmenden US-Defizite wurde stets mit Hinweis auf die starke Immobilienbranche betont, dass die amerikanische Wirtschaft boome und die USA daher die hohen Kriegskosten sowie ihre Defizite locker wegstecken können. Doch das Geld war aus aller Welt geliehen, die Wirtschaft boomte auf Pump.

Bemerkenswerterweise hat die Idee, Kosten von Kriegen durch Immobilienanleihen zu finanzieren, in den USA eine gewisse Tradition: Schon 1968, als der von der US-Regierung 1938 gegründete staatliche Immobilienfinanzierer Fannie Mae von der Regierung Johnson an die Börse gebracht wurde, sollten die Erlöse helfen, den Vietnamkrieg zu finanzieren.[247] Auch im amerikanischen Bürgerkrieg kam es zu einer ungewöhnlichen Form der Kriegsanleihe: Die Südstaaten finanzierten ihre Kriegskosten durch den Verkauf von Baumwollanleihen.[248]

Als die Fed die Zinsen im März 2006 wieder auf ein nachhaltiges Niveau angehoben hatte und die Immobilienpreise schließlich nicht mehr weiter stiegen, kam die Blase zum Platzen und die Pendelbewegung des Geldes zum Erliegen. Dabei regnete das Geld ein letztes Mal fein verteilt über den Vereinigten Staaten von Amerika nieder. Während die an die USA gelieferten Waren jedoch noch vorhanden sind, hat sich der Wert der Immobilienanleihen mittlerweile größtenteils in Luft aufgelöst, aber es ist kein Geld verschwunden. Denn hierin liegt der Trick, dem Kopper, Hickel und andere aufgesessen sind: Das Geld ist nicht verschwunden, sondern die damit gekauften Immobilienanleihen wurden wertlos. Dabei verhält es sich ein bisschen so wie mit sauer werdender Milch: Die Milch verliert dabei an Wert, aber es verschwindet kein Geld. Und ähnlich dem Hütchenspiel nutzt auch der Blasentrick die Gier seiner Opfer aus.

ZUSAMMENFASSUNG
Als Folge des Immobilienblasentricks regnete Geld aus aller Welt über den USA nieder und finanzierte das US-Handelsbilanzdefizit: Konsum und Kriege.

Das Spiel mit der Gier

Zwischen Trickbetrug und Spekulationsblase findet sich eine weitere, erstaunliche Parallele: In beiden Fällen stolpern die Opfer über ihre eigene Gier.

Sowohl beim Hütchenspiel als auch bei Spekulationsblasen sind sich die Opfer zu Beginn der Wette sicher, in ein geringes Risiko mit großer Gewinnchance zu investieren. Angesichts des vermeintlich sicheren Gewinns und getrieben von der eigenen Gier riskieren und verlieren die Opfer große Geldbeträge. Trickbetrügereien kommen daher auch nur selten zur Anzeige, denn der Betrogene müsste bei diesem Anlass erklären, sich selbst durch eine Mischung aus Gier, Habsucht und Naivität in die missliche Situation manövriert zu haben.

Beim Hütchenspiel entsteht der Eindruck einer sicheren Wette durch den »Anreißer«: ein Komplize, den der Hütchenspieler einige Male gewinnen lässt. Bei der US-Immobilienblase entstand dieses Gefühl durch staatliche Programme zur Förderung des privaten Hausbesitzes, die bestmöglichen Bewertungen durch die US-Ratingagenturen und die Tatsache, dass die Immobilienanleihen von staatlichen Immobilienfinanzierern ausgegeben wurden.

Natürlich kann man den Opfern eines Trickbetrugs vorwerfen, dass ihre eigene Gier die erlittenen Verluste erst ermöglicht hat. So, wie man auch geneigt ist, die Schuld an der Immobilienkrise in der Gier der Bankenmanager zu entdecken. Diese Schuldzuweisung zielt aber zu kurz: Denn auch wenn die Gier eine sehr wichtige Rolle spielt, so ist sie doch in beiden Fällen nur der Antrieb, aber nicht das Regelwerk, das die Verluste ermöglicht.

Von der Wirtschaftsblase zur Blasenwirtschaft

Der oben geschilderte Blasentrick ist zwar nicht sonderlich neu, aber dennoch erstaunlich unbekannt. Denn in der Berichterstattung werden platzende Blasen zumeist mit Krisen gleichgesetzt, da der alles übertönende Lärm beim Platzen davon ablenkt, dass Blasen auch eine positive Seite haben: Sie lassen Geld regnen. Immer. Und zwar über dem Land, in dem die Blase ihre Heimat hat. Die Wirtschaftsblasen werden so zum Antrieb einer Blasenwirtschaft, die sich aus dem Geldregen nährt.

Dieser Geldregen kommt dadurch zustande, dass die ursprünglichen Investoren nach dem Platzen der Blase ihre Investitionen nicht mehr zurückerhalten, aus ihrer Sicht scheint das Geld verschwunden zu sein. Für sie stellt sich die Blase dann als schmerzhafte Fehlinvestition heraus: Die von ihnen gekauften Spekulationsobjekte haben ihren Wert verloren. Das investierte Geld ist jedoch keineswegs weg, sondern es wurde – rechtmäßig – von anderen eingenommen: den Verkäufern der Spekulationsobjekte. Die Einnahmen der Verkäufer entsprechen dabei den Verlusten der Investoren; wenn die Verkäufer Inländer und die Investoren Ausländer sind, dann fließt Geld ins Land.

Als typisches Beispiel seien hier die in der Geschichte immer wieder erfolgten Eisenbahnblasen genannt: In Erwartung großartiger Gewinne kauften Investoren Aktien von Eisenbahngesellschaften, die mit diesem Geld Schienennetze errichteten und Eisenbahnen kauften. Als die Gesellschaften

Konkurs erklärten und die Eisenbahnaktien ihren Wert verloren, hatten auch die Investoren ihr Geld verloren. Die Schienen jedoch waren verlegt und die Eisenbahnen gekauft. Aus Sicht der Investoren war das Geld nun verschwunden; aus Sicht des Landes, in dem die Eisenbahnen gekauft und die Schienen verlegt wurden, hatte es Geld geregnet, das in die Infrastruktur des Landes geflossen war und für Arbeit und Wohlstand sorgte. Ein modernes Pendant zur Eisenbahnblase ist in der im Frühjahr 2000 geplatzten Dotcom-Blase zu sehen: Investoren aus aller Welt kauften Telekommunikationsaktien, die Telekommunikationsfirmen gingen pleite, die Aktionäre verloren ihr Geld – aber Rechenzentren, Serverparks und Kabelnetze wurden errichtet und der Reichtum der USA erhöht.[249]

Auch während der »Großen Tulpenmanie« im Holland des 17. Jahrhunderts wurde kein Geld vernichtet. Diese Blase folgte der »greater-fool«-Theorie: Idiotische Spekulanten kauften Tulpen zu immer schwindelerregenderen Preisen in der optimistischen Annahme, sie noch teurer an noch idiotischere Spekulanten weiterverkaufen zu können. Schließlich platzte die Blase, weil keine idiotischeren Spekulanten mehr zu finden waren. Die letzten Käufer der Zwiebeln stellten sich dann als die allergrößten Idioten heraus, denn sie hatten ihr Geld verloren, während die vorletzten noch gewinnen konnten.

Also: Blasen vernichten kein Geld, sie schichten es lediglich im großen Stil um. Dramatischen Verlusten stehen ebenso große Gewinne gegenüber. Das Jammern der Verlierer und das Getöse des Zusammenbruchs vormals großer Vermögen verblendet dabei das Wahrnehmen der Gewinner, die sich sehr viel dezenter im Hintergrund halten und wohlweislich wenig Aufhebens um ihre märchenhaften Gewinne machen.

Etwas anders ausgedrückt: Blasen sind ein Nullsummenspiel – solange Gewinner und Verlierer der gleichen Volkswirtschaft entspringen, ändert sich das Gesamtvermögen dieser Volkswirtschaft zunächst nicht. Jedoch können die Nebeneffekte der Vermögensumverteilung zu erheblichen Krisen führen; zu Firmenpleiten, Arbeitslosigkeit, sozialen Spannungen bis hin zu Kriegen. Infolge solcher Krisen wird die Leistungsfähigkeit einer Volkswirtschaft beeinträchtigt, was dann wiederum zu einem Verlust an volkswirtschaftlichem Vermögen führt. Platzende Blasen verteilen Vermögen nur um; erst die nachfolgenden Krisen können Spannungen erzeugen, die dann auch zu volkswirtschaftlichen Verlusten führen können.

Die Blase wird zum lukrativen Geschäft, wenn die Verluste von anderen getragen werden. Wenn also der Nutzen internalisiert, der Schaden jedoch externalisiert wird. Für eine Volkswirtschaft heißt das: wenn ausländische Investoren in die heimische Blase investieren – wenn Anlagen exportiert werden und Geld importiert wird. Solange die Blase aufgeblasen wird, fördern die Investitionen aus dem Ausland die eigene Wirtschaft. Wenn die Blase dann platzt, müssen diese Investitionen nicht mehr oder nur in stark verringertem Umfang zurückgezahlt werden.

Das Geschäftsmodell »Blase« wird dabei umso interessanter, je höher der Anteil ausländischer Investoren ausfällt.

ZUSAMMENFASSUNG

Man kann mit Blasen sehr große Gewinne erzielen, denn sie vernichten kein Geld, sondern verteilen es nur um: Der Verlust der einen ist der Gewinn der anderen.

»Bubbles made in USA« als Exportschlager

Man darf wohl davon ausgehen, dass einem ausgemachten Finanzguru wie dem ehemaligen US-amerikanischen Zentralbankchef Alan Greenspan der alte Blasentrick wohlbekannt ist. Und tatsächlich: In seiner Autobiografie erklärt er, dass das Platzen einer Blase für die US-amerikanische Wirtschaft nicht notwendigerweise katastrophal sein müsse.[250]

Greenspan weist in diesem Zusammenhang auf die Erfahrung hin, die man mit der im Frühjahr 2000 geplatzten Dotcom-Blase[251] gemacht hatte: Die US-Wirtschaft hatte sie bereits nach kurzer Zeit ohne gravierende Folgen überstanden, zuvor aber kräftig an ihr verdient. Greenspan führt aus, dass die einzigartigen Gewinne der Dotcom-Blase den USA den größten Haushaltsüberschuss seit 1948 bescherten:

> Während der späten 1990er-Jahre wuchs die [US]-Wirtschaft mit über 4 % pro Jahr. Dies entspricht einem Zuwachs an Wohlstand von etwa 400 Milliarden US-Dollar – der Größe der Wirtschaft der ehemaligen Sowjetunion –, den die US-amerikanische Wirtschaft jedes Jahr verzeichnen konnte.[252]

Diese Einschätzung wird auch von anderer Stelle vertreten, etwa dem Nationalökonom und Wirtschaftshistoriker Charles Kindleberger:

> Die US-Börsenblase der zweiten Hälfte der 1990er-Jahre ging Hand in Hand mit einem bemerkenswerten Aufschwung der US-Wirtschaft; die Arbeitslosenquote fiel rapide, die Inflationsrate sank und sowohl Wirtschaftswachstum als auch Produktivität nahmen zu. Die US-Regierung erzielte im Jahr 2000 ihren höchsten Haushaltsüberschuss aller Zeiten, nachdem sie 1990

> noch das größte Defizit aller Zeiten verzeichnen musste. Die bemerkenswerte Leistung der Realwirtschaft trug zu dem plötzlichen Anstieg der US-Aktienkurse bei, was wiederum zu einer Zunahme der Investitions- und Konsumausgaben und einer Zunahme des US-Wirtschaftswachstums sowie sprunghaft steigenden Steuereinnahmen führte.[253]

Verglichen mit dem aus aller Welt gespeisten Geldregen stellte das Platzen der Dotcom-Blase nur noch ein geringes Übel dar, und so hat Alan Greenspan zweifellos Recht: So ein Blasentrick kann doch sehr lukrativ sein. Dies umso mehr, je länger und größer die Blase genährt wird und je höher dabei der Anteil ausländischer Investitionen ausfällt.

Nachdem die Dotcom-Blase den USA schon so märchenhafte Einnahmen beschert hatte, mag es wenig überraschen, dass die Fed keine erkennbaren Anstrengungen unternahm, weitere Blasen zu verhindern. Alan Greenspan verteidigte die passive Haltung der Fed damit, dass man gegen das Anschwellen von Blasen gar nichts unternehmen könne, sondern darauf warten müsse, bis sie von selber platzen.[254] Eine erstaunliche Ansicht, der nicht nur etliche Fachleute deutlich widersprechen[255], sondern die auch im Gegensatz zu Alan Greenspans eigenen Ausführungen an anderer Stelle steht, wonach die Fed im Jahr 1994 eine drohende Spekulationsblase erfolgreich durch Anheben des Zinssatzes um 1/4 Prozent abwenden konnte.[256]

In der Aufarbeitung der im März 2000 geplatzten Dotcom-Blase und den Ereignissen des 11. Septembers erweckte die Federal Reserve nun geradezu den Eindruck, ideale Bedingungen für die Geburt einer neuen Blase schaffen zu wollen: Sie senkte die Zinsen, kaufte Immobilienanleihen an und empfahl US-Bürgern die Aufnahme von Immobilienkrediten. Als daraufhin die Immobilienpreise explodierten, spielte die Fed die immer lauter werdenden Bedenken über das Entstehen einer Immobilienblase herunter. Einige Berühmtheit erlangte in diesem Zusammenhang Alan Greenspans Formulierung vom Mai 2005, wonach es sich nicht um eine Blase, sondern höchstens um etwas Schaum handeln würde:

> Da ist ein wenig Schaum in diesem Markt [aber] wir halten das nicht für eine landesweite Blase.[257]

Zwei Jahre später räumte Alan Greenspan ein, dass er die Blase als »Schaum« bezeichnet hatte, um sie herunterzuspielen.[258] Zu der gleichen Zeit, als Greenspan diese beschönigende Einschätzung verschiedentlich in ähnlicher Form wiederholte[259], beschäftigte sich die Fed in ihren internen Besprechungen nun eingehender mit Risiken und Nutzen der kaum mehr zu leugnenden Immobilienblase.

Dabei stellte sie fest, dass die Immobilienpreise während der vergangenen Jahre sprunghaft gestiegen waren und somit das Platzen der Blase immer wahrscheinlicher wurde – dieses Risiko jedoch bereits erfolgreich auf Investoren abgewälzt werden konnte:

> (...) ein guter Teil des Risikos wurde mittels Verbriefung auf andere Investoren übertragen.[260]

Aus Sicht der Fed gab es also keinen Anlass zur Sorge: der Nutzen des Immobilienbooms diente den USA, dessen Risiko trugen »andere Investoren«.

ZUSAMMENFASSUNG
Wer Blasen exportiert, erzielt große Gewinne; an diesem Geschäftsmodell haben die USA in der Vergangenheit stets kräftig verdient. Den US-amerikanischen Gewinnen standen dabei entsprechende Verluste von Investoren aus aller Welt gegenüber.

Sonderrolle USA

Es drängen sich zwei weitere Fragen auf: Weshalb konnte die Immobilienblase derartig gewaltige und weltumspannende Ausmaße annehmen? Und warum hatte die Krise ihren Ursprung in den USA und nicht in Australien, Österreich oder einem anderen Land?

Die Größe der Blase wird zumeist unter Hinweis auf die grenzenlose Gier der Investoren und der weltweiten Vernetzung intransparenter Finanzmärkte erklärt. Sicherlich, diese Faktoren haben zur Größe der Krise beigetragen, aber warum wirkten diese Kräfte ausgerechnet in den USA am stärksten?

Für den Ursprung in den USA, die weltweite Verbreitung und das Ausmaß der Krise gibt es eine gemeinsame und grundlegende Ursache: die Sonderrolle des US-Dollars als Weltleitwährung. Diese Sonderrolle führt zu zwei erstaunlichen und weitreichenden Konsequenzen:

1. Die USA leben über ihre Verhältnisse. Denn für den Welthandel stehen nur dann ausreichend US-Dollar zur Verfügung, wenn die USA mehr Geld ausgeben, als sie einnehmen.
2. Die Welt investiert große Summen in den USA. Denn um in US-Dollar flüssig zu bleiben, werden Dollarreserven vorzugsweise in US-Titeln (Anleihen, Aktien o.ä.) geparkt.

Die erste dieser beiden Besonderheiten ist seit 1959 als »Triffin-Dilemma« bekannt, welches sich durch folgenden unauflöslichen Widerspruch ergibt:

- Die als Weltleitwährung genutzte Nationalwährung muss sicher und stabil sein. *Daher muss das Reservewährungsland über eine entsprechend solide Wirtschaft verfügen.*
- Die als Weltleitwährung verwendete Nationalwährung muss außerhalb der Grenzen des Reservewährungslandes in ausreichenden Mengen vorhanden sein. *Daher muss das Reservewährungsland mehr Geld ausgeben, als es einnimmt.*

Wie aber könnte die Wirtschaft eines Landes langfristig stabil sein und gleichzeitig Defizite aufweisen? Die Problematik wird zudem dadurch verschärft, dass das Reservewährungsland sein Handelsbilanzdefizit immer weiter vergrößern muss, um der wachsenden Weltwirtschaft eine ebenso wachsende Geldmenge zur Verfügung stellen zu können. In dem Maße, in dem das Reservewährungsland nun immer größere Defizite auftürmt, wird das Vertrauen in die Stabilität der Reservewährung zunehmend schwinden, bis es schließlich zu einer Vertrauenskrise kommen muss. Triffin stellte daher fest:

> Die Verwendung nationaler Währungen als *internationale* Reserven stellt in der Tat einen ›eingebauten Destabilisator‹ im Weltwährungssystem dar.[261]

Sein an Halloween 1959 verfasstes Vorwort schließt mit den wenig optimistischen Worten:

> Ob es eine Chance gibt, diese Probleme rechtzeitig genug zu bewältigen, bevor eine größere Krise des internationalen Wäh-

> rungssystems erfolgt, ist eine ganz andere Frage, die nur die Geschichte allein beantworten kann und beantworten wird.[262]

In einer viel beachteten Rede vom März 2009 forderte Zhou Xiaochuan, Chef der Chinesischen Zentralbank, nichts weniger als die Reform des internationalen Währungssystems. Dabei brachte er seine Überzeugung zum Ausdruck, dass Ausbruch und weltweite Verbreitung der Finanzkrise ihre zentrale Ursachen im Triffin-Dilemma haben:

> Der Ausbruch der Krise und deren weltweite Ausbreitung spiegeln die inhärenten Schwachpunkte und systemischen Risiken des gegenwärtigen internationalen Währungssystems wider. (…) Das Triffin-Dilemma existiert noch, das heißt die eine Reservewährung ausgebenden Nationen können den Wert der Reservewährung nicht erhalten, wenn sie gleichzeitig der Welt Liquidität zur Verfügung stellen. (…) Obwohl die Autoritäten, von denen die Reservewährung ausgegeben wird, die Krise nicht notwendigerweise beabsichtigt hatten, so ist sie dennoch eine unvermeidliche Folge der institutionellen Mängel.[263]

Die zweite oben genannte Eigenart der USA besteht darin, dass sie aufgrund der Sonderrolle des US-Dollars in einem bedeutend höheren Maß ausländische Investitionen anziehen als jedes andere Land der Welt; im gegenwärtigen Weltfinanzsystem ist geradezu mechanisch festgeschrieben, dass die Welt ihr Geld in den USA anlegt. Denn da die wichtigsten Rohstoffe und Märkte der Welt den US-Dollar als Transaktionswährung verwenden, müssen die Marktteilnehmer und Zentralbanken gigantische Währungsreserven in US-Dollar halten, um sich gegen Markt- und Währungsschwankungen zu wappnen. Da das Einlagern von Bargeld jedoch keine Zinsen abwirft, werden diese Währungsreserven natürlich nicht in Form von Dollarscheinen gehalten, sondern in Form von zinstragenden US-Staatsanleihen[264], die in entsprechend großen Mengen angekauft werden.

Wenn also beispielsweise China durch den Verkauf von T-Shirts an die USA Dollarüberschüsse erwirtschaftet, dann würden diese überschüssigen Dollar zunächst - ohne Zinsen zu tragen - herumliegen und inflationsbedingt ständig an Wert verlieren. Damit das nicht passiert, verleiht China seine überschüssigen Dollar zurück an die USA, die damit dann wieder T-Shirts in China kaufen können. Die erneut verdienten Dollar leiht China dann abermals den USA, die dann noch mehr T-Shirts kaufen können. Und so weiter und so fort. Die USA kaufen T-Shirts, China kauft US-Staatsanleihen.

Weil dies alle Welt so macht, entwickelten sich die Vereinigten Staaten im Laufe der Zeit - sozusagen zwangsläufig - vom reichsten zum verschuldetsten Land der Welt. Der Wirtschaftsnobelpreisträger Joseph E. Stiglitz führt hierzu aus:

> Nach dieser Sichtweise ist das anhaltende Handelsbilanzdefizit der USA auf die Tatsache zurückzuführen, dass der US-Dollar eine Reservewährung ist: Andere Staaten horten unentwegt US-Schatzwechsel.[265]

Diese steigende Nachfrage aus aller Welt nach US-amerikanischen Finanzprodukten führte dazu, dass sich die USA zu einer Nation entwickelten, die in immer größerem Umfang Finanzprodukte anstelle von Waren exportiert. Entsprechend nahm der Anteil des produzierenden Sektors an der US-amerikanischen Wirtschaftsleistung ab, während der Anteil des Finanzsektors dramatisch zulegte (Abb. 23) und die US-Finanzindustrie zu entsprechender Größe und Macht führte.

FINANCIAL-INDUSTRY PROFITS AS A SHARE OF U.S. BUSINESS PROFITS

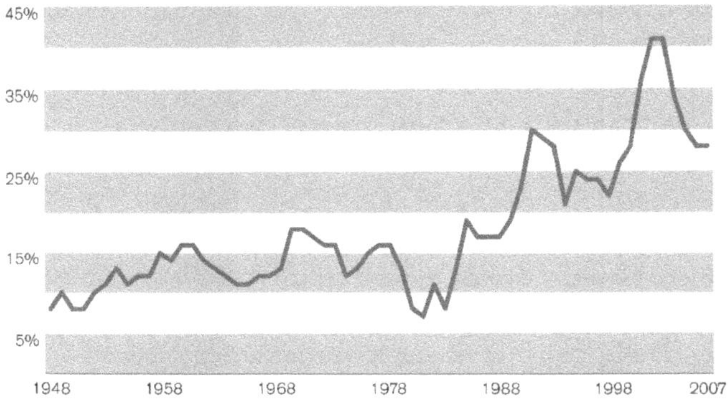

Abb. 23: Anteil des Finanzsektors an US-amerikanischen Wirtschaftsgewinnen[267]

Der politische Einfluss der Finanzindustrie ist im Verlauf der letzten Jahrzehnte dabei so groß geworden, dass Simon Johnson, ehemaliger Chefökonom des IWF, in seinem aufsehenerregenden Artikel »Der leise Staatsstreich« von einer faktischen Übernahme der US-Regierung durch die Finanzindustrie spricht und die politischen Verhältnisse der USA mit denen einer Bananenrepublik vergleicht.[266]

ZUSAMMENFASSUNG

Um die Welt mit US-Dollar zu versorgen, müssen die Vereinigten Staaten mehr Geld ausgeben, als sie einnehmen: so fließen US-Dollar in die Welt und Waren in die USA. Die Welt sucht für ihre so entstehenden Dollarreserven gute Anlagemöglichkeiten und kauft mit einem großen Teil davon US-amerikanische Titel (Aktien, Anleihen o.ä.) an: Die US-Dollar fließen zurück in die USA.

Diese ständige Nachfrage nach US-Finanzprodukten fördert den Export von US-Finanzblasen in alle Welt, wodurch die Welt die Interessen der USA finanziert.

US-Immobilienanleihen als globale Währungsreserve

Nachdem die Fed in Reaktion auf den 11. September ihre Leitzinsen senkte, warfen auch US-Staatsanleihen entsprechend geringere Zinsen ab. Gleichzeitig führten die niedrigen Leitzinsen dazu, dass die Finanzierung von Immobilien entsprechend leichter fiel, wodurch ein Boom der US-Immobilienbranche ausgelöst wurde. Dieser Boom ließ wiederum die Zinserträge der Immobilienanleihen steigen. Da die US-Immobilienanleihen aber als ebenso sicher galten wie US-Staatsanleihen, kauften Investoren aus aller Welt immer mehr Immobilienanleihen und immer weniger US-Staatsanleihen.

Intern diskutierte die Federal Reserve diesen Effekt bereits am 12. November 2001 und stellte anhand einer Grafik (Abb. 24) dar, dass sich die USA in zunehmendem Maße nicht mehr durch den Verkauf von Schatzwechseln, sondern den Verkauf von Immobilienanleihen (MBS) finanzierten:

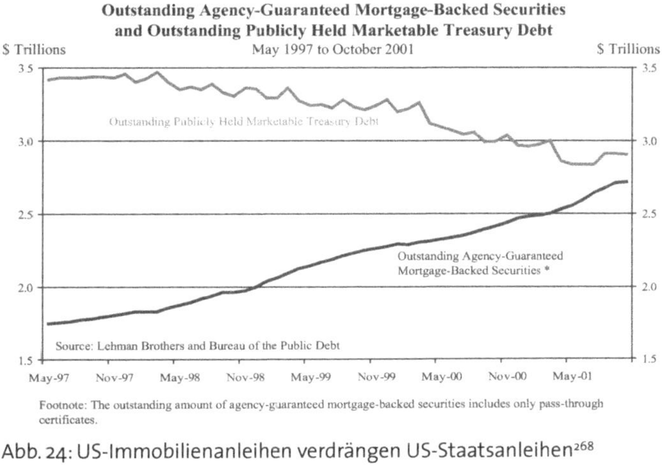

Abb. 24: US-Immobilienanleihen verdrängen US-Staatsanleihen[268]

> Vor fünf Jahren war der Markt für Staatsanleihen noch doppelt so groß wie der MBS-Markt. Nun konvergieren die beiden. Und wenn man eine breitere Definition des MBS-Markts zugrunde legt, ist dieser sogar größer.[268]

Die niedrigen Leitzinsen der USA führten also dazu, dass der internationale Dollarzustrom umgelenkt wurde – weg von US-Staatsanleihen, hin zu den sehr viel lukrativeren US-Immobilienanleihen. Die Welt lieh ihr Geld also in zunehmendem Maße nicht mehr dem US-amerikanischen Staat, sondern den Hauskäufern; Investoren und sogar Zentralbanken kauften große Mengen US-amerikanischer Immobilienschulden[269]. Geld aus aller Welt floss nun in die Immobilienindustrie der Vereinigten Staaten, wodurch die Immobilienblase weiter aufgebläht wurde.

Diese auf den ersten Blick erstaunliche Entwicklung wird verständlich, wenn man in Betracht zieht, dass die Zinsdifferenz zwischen Immobilien- und Staatsanleihen zeitweise mehrere Prozent betrug, während beide von den Ratingagenturen die bestmögliche Risikobewertung »AAA« erhielten. Zudem trugen die Immobilienanleihen die Garantien staatlich finanzierter Unternehmen (Government Sponsored Enterprises – GSEs) oder genossen, im Fall von GNMA, sogar »volles Vertrauen und Kredit der US-Regierung«[270]. Da die Immobilienanleihen also quasi-staatlich waren, entdeckten viele Marktteilnehmer keinen großen Unterschied mehr zu Staatsanleihen – außer natürlich den sehr viel höheren Zinserträgen. Auch die Federal Reserve stellte keinen großen Unterschied fest und führte aus: »Im Grunde sind sie gleichwertig mit Schatzwechseln.«[271]

Die Annahme, die Käufer von US-Immobilienanleihen seien vornehmlich durch ihre Gier getrieben gewesen, ist also etwas zu einfach; denn aus damaliger Sicht war es durchaus vernünftig, US-Immobilienanleihen anstelle von US-Staatsanleihen zu kaufen. Und deshalb haben es auch alle getan.

In dieser Situation war es selbst für diejenigen Marktteilnehmer, die das Risiko einer Immobilienblase realistischer einschätzten, schwer, keine Immobilienanleihen zu kaufen – sie wären Gefahr gelaufen, gegen jene Konkurrenten im Markt zu unterliegen (oder den Arbeitskollegen in der eigenen Bank), die mit Immobilienanleihen kurzfristig größere Erträge erwirtschaften konnten. Vorsichtig zu sein war also auch riskant. Oder, um es mit den Worten von Deutsche-Bank-Chef Josef Ackermann zu sagen: »Es ist schwierig, mit dem Tanzen aufzuhören, solange die Musik noch spielt.«[272]

ZUSAMMENFASSUNG
Die Welt investierte zunehmend in US-Immobilienanleihen, da diese im Vergleich zu US-Staatsanleihen höhere Zinserträge bei angeblich gleicher Sicherheit versprachen.

Die Mechanik der Krise

Wir haben nun alle wesentlichen Faktoren besprochen, um uns einen Überblick über die Mechanik der Immobilienkrise verschaffen zu können. Deren wichtigste Elemente sind:

- der US-Dollar als Weltleitwährung;
- die extrem niedrigen Zinsen;
- die ungedeckte »Geldschöpfung 2.0«.

Die Verwendung des US-Dollars als Weltleitwährung ist die Ursache für die Pendelbewegung des Geldes zwischen den Vereinigten Staaten von Amerika und der Welt. Es fließt aus den USA ab, weil die Weltwirtschaft es als internationales Zahlungsmittel benötigt (Triffin). Um ihre US-Dollareinnahmen zinsbringend anlegen zu können, leiht die Welt das Geld den USA wieder zurück – sie kauft US-Staatsanleihen. Die USA geben das Geld wieder aus. Die Welt leiht es wieder zurück.

Aufgrund der extrem niedrigen Zinsen verloren die US-Staatsanleihen an Attraktivität. Die USA boten der Welt eine bessere Anlagemöglichkeit an: US-Immobilienanleihen, die laut US-Ratingagenturen genauso sicher waren wie die Staatsanleihen, aber sehr viel höher verzinst wurden. Nun pendelte das Geld nicht mehr zwischen der Welt und der US-Regierung, sondern der Welt und den US-Konsumenten hin und her. Der enorme Zufluss an Geld führte zu einem Immobilienboom, wodurch die US-Immobilienanleihen noch interessanter wurden. Das Pendel bewegte sich nun schneller, da die Immobilienkredite direkt bei den US-Konsumenten landeten, die damit wiederum Waren aus aller Welt konsumierten.

Ohne »Geldschöpfung 2.0«, also der Vergabe ungedeckter Immobilienkredite, hätte das Pendel sehr bald zum Stehen kommen müssen: Es hätten keine Kreditnehmer mehr zur Verfügung gestanden. Und ohne Kreditnehmer keine Kreditverträge. Und ohne Kreditverträge keine Immobilienanleihen.

Dieser Mechanismus führte zu einer Kreditexpansion. Nachdem die Blase nun geplatzt ist, stellt sich heraus, dass ein großer Teil der Kreditnehmer eigentlich nie kreditwürdig gewesen war.

ZUSAMMENFASSUNG

Das Zusammenwirken von US-Dollar als Weltleitwährung, extrem niedrigen Zinsen und Vergabe ungedeckter Kredite führte zu Kreditexpansion, Immobilienblase und schließlich zur Finanzkrise.

Wo ist die Krise?

Wenn Schulden nicht zurückgezahlt werden können, ist dies sowohl für den Gläubiger als auch für den Schuldner schmerzhaft. Mit einem wesentlichen Unterschied: Der Gläubiger hat sein Geld verloren, der Schuldner hat es genutzt; in der Immobilienblase war die Welt Gläubiger und die USA deren Schuldner.

Daher ist die Krise zunächst in aller Welt, denn sie hat den USA Geld geliehen, welches diese nun schuldig bleiben. Die Krise ist in den USA, denn die Staaten haben sich Geld geliehen, das sie nicht mehr zurückzahlen können. Sie ist bei all den US-amerikanischen Hausbesitzern, deren Häuser zwangsversteigert werden und die nun in Zelten hausen müssen. Sie ist in den USA, weil das Platzen dieser größten aller Blasen die Sonderstellung des US-Dollars als Weltleitwährung und mit ihr die US-Hegemonie selbst ins Wanken bringt. Am härtesten trifft die Krise jedoch diejenigen, die am wenigsten zur Immobilienblase beigetragen haben: die Menschen in den ärmsten Ländern der Welt, deren täglicher Überlebenskampf durch die weltweite Rezession nun deutlich schwerer zu gewinnen ist.

Während die Krise möglicherweise den Beginn einer postamerikanischen Ära einläutet, werden deren Kosten vornehmlich nicht von den USA, sondern vielmehr der ganzen Welt gezahlt. Denn Banken und Investoren aus aller Welt hatten, in der Hoffnung auf hohe Gewinne, über Jahre hinaus gutes Geld in die US-amerikanische Immobilienblase gepumpt und müssen nun um ihr Überleben kämpfen – oder sind bereits kollabiert.

Die häufig zu lesende Darstellung, die Krise sei vornehmlich in den USA und würde nun auch nach Europa und in die

Welt schwappen, ist also nicht zutreffend. Die Immobilienschulden – und damit die Krise – wurden längst in alle Welt verteilt, das in die Immobilienblase investierte Geld regnete jedoch in den USA nieder und förderte dort die Wirtschaft. Die USA haben sich Geld geliehen, und die Welt trägt die Verluste.

Die Größenordnung dieses mit Mitteln aus aller Welt gespeisten Geldregens übertrifft dabei die menschliche Vorstellungskraft und stellt womöglich die größte Wirtschaftshilfe der Menschheitsgeschichte dar – der größte Geldregen aller Zeiten, zugunsten der USA, dem mit großem Abstand ohnehin schon am höchsten verschuldeten Land der Welt.

Um ein paar Zahlen zu nennen: Die Größe der Immobilienblase wird auf etwa 12 000 Milliarden US-Dollar geschätzt, deren Kreditausfälle auf etwa 2800 Milliarden US-Dollar. Zum Vergleich: das Weltbruttosozialprodukt entspricht etwa 78 360 Milliarden US-Dollar, das der EU etwa 18 850 Milliarden US-Dollar.[273]

Auch wenn die USA also einen großen Teil der Kreditausfälle auf Investoren in aller Welt abwälzen konnte, so werden die Vereinigten Staaten von den Folgen der Krise doch selber schwer getroffen werden. Denn mit dem Platzen der Immobilienblase ist nun eine wichtige Quelle zur weiteren Finanzierung ihres Handelsbilanzdefizits zum Versiegen gekommen. Ohne diese Zuflüsse ausländischer Mittel wird es den USA jedoch in Zukunft kaum noch möglich sein, ihre Defizite und die Kosten ihrer wirtschaftlichen wie militärischen Expansion in gewohnter Weise von der restlichen Welt finanzieren zu lassen. Da die USA aber der Motor der Weltkonjunktur waren, bedroht der Niedergang des US-amerikanischen Systems der Finanzierung auf Pump letztlich die Wirtschaftsordnung der gesamten Welt. Es liegt auf der

Hand, dass diese Wirtschaftsordnung nun grundsätzlich neu überdacht und gestaltet werden muss.

	USA	Welt
Geld	geliehen	verliehen
Krise	können Geld nicht zurückzahlen	erhält Geld nicht zurück

Abb. 25: Wo ist die Krise?

ZUSAMMENFASSUNG
Die USA sind in der Krise, denn sie haben sich Geld geliehen, das sie nicht mehr zurückzahlen können. Die Welt ist in der Krise, denn sie hat Geld verliehen, das sie nicht mehr zurückerhält.

Die Fed-Protokolle und die Rolle der Fed

Zweifellos hat die Fed durch ihre Politik der niedrigen Zinsen die Grundlage für die Finanzkrise geschaffen. Ist das eine Erkenntnis, zu der man erst im Nachhinein gelangen kann? Oder hätte die Fed wissen können, dass sie mit dem Feuer spielt?

Die Fed hätte es nicht nur wissen *können*, sie *hat* es gewusst. Sie wusste dabei nicht nur, dass die niedrigen Zinsen ein Spiel mit dem Feuer bedeuteten – ihr waren auch alle Zusammenhänge der Wirkmechanismen bekannt, die schließlich zur größten Finanzkrise seit 1929 führten Dies lässt sich heute anhand der nun veröffentlichten Gesprächsprotokolle[274] belegen:

- die Fed wusste, dass das Zinsniveau gefährlich niedrig war. Nachzulesen im »Anhang 1: FOMC: Gefährlich niedriges Zinsniveau«;
- die Fed wusste, dass aufgrund der niedrigen Zinsen eine Immobilienblase drohte. Nachzulesen im »Anhang 2: FOMC: Niedrige Zinsen erhöhen die Gefahr einer Immobilienblase«;
- die Fed wusste, dass der Immobilienboom auch auf der Sonderrolle des US-Dollars als Weltleitwährung beruhte – da der Boom aus den Mitteln der Weltwirtschaft genährt wurde, deren Akteure in zunehmendem Maße US-Immobilienanleihen anstelle von US-Staatsanleihen kauften. Nachzulesen im Protokoll des FOMC Meeting vom 11.12.2001.[275]

Dass die Fed wusste, dass das gefährliche Spiel mit den niedrigen Zinsen nicht lange gut gehen könnte, lässt sich bereits aus dem Gesprächsprotokoll der ersten Sitzung nach dem 11. September ablesen: Die gerade erfolgte Zinssenkung wurde als »aggressiv« bezeichnet und auf die Notwendigkeit hingewiesen, die Zinsen später in ebenso aggressiver Weise wieder anheben zu müssen:

> MR. BROADDUS: (…) Wir haben die Zinsen aggressiv gesenkt. Ich habe das befürwortet und fühle mich wohl, dass wir das getan haben. Um unsere Glaubwürdigkeit zu steigern, würde ich mich auch wohlfühlen, wenn wir heute Morgen abermals die Zinsen senken. Aber sobald der Aufschwung wiederkommt – und früher oder später wird das passieren – glaube ich, dass wir unseren Kurs umkehren müssen und uns in der entgegengesetzten Richtung ebenso aggressiv bewegen müssen, wie wir jetzt die Zinsen gesenkt haben.[276]

Wenige Monate später – im Protokoll vom März 2002 – findet sich die Feststellung, dass es extrem gefährlich wäre, die Zinsen für ein weiteres Jahr auf diesem niedrigen Niveau zu belassen.[277] Dennoch wurden die Zinsen erst vier Jahre später – im August 2005 – endlich wieder auf das Niveau vom August 2001 angehoben (3,5 Prozent). Vier Jahre lang blieben die Zinsen also auf einem viel zu niedrigen Niveau – das die Fed ab März 2002 in ihren Besprechungen als »nicht nachhaltig« bezeichnet hatte.[278/279] In diesen vier Jahren verzeichneten die Immobilienpreise ihre größten Zuwächse, und die USA führten Kriege in Afghanistan und Irak (Abb. 26).

Wenn die Fed jedoch um die Gefahr wusste, die von den niedrigen Zinsen ausging, weshalb hat sie die Zinsen dennoch über Jahre hinweg niedrig gehalten? Die Motive für diese fahrlässige Zinspolitik sind in den Protokollen der Fed nachzulesen:

- die Fed hat die Zinsen niedrig gehalten, um der Wirtschaft trotz Kriegen und Terrorwarnungen ein positives Wachstum zu ermöglichen. Nachzulesen im »Anhang 3: FOMC: Kriege und Terrorwarnungen lähmen die Wirtschaft«;
- dieses Wirtschaftswachstum benötigte den Immobilienboom als seine Grundlage. Nachzulesen im »Anhang 4: FOMC: Immobilienboom als Motor der Wirtschaft«;
- die Fed unterschätzte die Größe der Immobilienblase und nahm an, dass das Risiko bereits auf andere (ausländische) Investoren abgewälzt werden konnte. Nachzulesen in den FOMC Minutes vom 29. und 30.6.2005.[280]

Da Terror und Kriege negativ auf die Investitions- und Konsumlaune der USA wirkten, erschien es nur logisch, die Zinsen drastisch zu senken, und so zieht sich der Zusammenhang von Krieg und Zinsen wie ein roter Faden durch Gesprächsprotokolle, Presseerklärungen und Dokumente der Fed. Als die Fed diese terror- und kriegsbedingte Niedrigzinspolitik begann, ahnte sie jedoch noch nicht, dass es noch Jahre dauern würde, bis die Kriege beendet wären und die Zinsen wieder angehoben werden könnten; die lange Zeitspanne der niedrigen Zinsen hat ihre Ursache in der groben Fehleinschätzung des Irakkriegs. Falls die Fed ihre Fehleinschätzung erkannt hatte, so war es für eine Korrektur ihrer Zinspolitik bereits zu spät: Es wäre zu riskant gewesen, die Zinsen anzuheben und damit das Platzen der Immobilienblase zu provozieren, während gleichzeitig die Truppen im Irak noch auf der Suche nach Saddam waren.

Über die Kosten des Irakkriegs liegt eine ausführliche Untersuchung von Joseph E. Stiglitz und Linda Bilmes vor, in der die Unterschätzung von Dauer und Kosten folgendermaßen geschildert wird:

> Die Regierung Bush irrte sich nicht nur hinsichtlich der positiven Effekte des Krieges, sondern auch in Bezug auf die Kriegskosten. Der Präsident und seine Berater rechneten mit einem schnellen, ›preiswerten‹ Konflikt. Stattdessen haben wir einen Krieg, der mehr kostet, als es sich irgendjemand in seinen schlimmsten Träumen ausgemalt hätte. Die Kosten der direkten US-Militäroperationen (...) übersteigen schon jetzt die des zwölfjährigen Krieges in Vietnam und sind mehr als doppelt so hoch wie die Kosten des Koreakrieges. Und selbst im ›günstigsten‹ Szenario gehen wir davon aus, dass der Irakkrieg fast zehnmal so viel kosten wird wie der Erste Golfkrieg, fast ein Drittel mehr als der Vietnamkrieg und fast doppelt so viel wie der Erste Weltkrieg. Der einzige Krieg in der US-amerikanischen Geschichte, der mehr kostete, war der Zweite Weltkrieg.[281]

Vor Kriegsbeginn veranschlagte das »Congressional Budget Office« die Dauer eines Konflikts im Irak auf zweieinhalb Monate und dessen Kosten auf rund 50 Milliarden Dollar.[282] Heute, über sechs Jahre nach Beginn des Irakkriegs, haben die angefallenen Kosten diese Schätzung bereits um mehr als das Zwölffache überstiegen (etwa 634 Milliarden Dollar) - nicht eingerechnet die Kosten des Afghanistankriegs mit weiteren 211 Milliarden Dollar. In ihrer Untersuchung rechnen Stiglitz und Bilmes damit, dass sich die Gesamtkosten allein des Irakkriegs schließlich auf etwa 2700 Milliarden Dollar belaufen werden.[283]

Natürlich will die Fed in ihren offiziellen Darstellungen diese Fehleinschätzung nicht betonen und so wird stets vermieden, einen Zusammenhang zwischen den Ereignissen des 11. September, den nachfolgenden Kriegen und der langen Zeitdauer der zu niedrigen Zinsen herzustellen. Vielmehr wird der 11. September als ein Schock beschrieben, auf den mit Zinssenkungen reagiert werden musste, die anhaltende Niedrigzinspolitik jedoch mit der notwendigen Bekämpfung einer drohenden Deflation begründet[284] - ohne dabei Krieg und Terror als Ursache der Deflation zu nennen.

Dabei stehen die gestiegene Deflationsgefahr und die Ereignisse des 11. September jedoch in einem untrennbaren Zusammenhang, denn die gestiegene Deflationsgefahr wurde durch den 11. September und seine Folgen verursacht. Auf diesen Zusammenhang wies Alan Greenspan bereits am 17. September 2001 in einer Telefonkonferenz hin und empfahl daher als Gegenmaßnahme, die Zinsen drastisch zu senken:

CHAIRMAN GREENSPAN: Ohne Zweifel haben die Ereignisse der vergangenen Woche zu einem erhöhten Maß an Angst und Verunsicherung geführt. Hierdurch werden die Vermögenswerte einem deutlichen Abwärtsdruck ausgesetzt, was die Wahrscheinlichkeit einer Deflation der Preise von Vermögenswerten erhöht – mit den hieraus resultierenden, offensichtlichen Auswirkungen auf die Wirtschaft. Daher schlage ich eine Senkung der Leitzinsen um 50 Basispunkte [0,5 Prozent] vor.[285]

ZUSAMMENFASSUNG
Aus ihren Gesprächsprotokollen geht hervor, dass die Fed die von den niedrigen Zinsen ausgehende Gefahr einer Immobilienblase gesehen hat und die Zinsen schon im März 2002 als nicht nachhaltig und gefährlich niedrig einschätzte. Sie hielt die Zinsen aber dennoch jahrelang auf diesem zu niedrigen Niveau, um trotz Terrorwarnungen und Kriegen ein positives Wirtschaftswachstum zu ermöglichen. Die lange Dauer der niedrigen Zinsen ist in der unerwartet langen Dauer des Irakkriegs begründet.

Die Finanzkrise: Chronologie von 2000 bis 2008

Angesichts der ineinandergreifenden Vorgänge ist es hilfreich, sich anhand der folgenden Grafik einen Überblick zu verschaffen. In dieser Grafik sind die wesentlichen Faktoren und deren zeitliche Entwicklung von Februar 2000 bis Dezember 2008 dargestellt:

- Leitzinsen (Balken)
- Hauspreisindex (gestrichelte Kurve)
- Inflation (durchgezogene Kurve)

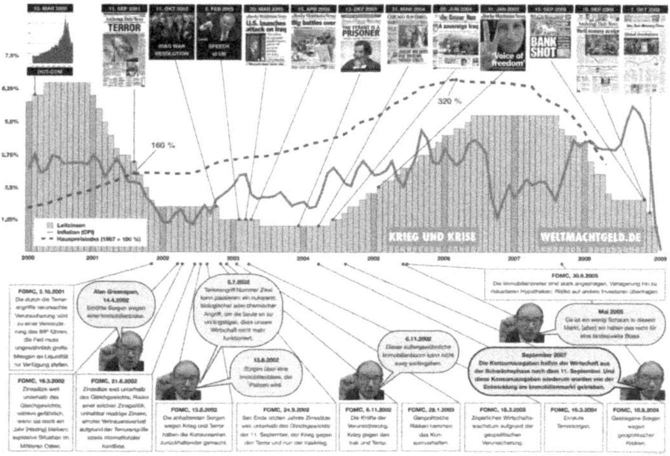

Abb. 26: Aufgrund der Terrorangriffe des 11. September und dem Irakkrieg senkte die Fed die Leitzinsen bis unterhalb der Inflationsrate; dies förderte die US-Wirtschaft, nährte die Immobilienblase und führte in die Krise. (Diese Grafik liegt dem Buch als farbiges Faltblatt bei und steht auf weltmachtgeld.de zur Verfügung. Inhalte von federalreserve.gov, newseum.org, inflationdata.com und Robert J. Shiller, *The Subprime Solution*, 2008.)

März 2000 Die Grafik beginnt mit dem Platzen der Dotcom-Blase.

Januar 2001 – August 2001 Nach einigen Monaten reagiert die Fed auf die geplatzte Blase und senkt den Zinssatz von 6,5 auf 3,5 Prozent im August 2001. Ab August 2001 ist der Zinssatz bereits gefährlich niedrig: Er liegt nur knapp über der Inflationsrate. Ebenso sind die Häuserpreise bereits stark angestiegen, was im Allgemeinen auf den zuvor erfolgten Dotcom-Boom zurückgeführt wird: Mit den Gewinnen aus Aktienverkäufen wurden Häuser gekauft. Aus diesen Gründen erscheint zu diesem Zeitpunkt ein weiteres Senken der ohnehin schon niedrigen Zinsen sehr unwahrscheinlich.

11. September 2001 – Dezember 2001 Nach den Ereignissen des 11. September erklärt die Fed, dass Zinssenkungen notwendig geworden sind, um die negativen Auswirkungen der Terroranschläge zu bekämpfen. Sie beginnt mit drastischen Zinssenkungen in großen Schritten von jeweils 0,5 Prozent, bis sie im Dezember 2001 nur noch 1,75 Prozent betragen. Inflationsrate und Zinsen sind nun praktisch identisch; Sparen ist nicht mehr interessant. Die Preise von Häusern steigen weiter. Die USA führen Krieg in Afghanistan.

Januar 2002 Bush spricht in seiner Rede zur Lage der Nation von der »Achse des Bösen«, ein Krieg gegen den Irak kündigt sich an.

März 2002 In ihren internen Besprechungen bezeichnet die Fed die Zinsen als weit unterhalb des Gleichgewichts; es sei »extrem gefährlich, sie ein weiteres Jahr« so niedrig zu belassen. Unter Hinweis auf die »explosive Situation im Mittleren Osten« beschließt sie dennoch, den Zinssatz nicht zu verändern.

April 2002 – September 2002 Angesichts der weiter gestiegenen Hauspreise macht sich Greenspan Sorgen über eine Immobilienblase, aber auch über die Möglichkeit eines »atomaren, biologischen oder chemischen Terrorangriffs«. Wegen der Terrorgefahr und dem bevorstehenden Krieg im Irak belässt die Fed die Zinsen auf niedrigem Niveau.

Oktober 2002 – November 2002 Bush erhält vom US-Kongress die Ermächtigung zum Krieg gegen den Irak, daraufhin senkt die Fed die Zinsen drastisch um 0,5 Prozent auf nur noch 1,25 Prozent. Die Zinsen liegen nun deutlich unter der Inflationsrate. Intern spricht die Fed davon, dass das Zinsniveau »schon seit Ende letzten Jahres weit unterhalb des Gleichgewichts« liegt. Gleichzeitig wundert sich

Greenspan über den »außergewöhnlichen Häuserboom, der nicht ewig so weitergehen kann«.

November 2002 – Februar 2003 UN-Inspekteure suchen vergeblich nach Massenvernichtungswaffen im Irak, trotzdem scheint der Krieg unausweichlich. Colin Powell wirbt in seiner Rede vor dem UN-Sicherheitsrat für einen Krieg gegen den Irak. Terror- und kriegsbedingt hält die Fed die Zinsen weiterhin niedrig, während Inflationsrate und Häuserpreise steigen.

März 2003 – April 2003 Die USA greifen den Irak am 20. März an und erklären bereits am 15. April die wesentlichen Kriegshandlungen für beendet. Die Regierung wurde gestürzt, aber Saddam ist noch nicht gefasst.

Juni 2003 Die Fed senkt die Zinsen um 0,25 auf nur noch ein Prozent; die Inflationsrate liegt bei über zwei Prozent; die Häuserpreise steigen weiter an.

Dezember 2003 Saddam wird gefasst. Die Zinsen bleiben unverändert bei einem Prozent.

März 2004 Die Situation im Irak scheint zu eskalieren; vier US-amerikanische Söldner werden brennend durch die Straßen von Fallujah gezogen. Die Fed redet von »erneuten Sorgen vor Terror« und belässt die Zinsen bei einem Prozent. Häuserpreise und Inflation steigen weiter.

Juni 2004 Der Irak erhält seine Souveränität zurück. Die Fed hebt die Zinsen um 0,25 auf 1,25 Prozent. Die Zinsen sind damit immer noch weit unterhalb der Inflationsrate. Die Häuserpreise steigen weiter.

Juli 2004 – Dezember 2004 In kleinen Zinsschritten von 0,25 Prozent hebt die Fed die Zinsen bis auf 2,25 Prozent an. Die Zinsen liegen damit immer noch unter der weiter angestiegenen Inflationsrate. Die Häuserpreise steigen weiter.

Januar 2005 Im Irak finden die ersten Wahlen für eine neue Regierung statt.

Februar 2005 – März 2005 In weiteren zaghaften Schritten hebt die Fed die Zinsen auf 2,75 Prozent.

Juni 2005 Die Fed stellt fest, dass die Häuserpreise stark gestiegen sind und zunehmend riskantere Immobilienkredite vergeben werden. Das Risiko einer platzenden Blase sei jedoch bereits auf andere Investoren übertragen worden. Alan Greenspan redet die Blase herunter: Es sei nur ein wenig »Schaum«, aber keine landesweite Blase. Die Fed hebt die Zinsen um 0,25 auf 3,25 Prozent an. Die Häuserpreise steigen weiter.

August 2005 – November 2005 Die Fed hebt die Zinsen weiter in kleinen Schritten bis auf vier Prozent an. Erst ab diesem Moment ist die Zinsrate für einen längeren Zeitraum oberhalb der Inflationsrate. Die Häuserpreise steigen kaum mehr.

Dezember 2005 – Januar 2006 Die Fed hebt die Zinsen weiter bis auf 4,5 Prozent an. Etwa zu diesem Zeitpunkt haben die Häuserpreise ihren Höhepunkt erreicht: Sie kosten nun doppelt so viel wie noch im September 2001.

März 2006 – Juni 2006 Die Fed hebt die Zinsen auf 5,25 Prozent. Die Häuserpreise beginnen zu fallen.

Juni 2006 – August 2007 Die Fed belässt die Zinsen unverändert bei 5,25 Prozent. Die Häuserpreise fallen immer weiter.

September 2007 In seiner Autobiografie schreibt Alan Greenspan: »Nach dem 11. September war die Wirtschaft geschwächt; es waren die Ausgaben der Konsumenten, die der Wirtschaft aus dieser Schwächephase heraushalfen. Und diese Konsumausgaben wiederum wurden von der Entwicklung am Immobilienmarkt getrieben.«

Oktober 2007 - März 2008 Die Fed senkt die Zinsen in großen Schritten bis auf 2,25 Prozent. Die Häuserpreise stürzen, die Blase platzt.

September 2008 - Oktober 2008 Die Investmentbank Lehmann ist pleite. Zentralbanken in aller Welt müssen eingreifen. Die Krise ergreift die gesamte Weltwirtschaft.

Was bringt die Zukunft?

1929 und 2008

Um mögliche weitere Entwicklungen abschätzen zu können, werden häufig die Krisen von 1929 und 2008 miteinander verglichen. Zwischen all den Unterschieden und Gemeinsamkeiten – die sich teilweise in technischen Details, Zahlenvergleichen und Anekdotischem verlieren – sticht vor allem eine bedenkliche Übereinstimmung hervor: In beiden Fällen spielt die Dominanz einer Nationalwährung im Welthandel eine wichtige Rolle. Denn 1929 hatte das britische Pfund die Stellung, die heute der US-Dollar einnimmt: Es diente als die vorrangige Transaktionswährung im Welthandel. Die Weltwirtschaftskrise erreichte ihren Höhepunkt erst, nachdem das britische Pfund zwei Jahre nach dem Börsenkrach von 1931 die Bindung an Gold aufgeben musste – und zwar aufgrund des Triffin-Dilemmas:

> (...) 1928 (...) betrugen die Goldreserven der Bank of England (...) weniger als ein Viertel der [Pfund] Sterling-Depots und -Noten, die in London auf ausländischen Konten gehalten oder entgegengenommen wurden.
>
> Die zunehmende Verwendung von Devisenguthaben als Behelf gegen die weltweite Illiquidität des neuen Gold-Devisen-Standards führte zu einer fatalen Schwächung der Reserveposition des Landes, von dem das fortlaufend Funktionieren des Systems abhing. Als 1931 die Hauptleitwährung des Systems kollabierte, hat dies zwangsläufig andere Länder mit sich in den Strudel gerissen und verursachte den temporären Zusammenbruch nicht nur des [Pfund] Sterling, sondern des gesamten internationalen Währungssystems.[286]

Durch das zusammenbrechende Pfund verlor die Weltwirtschaft ihr Medium der internationalen Liquidität, und der Handel musste in zunehmendem Maße auf ein altbewährtes Mittel zurückgreifen: Gold. Aber Gold war knapp und konnte den durch das wegfallende Pfund entstehenden Mangel an internationaler Liquidität kaum decken. US-Präsident Herbert Hoover vermerkte in seinen Memoiren, dass Gold und kurzfristige Kredite sich nun verhielten wie eine losgerissene Kanone an Deck des Weltschiffes in einer von einem Orkan heimgesuchten Zeit.[287]

ZUSAMMENFASSUNG
Nicht der Börsenkrach von 1929, sondern erst der in seiner Folge eintretende Zusammenbruch des britischen Pfunds im Jahr 1931 und der damit verbundene Verlust an internationaler Liquidität führten schließlich in die Weltwirtschaftskrise, die bis zum Beginn des Zweiten Weltkriegs andauerte.

»Prognosen sind schwierig, besonders wenn sie die Zukunft betreffen.«[288]

Wie sich die Welt nach der Krise von 2008 weiter entwickelt, wird ganz wesentlich von einer Frage bestimmt: Was wird aus dem US-Dollar? Wird er sich als Weltleitwährung halten? Falls er sich nicht halten kann, was kommt danach?

2008: Ende des Dollarbooms

George Soros sieht in der Krise von 2008 das Ende der weltweiten Kreditexpansion, die auf dem US-Dollar als Reservewährung basierte. In den periodischen Krisen der Vergangenheit erkennt Soros dabei nur Auswüchse eines sehr viel größeren »Boom-bust-Prozesses«[289], in dem die gegenwärtige Finanzkrise nur Höhepunkt eines »Super-Booms« war, der über 25 Jahre lang andauerte.[290]

Die Immobilienkrise war nur der Tropfen, der das Fass schließlich zum Überlaufen, die seit Jahrzehnten anschwellende Blase zum Platzen brachte. In den vorangegangenen Jahrzehnten des »Super-Booms« entwickelten sich die USA zum höchstverschuldeten Land der Welt, wobei die Expansion der USA und die ihr zugrunde liegende Kreditexpansion der gesamten Weltwirtschaft als Motor dienten.

Wenn die Analyse von Soros zutrifft – wofür etliches spricht – und der über Jahrzehnte anhaltende Dollarboom sein Ende gefunden hat, so fehlt der Weltwirtschaft nun auch ihr wichtigster Antriebsmotor der letzten Jahrzehnte. Das Modell »Wirtschaftswachstum durch US-Kreditexpansion« hätte ausgedient.

UN und BRIC-Länder fordern bereits Nachfolgewährung für den US-Dollar

Falls die Ära des US-Dollars als Weltleitwährung nun tatsächlich ihrem Ende zugeht, so müsste es oberstes Ziel sein, eine Wiederholung der Ereignisse nach 1931 – als das britische Pfund zusammenbrach – zu verhindern. Daher sollte eine Alternative zum US-Dollar aufgebaut werden, bevor er in seiner Verwendung als internationale Liquidität zusammenbricht. Mit den ersten Schritten in diese Richtung hat die UN noch 2008 – nach dem Ausbruch der gegenwärtigen Finanzkrise – begonnen und eine »Expertenkommission zur Internationalen Geld- und Finanzreform« damit beauftragt, die Ursachen der Krise zu untersuchen, deren Auswirkungen auf die Länder der Welt zu ermitteln und angemessene Vorschläge zu erarbeiten, um eine Wiederholung der Krise zu verhindern und die globale Stabilität der Wirtschaft wiederherzustellen.[291]

Der Vorsitzende dieser UN-Kommission, Wirtschaftsnobelpreisträger Joseph E. Stiglitz, merkte in einem Interview über eine zukünftige Neuordnung des Weltwährungssystems an:

Eine Reservewährung muss stabil sein, und das ist der Dollar nun mal seit geraumer Zeit nicht: Die Bilanz der US-Notenbank ist surreal, die Fed hat sich auf unerforschtes Terrain begeben, wir müssen uns ernsthaft Sorgen machen um die Inflation und ihre Folgen für den Dollar.[292]

In ihrem ersten Bericht vom 20.3.2009 empfiehlt die UN-Kommission unter Hinweis auf das Triffin-Dilemma, den US-Dollar als Weltleitwährung durch eine neu zu schaffende, übernationale Reservewährung zu ersetzten; die in diesem Bericht genannten Vorschläge zur konkreten Umsetzung erinnern stark an die Schriften von Keynes und Triffin:

Zur Lösung dieses Problems könnte *ein neues Global Reserve System* (...) zu globaler Stabilität, ökonomischer Stärke und globaler Gerechtigkeit beitragen. (...) Die Gefahren eines Reservesystems, das auf der Währung eines einzigen Landes beruht, sind seit langer Zeit bekannt, da die Aufhäufung von Schulden deren Vertrauen und Stabilität untergräbt. Aber ein Zwei- (oder Drei-) Währungssystem, auf das die Welt zuzusteuern scheint, ist möglicherweise genauso unbeständig. Das neue Global Reserve System ist machbar, nicht inflationär und ließe sich auf einfache Weise implementieren, zudem in einer Weise, welche die

> Schwierigkeiten mildern würde, die durch den asymmetrischen Ausgleich zwischen den Überschuss- und Defizitländern verursacht werden.[293]

Man könnte nun meinen, dass es sich hierbei nur um die Empfehlung einer zahnlosen akademischen Expertenrunde handelt und es für die Durchsetzung der Empfehlung an der notwendigen politischen Unterstützung mangelt.

Weit gefehlt: die sogenannten BRIC-Länder (Brasilien, Russland, Indien, China) sind nahezu zeitgleich mit derselben Forderung an die Öffentlichkeit getreten – am prominentesten mit der bereits oben erwähnten Rede von Zhou Xiaochuan, Chef der Chinesischen Zentralbank, in der dieser die Abschaffung nationaler Fiatwährungen als Medium internationaler Liquidität fordert:

> Das erstrebenswerte Ziel einer Reform des internationalen Währungssystems besteht daher in der Schaffung einer internationalen Reservewährung, die nicht an bestimmte Nationen gebunden ist und es vermag, langfristig stabil zu bleiben. Hierdurch werden die inhärenten Unzulänglichkeiten beseitigt, die durch die Verwendung von nationalen und aus Kredit geschöpften Währungen bedingt sind.[294]

UN-Expertenkommission und BRIC-Länder ziehen also bereits am gleichen Strang, wobei das politische Gewicht der BRIC-Länder nicht zu gering eingeschätzt werden sollte: Denn sie vereinen fast die Hälfte der Weltbevölkerung und sind die größten Kreditgeber der USA – allen voran China.

Der Vorschlag der UN-Kommission erinnert auch in einem weiteren Punkt dem Vorschlag von Keynes: der Errichtung einer übernationalen Instanz zur Koordinierung der

Weltwirtschaft. Diese von der Kommission geforderte neue Instanz soll alle Kontinente und Ökonomien vertreten und unabhängig von UN-Sicherheitsrat und UN-Vollversammlung handeln können. Sie soll daher auf der gleichen Ebene wie Sicherheitsrat und Vollversammlung angesiedelt sein und so eine demokratische Alternative zu den bisherigen Strukturen darstellen:

> Es muss ein Forum der globalen Vertretung geschaffen werden, das sich in umfassender Weise um das Funktionieren des globalen Wirtschaftssystems kümmert. Auf der gleichen Organisationsebene wie Generalversammlung und Sicherheitsrat angesiedelt, sollte sich so ein Weltwirtschaftsrat jährlich auf der Ebene der Staats- und Regierungsoberhäupter treffen, um Entwicklungen abzuschätzen und in wirtschaftlichen, sozialen und ökologischen Belangen Führung anbieten zu können. (...) Die Vertretung würde auf dem Prinzip der Wahlbezirke basieren und so ausgelegt sein, dass alle Kontinente und alle wichtigen Ökonomien berücksichtigt werden. (...) Es könnte daher eine demokratisch-repräsentative Alternative zu den G-20 darstellen.[295]

Wenn dies alles so kommen würde, wäre das viel mehr als nur ein später Triumph für Keynes und Triffin; es wäre der wichtigste Schritt hin zu einer Globalisierung, die sich dann nicht mehr nur nach den nationalstaatlichen Zielen privilegierter Supermächte und den kommerziellen Zielen transnationaler Konzerne ausrichten müsste, sondern auch die Ziele der Menschen dieser Welt verfolgen könnte – zuvorderst die Erhaltung unserer natürlichen Lebensgrundlagen, die Schaffung und Sicherung von Frieden sowie die Bekämpfung der Armut in aller Welt. Denn die von der UN-Kommission vorgeschlagene neue übernationale Währung würde die Finanzierung von Kriegen in der Größenordnung des Vietnam- oder Irakkriegs deutlich erschweren (wenn nicht gar ausschließen) und die Finanzierung globaler Belange deutlich erleichtern.

Eins, zwei oder drei? Egal – sagt Triffin

Zum jetzigen Zeitpunkt ist jedoch noch nicht abzusehen, ob der US-Dollar tatsächlich als internationale Liquidität ersetzt werden wird. Die UN-Kommission weist auf die sich abzeichnende Entwicklung hin, wonach hierfür in Zukunft möglicherweise zwei oder auch drei Nationalwährungen parallel verwendet werden könnten, der schwächelnde US-Dollar also durch Euro und Yen ergänzt würde.

UN-Kommission und die BRIC-Länder mahnen, dass auch in diesem Fall das Triffin-Dilemma immer noch wirken würde und sich dann zusätzlich zu den USA auch Europa und Japan bei aller Welt verschulden müssten, damit ihre Währungen als internationale Liquidität zur Verfügung stehen können. Die nächste Krise wäre bereits angelegt.

Eine dauerhafte Lösung kann daher nur in der Schaffung einer übernationalen Währung als Medium der internationalen Liquidität bestehen.

Internationale Liquidität, 2. Teil

Wir stehen also möglicherweise vor der gleichen Diskussion, wie sie Keynes und andere in den 1940ern führten. Gelegenheiten dieser Art kommen nur selten, und der Ausgang der Debatte wird die Entwicklungsmöglichkeiten unserer Welt über viele Jahrzehnte hinaus bestimmen. Deshalb sei hier aufgrund der Parallelen noch einmal ein Rückblick auf den

Ursprung der Gedanken von Keynes erlaubt, da er das Versagen des *laissez-faire* – dessen heutige Entsprechung der Neoliberalismus ist – erläutert und anführt, dass in dem Zusammenbruch des Systems nun auch die Chance zu sehen ist, ganz neue Richtungen einschlagen zu können:

> Anzunehmen, dass ein problemlos funktionierender und automatischer Ausgleichsmechanismus zur Erhaltung des Gleichgewichts darin bestünde, einfach den Methoden des *laissez-faire* zu vertrauen, ist eine doktrinäre Illusion, welche die historischen Lehren ignoriert, ohne dabei von einer stichhaltigen Theorie gestützt zu werden. *[Laissez-faire]* war eine fruchtbare Quelle all jener tollpatschigen Handelshindernisse, die von Not leidenden Gesellschaften in ihrer Ratlosigkeit ersonnen wurden, da sie zumindest besser als nichts waren, um sich gegen die unerträglichen Belastungen zu schützen, die dem Währungsdurcheinander entsprangen. Noch bis vor Kurzem haben alle vom internationalen *laissez-fair* abweichenden Ansätze die Symptome behandelt anstelle der Ursache.
>
> Das internationale Währungs-laissez-faire war vor dem Krieg rasch zusammengebrochen. Während des Krieges ist es komplett verschwunden. Dieser vollständige Bruch mit der Vergangenheit bietet uns eine Gelegenheit: heute sind Dinge möglich, die unmöglich gewesen wären, wenn sie eine vorherige Aufgabe des eingeführten Systems bedingt hätten.[296]

Keynes beschreibt weiter, dass die Zeit zwischen den beiden Weltkriegen gewissermaßen als Labor für eine ganze Reihe verschiedener Experimente diente, die jedoch alle scheiterten:

> Darüber hinaus hat die Welt in der Zeit zwischen den Kriegen in schneller Abfolge beinahe wie in einem intensiven Laborexperiment alle falschen Lösungsansätze erkundet –

(i) die Vorstellung, dass ein frei schwankender Markt aus sich heraus einen Gleichgewichtszustand finden würde;
(ii) freizügige Kredit- und Darlehensvereinbarungen zwischen Gläubiger- und Schuldnerländern, die der bloßen Tatsache einer unausgeglichenen Schuldner-Gläubiger-Position entspringen, ausgehend von der nicht zutreffenden Analogie der nur oberflächlich ähnlichen Transaktionen des 19. Jahrhunderts zwischen alteingesessenen und sich neu entwickelnden Ländern, wobei sich die Darlehen selbst auflösten, da sie selbst bereits neue Quellen von Zahlungsmitteln darstellten;
(iii) die Theorie, wonach der unbehinderte, freie Fluss von Gold automatisch zu einer Anpassung des Preisgefüges und der Aktivität in dem Empfängerland führen und sich hierdurch eine Umkehrung des [Preis-]Drucks ergeben würde;
(iv) die Anwendung von Deflation, oder gar schlimmer *kompetitiver* Deflationen, um eine Anpassung der Preise von Löhnen und Gütern zu erzwingen, wodurch der Handel in neue Kanäle gezwungen oder begünstigt würde;
(v) die Anwendung gezielter Währungsabwertung, oder gar schlimmer *kompetitiver* Währungsabwertungen, zur Erzielung des gleichen Zwecks;
(vi) die Errichtung von Zöllen, Vergünstigungen, Subventionen *et hoc genus omne,* um das Gleichgewicht des internationalen Handels durch Beschränkung und Benachteiligung wieder herzustellen.[297]

Diese Liste fehlgeschlagener Experimente könnte man nun noch um jene aus der Zeit ab 1944 ergänzen. Also:

(vii) nationale Währung als Weltleitwährung mit festen Wechselkursen und Goldbindung;
(viii) nationale Währung als Weltleitwährung mit festen Wechselkursen ohne Goldbindung;

(ix) nationale Währung als Weltleitwährung mit freien Wechselkursen.

Über das von Hjalmar Schacht entwickelte und von Funk als europäische Neuordnung vorgesehene System des Gütertauschs merkte Keynes damals an, dass dies in nachgewiesener Weise hervorragend funktionieren würde und Deutschland die Finanzierung des Krieges ermöglicht hatte, obwohl es verarmt war und daher kaum Geld hatte. Das Neue - und für Keynes begeisternde - der Idee Nazi-Deutschlands bestand darin, dass in diesem System Geld nur noch eine unwesentliche und dem Wirtschaften untergeordnete Rolle spielt und der Handel auf diese Weise nicht mehr von den negativ wirkenden Kräften einer geldorientierten Logik stranguliert wird. Handel nicht um des Geldes, sondern um des Handels willen. Natürlich, Nazi-Deutschland verfolgte die abscheulichsten Absichten, aber die technischen Grundlagen dieser Wirtschafts- und Geldmethode kann auch für gute Ziele eingesetzt werden:

> Erst in den letzen Jahren, um nicht zu sagen in den letzten Monaten vor dem Crash, und nach den oben erwähnten Versuchen und Irrtümern ist Dr. Schacht in der Verzweiflung auf etwas Neues gestoßen, das in sich den Keim einer technisch guten Idee trug. Diese Idee bestand darin, den Knoten zu durchtrennen, indem man die Verwendung einer Währung mit internationaler Gültigkeit als unbrauchbare Lösung beiseitelegt und durch etwas ersetzt, das letztlich einem Tauschhandel gleichkommt, nicht jedoch zwischen Einzelpersonen, sondern zwischen verschiedenen ökonomischen Einheiten. Hierdurch gelang es ihm, zum grundsätzlichen Charakter und dem ursprünglichen Zweck des Handels zurückzufinden und zugleich die Maschinerie zu verwerfen, die

den Handel erleichtern sollte, ihn aber tatsächlich strangulierte. Diese Innovation hat nicht nur gut, sondern hervorragend für jene funktioniert, die sie umgesetzt haben, und es dem verarmten Deutschland ermöglicht, Rücklagen zu bilden, ohne die es den Krieg kaum hätte beginnen können. Aber wir sollten, wie Mr. Henderson zu Recht bemerkt, uns nicht durch die Tatsache, dass diese Methode im Dienst des Bösen stand, blenden lassen und vielmehr ihre möglichen technischen Vorzüge im Dienste einer guten Sache erkennen. ›Falls Deutschland‹, so legte er dar, ›sich Butter anstelle von Kanonen oder Flugzeugen erhofft hätte, so gibt es keinen Grund daran zu zweifeln, dass Dr. Schachts Hilfsmittel es ermöglicht hätten, die Butter anstelle des Metalls aus dem Ausland zu beziehen.‹ Darüber hinaus stellt die Anwendung dieser Methode unter rücksichtsloser Missachtung der legitimen Bedürfnisse der Handelspartner eine typisch deutsche Art der Umsetzung dar und ist ihr keineswegs inhärent – was wir in den von uns selbst entwickelten methodischen Varianten nachweisen konnten, mit deren Hilfe es uns sogar in der Zeit des Krieges gelingt, unsere finanzielle Front aufrechtzuerhalten.[298]

Was wäre Geld, wenn wir es neu erfinden würden?

Es bleibt zu hoffen, dass sich die Nationalstaaten dieser Welt trotz ihrer gegensätzlichen Interessen auf die Einführung einer übernationalen Währung für den Welthandel einigen werden. Es liegt an uns allen, unsere jeweiligen nationalen Vertreter dahingehend zu bestärken.

Aber wir können noch mehr leisten. Denn eine neue Wirtschafts- und Geldordnung muss heutzutage nicht mehr notwendigerweise von den Nationalstaaten geschaffen werden, sondern kann dank Internet und neuen IT-Technologien auch von der Gesellschaft selbst betrieben werden. Wir können unser Geld selbst definieren: Denn alles, was eine Gesellschaft zu Geld erklärt, ist Geld.

Wenn wir es also heute neu erfinden würden, wie würde unser Geld dann aussehen? Aus diesem Gedanken heraus ist folgendes Projekt entstanden, das sich bereits in der konkreten Umsetzungsphase befindet:

Das können wir doch selbst!

Der Grundgedanke ist einfach: Wie sähe eine Fortentwicklung von Keynes' Bancor und der International Clearing Union aus, wenn man die zugrunde liegenden Prinzipien auf die Verwendung moderner Technologien übertragen würde? Und wenn man anstelle nationalstaatlicher Strukturen die Möglichkeiten des Internets und anderer moderner Kommunikationsmittel nutzen könnte?

Internet Clearing Union

Die Antwort könnte lauten: *Bancor* auf dem Handy oder vielleicht auch: *Internet Clearing Union.* Und sieht dann in etwa so aus:

Jeder Teilnehmer bestimmt für sich selbst, in welchem Gut (bzw. Währung) er oder sie die eigene Kontoführung wünscht: in Gold, Silber, Kaffee, Kilowattstunden, Euro, Dollar etc. oder einem Warenkorb, der sich aus nahezu beliebigen Bestandteilen zusammensetzen könnte.

Nehmen wir nun als Beispiel an, Aurelia würde ihr Konto in reinem Gold führen und in einem Restaurant sitzen, das sein Konto in Kaffee führt. Nach dem Essen erhält Aurelia eine Rechnung über 32,50 Euro. Sie bestätigt diesen Betrag, und von ihrem Konto wird nun Gold im Wert von 32,50 Euro abgebucht und dem Restaurant Kaffee im Wert von 32,50 Euro gutgeschrieben.

Auf diese Weise wird der Restaurantbesuch auf einen reinen Gütertausch zurückgeführt: Aurelia erhält Essen, das Restaurant bekommt Kaffee. Geld spielt dann eine dem Gütertausch untergeordnete Rolle, denn es tritt nur noch auf der Speisekarte und der Rechnung in Erscheinung.

Auch in der technischen Abwicklung des Zahlungsvorgangs treten die Euros nur noch in einer untergeordneten Funktion auf, denn sie dienen nur als Wertmaßstab der gegeneinander verrechneten Güter: Nachdem Aurelia bestätigt hat, dass sie dem Restaurant 32,50 Euro bezahlen will, wird von ihrem Goldguthaben eine entsprechende Menge Gold verkauft, um 32,50 Euro zu erlösen; mit diesem Erlös wird noch im gleichen Sekundenbruchteil die entsprechende Menge Kaffee angekauft und dem Restaurant gutgeschrieben. (Genau genommen treten aber selbst hier die Euro nur noch im Ausnahmefall in Erscheinung, da nicht jeder einzelne kleine Zahlungsvorgang aufgelöst werden muss; ein großgedachtes System wird sich einer Clearingstelle bedienen und nur die jeweiligen Salden etwa am Ende eines Tages, einer Woche, eines Monats durch An- und Verkauf auflösen müssen.)

Dieses System macht sich die Fähigkeit des Internethandels zunutze, jederzeit den Wert von allem mit allem vergleichen zu können: Dollar mit Öl, Schweinebäuche mit Yen, Fensterglas mit Sojabohnen. Daher ist es möglich, dass jeder Nutzer sein Konto jederzeit auf eine andere Einheit umstellt oder auch eine Auszahlung in einer beliebigen Nationalwährung veranlasst. Der Restaurantbesitzer kann sich also am nächsten Geldautomaten die von Aurelia erhaltene Kaffeegutschrift in Form von Eurogeldscheinen ausbezahlen lassen.

Er könnte auch eine physikalische Lieferung von Kaffee, Gold oder Sojabohnen veranlassen, was dann jedoch zu Spesen führen würde, wie sie physikalische Lieferungen von Gütern eben immer verursachen. Für einen Industriebetrieb – etwa eine Verzinkerei – könnte es jedoch vorteilhaft sein, ein Konto in Zink zu führen und das benötigte physikalische Zink direkt über dieses Konto zu beziehen.

Open Source

Dieses System muss offen sein und so allen die Teilnahme und die Verwendung ermöglichen. Nicht nur, weil Handel und Wirtschaften ein sozialer Vorgang sein sollte, sondern um auf diese Weise Manipulation und Missbrauch des Systems zu unterbinden. Durch die Verwendung offener Standards können zudem auch die Tausenden Komplementärwährungen dieser Welt auf dieser Plattform verrechnet werden – wiederum gegen alles andere. Also Ithaca Hours gegen Sojabohnen, Chiemgauer gegen US-Dollar oder Talente gegen Heizöl.

Sir Gresham findet's gut

Laut Gresham's Law fördert Annahmepflicht die Verwendung schlechten Geldes. Ein System, das nun anstelle einer Annahmepflicht die offene Verrechnung von allem gegen alles ermöglicht, fördert die Verwendung guten Geldes. Die verschiedenen Güter, Nationalwährungen und Komplementärwährungen stünden zueinander in einem freien Wettbewerb.

Frei von Zins, Inflation und Währungsschwankungen

Da die Konten in Gütern geführt werden können, sind sie frei von Zins, Inflation und Währungsschwankungen. Natürlich bleiben die Schwankungen der Güter zueinander (Kaffee zu Gold) und in der Zeit (Getreide im Sommer und im Winter) erhalten, werden aber nicht mehr zusätzlich mit den Schwankungen der Nationalwährungen multipliziert.

Die Anomalie der Arbeitslosigkeit in einer Welt voller Bedürfnisse

Ein solch universell anwendbares Tauschsystem könnte einen wichtigen Schritt zur Verwirklichung von Keynes' Vision für das Jahr 2030 darstellen, die er 1930 in seinem Essay »Die wirtschaftlichen Möglichkeiten unserer Enkel«[299] entwickelte und in dem er auf die »ungeheuerliche Anomalie der Arbeitslosigkeit in einer Welt voller Bedürfnisse« hinwies.

Denn unser derzeitiges Fiatgeldsystem hemmt die Vermittlung zwischen Angebot (Arbeit) und Nachfrage (Bedürfnisse), da das Fiatgeld bereits existieren muss, bevor es zwischen diesen beiden an sich unbegrenzt zur Verfügung stehenden Dingen vermitteln kann. Da es aus Kredit – also Vertrauen – geschöpft wird, gibt es von ihm am meisten, wenn man es am wenigsten benötigt und am wenigsten, wenn der dringendste Bedarf besteht: in einer Krise.

Anmerkungen

1 Marx, Karl und Friedrich Engels, *Ökonomisch-philosophische Manuskripte*. Werke, Ergänzungsband, 1. Teil, Berlin: Dietz Verlag 1968, 566ff.
2 Greenspan, Alan, *Gold and Economic Freedom*, In: »The Objectivist«, 1966.
3 Eyern, Gert von, in: *Das Fischer Lexikon, Band 2, Staat und Politik*. Hrsg. von Ernst Fraenkel und Karl Dietrich Bracher. Frankfurt am Main: Fischer Bücherei 1959, 330.
4 Vgl. Bailyn, Bernard, David Brion Davis, David Herbert Donald, John L. Thomas, Robert H. Wiebe und Gordon S. Wood, *The Great Republic. A History of the American People*. Lexington, Massachusetts: D.C. Heath & Co. 1977, 698ff.
5 Thompson, J. M. (Hrsg.), *Napoleon's Letters*. London: Prion 1998, 215. Zitiert nach Ferguson, Niall, *Politik ohne Macht*. Stuttgart, München: Deutsche Verlags-Anstalt 2001, 152.
6 *Die Fälscher*, Spielfilm, Wien: Aichholzer Filmproduktion, Hamburg: Magnolia Filmproduktion GmbH 2006/2007.
7 Bender, Klaus W., *Das Geheimnis der gefälschten Dollarnoten*. In: »Frankfurter Allgemeine Sonntagszeitung«, 07.01.2007, Nr. 1, S. 39.
8 Ferguson, Niall, *Wir brauchen neue Banken*. In: *Geld! Von den Fuggern zur Finanzkrise: Eine Chronik des Kapitals*. »SPIEGEL Geschichte«, Nr. 4, 28.07.2009.
9 Vgl. Mundell, Robert, *Uses and Abuses of Gresham's Law in the History of Money*. Columbia University 1998, http://www.columbia.edu/~ram15/grash.html, 19.8.2009.
10 Sir Thomas Gresham (*1519 in London; † 21. November 1579 ebenda) war Mitbesitzer des größten englischen Handelshauses seiner Epoche und seit 1551 Finanzagent der englischen Regierung und königlicher Berater.
11 Mertens, Jacques E., *La Naissance et le Développement de l'Etalon-Or*. Paris: Presses Universitaires de France 1944, Tables 49–53. Zitiert nach Triffin, Robert, *Gold and the Dollar Crisis. The Future of Convertibility*. New Haven und London: Yale University Press 1961, 21.
12 *Brockhaus' Konversations-Lexikon*. Vol. 12, Münzen, 1903, 83.
13 Vgl. International Monetary Fund, *Currency Composition of Official Foreign Exchange Reserves (COFER)*, 2009, http://www.imf.org/external/np/sta/cofer/eng/index.htm, 26.8.2009.

14 Funk, Walther, 25.7.1940, *Die wirtschaftliche Neuordnung Europas*. In: *Quellen zur Neuordnung Europas 1*, 12–21, http://www.profit-over-life.org/books/books.php?book=37, 25.5.2009.
15 Quelle: United States Holocaust Memorial Museum (USHMM), courtesy of Harry S. Truman Library.
16 Funk, Walther, 25.7.1940, *Die wirtschaftliche Neuordnung Europas*. In: *Quellen zur Neuordnung Europas 1*, 12–21, http://www.profit-over-life. org/books/books.php?book=37, 25.5.2009.
17 Ebd.
18 Ebd.
19 Ebd.
20 Ebd.
21 Quelle: Deutsches Bundesarchiv, Bild 146-1984-040-26. Lizenztyp: CC-BY-SA 3.0.
22 Funk, Walther, 25.7.1940, *Die wirtschaftliche Neuordnung Europas*. In: *Quellen zur Neuordnung Europas 1*, 12–21, http://www.profit-over-life. org/books/books.php?book=37, 25.5.2009.
23 Ebd.
24 Ebd.
25 Ebd.
26 Funk, Walther, *Englands Wirtschaftsfundamente wanken*. In: »Königsberger Allgemeine Zeitung«, 12.8.1940, 1–2.
27 Schmidt, Paul Otto Gustav, 25.10.1941, *Aufzeichnung über die Unterredung zwischen dem Führer und dem Grafen Ciano*. In: *Quellen zur Neuordnung Europas 1*, 44, http://www.profit-over-life.org/books/books.php?book=37, 25.5.2009.
28 Sitzung im Reichswirtschaftsministerium, 22.7.1940, *Neuaufbau der europäischen Wirtschaft*. In: *Quellen zur Neuordnung Europas 1*, 7–11, http://www.profit-over-life.org/books/books.php?book=37, 25.5.2009.
29 Aktenvermerk aus der Reichskanzlei, 9.7.1940, *Aufbau der deutschen Wirtschaft*. In: *Quellen zur Neuordnung Europas 1*, 4, http://www.profit-over-life.org/books/books.php?book=37, 25.5.2009.
30 Sitzung im Reichswirtschaftsministerium, 22.7.1940, *Neuaufbau der europäischen Wirtschaft*. In: *Quellen zur Neuordnung Europas 1*, 7–11, http://www.profit-over-life.org/books/books.php?book=37, 25.5.2009.
31 Ebd.
32 Ebd.
33 Ebd.
34 Goebbels, Joseph, 11.9.1940, *Das kommende Europa. Rede an die tschechischen Kulturschaffenden und Journalisten*. In: *Die Zeit ohne Beispiel*, München: Zentralverlag der NSDAP, 1941, 314–323.
35 Übersetzung des Autors, »In my opinion about three-quarters of the passage quoted from the German broadcasts would be quite excellent if the name of Great Britain were substituted for Germany or the Axis, as the case may be. If Funk's plan is taken at its face value, it is excel-

lent and just what we ourselves ought to be thinking of doing. If it is to be attacked, the way to do it would be to cast doubt and suspicion on its *bona fides*. The point is, I should have thought, not what Funk purports to do is objectionable, but what he will actually do… (…) the right line to take is (…) that we are doing the same things as Funk, but much better, much more honestly and with much more regard to other people's interests; (…) I do not feel greatly inspired at this moment of time to the composition of a broadcast even on these lines. But, if you press me, I will take my first moments of leisure to attempt a draft and would prefer to see what it looks like before committing myself further.« Keynes, John Maynard, 20.11.1940, *Letter to H. Nicolson*. T247/85, Public Record Office. Zitiert nach Moggridge, Donald (Hrsg.), *The Collected Writings of John Maynard Keynes, Volume XXV: Activities, 1940–44 – Shaping the Post-War World: The Clearing Union*. Basingstoke: The Macmillan Press Ltd. 1980, 2.

36 Übersetzung des Autors, »German propaganda purports to offer her neighbours a stable currency system, adapted to the commerce of countries which have no gold, and above all a system of economic order and organisation. (…) I have been asked to draft a possible basis for counter-propaganda. It is not easy to be convincing on a purely negative basis. If we have nothing positive to say, we had better be silent. (…) I have, therefore, taken the line that what we offer is the same as what Dr. Funk offers, except that we shall do it better and more honestly. (…) The virtue of free trade depends on international trade being carried on by means of what is, in effect, *barter*. After the last war *laissez-faire* in foreign exchange led to chaos. Tariffs offer no escape from this. But in Germany Schacht and Funk were led by force of necessity to evolve something better. In practice they have used their new system to the detriment of their neighbours. But the underlying idea is sound and good. In the last six months the Treasury and the Bank of England have been building up for this country an exchange system which has borrowed from the German experience all that was good in it. If we are to meet our obligations and avoid chaos in international trade after the war, we shall have to retain this system. But this same system will serve to protect the impoverished European countries and is an essential safeguard against a repetition of what happened last time.« Keynes, John Maynard, 1.12.1940, *Proposal to Counter the German 'New Order'*, T247/85, Public Record Office. Zitiert nach Moggridge, Donald (Hrsg.), *The Collected Writings of John Maynard Keynes, Volume XXV: Activities, 1940–44 – Shaping the Post-War World: The Clearing Union*. Basingstoke: The Macmillan Press Ltd. 1980, 7–10.

37 Übersetzung des Autors, »Europe will end this war starved and bankrupt of all the foods and raw materials, for supplies of which she was accustomed to depend on the rest of the world. She will have no means, unaided, of breaking the vicious circle. For she will possess no

gold worth mentioning and can export very little until she has, first of all, received the necessary raw materials. She will face the vast problem of general demobilisation with an almost total lack of the necessary means to put men to work.« Ebd., zitiert nach Moggridge, Donald (Hrsg.), *The Collected Writings of John Maynard Keynes, Volume XXV: Activities, 1940–44 – Shaping the Post-War World: The Clearing Union*. Basingstoke: The Macmillan Press Ltd. 1980, 11–16.

38 Übersetzung des Autors, »The Funk mark pretends to offer a stable currency for post-war purposes. How can this be so if it has no command of resources outside of Europe? It has only one merit, namely that it avoids some of the abuses of the old *laissez-faire* international currency arrangements, whereby a country could be bankrupted, not because it lacked exportable goods, but merely because it lacked gold.« Ebd.

39 Übersetzung des Autors, »The arrangements we are now slowly perfecting, by which international exchange returns to what it always should have been, namely a means for trading goods against goods, will outlast the war; though in a form which will retain a proper place for gold as a central reserve and a means of international settlement, completer and more mutually advantageous than is easily worked out in war conditions.« Ebd.

40 Übersetzung des Autors, »We pledge ourselves to the establishment of a system of international exchange which will open all our markets to every country, great or small alike, and will give equal access for each to every source of raw material which we can control or influence, on the basis of exchanging goods for goods. (…) At the start, nevertheless, this will not be enough to fill the vacuum. The liberated European countries will require an initial pool of resources to carry them through the transitional period. We therefore contemplate a European Reconstruction Fund out of which the central bank of each liberated country will be supplied immediately with the credit to purchase food and raw materials from outside.« Ebd.

41 Übersetzung des Autors, »No one can suppose that the economic reconstruction of Europe after the British victory will be an easy task. (…) The peaceful brotherhood of nations with the proper liberty to each to develop its own balanced economic life and its characteristic culture, will be the object. (…) we have learned the lesson of the interregnum between the two wars; and we know that no escape can be found from the curse which has been lying on Europe except by creating and preserving economic health in every country. From which it follows that this same principle must apply to the German people themselves. Under new leadership they will not be excluded from the benefits of the European Reconstruction Fund or from the comfortable relaxation of the economic revival. (…) Germany is the worst master the world has yet known. But, on terms of equality, she can be an efficient colleague.« Ebd.

42 Übersetzung des Autors, »Let no-one suppose, however, that we for our part intend to return to the chaos of the old world. To do so would bankrupt us no less than others. (...) We intend to develop a system of internatio-nal exchange in which trading of goods and services will be the central feature. Financial and capital transactions will play their proper auxiliary role of facilitating trade. Gold will retain its appropriate place as the central re-serve and the means of international settlements.« Keynes, John Maynard, 1.12.1940 und 13.1.1941, *Memoranda*. FO371/28899, Public Record Office. Zitiert nach van Dormael, Armand, *Bretton Woods: Birth of a Monetary System*. London: Macmillan 1978, 10.

43 Übersetzung des Autors, »It is not easy to find much else which is definite in Germany's New Economic Order, except the plan by which high-grade industry is to be mainly concentrated within Germany herself, the satellite and tributary states being compelled to confine themselves to the kinds of production which suit the convenience of Germany and chiefly to agriculture; and by which the terms of exchange between Germany's high-grade products and the output of the other states will be fixed so as to maintain a standard of life in Germany much above that of her neighbours. Meanwhile all foreign commerce would become a German monopoly. It would be a surprising triumph for propaganda to make an up-to-date version of imperialist exploitation verging on slavery seem attractive to the victims.« Keynes, John Maynard, 1.12.1940, *Proposal to Counter the German 'New Order'*. T247/85, Public Record Office. Zitiert nach Moggridge, Donald (Hrsg.), *The Collected Writings of John Maynard Keynes, Volume XXV: Activities, 1940–44 – Shaping the Post-War World: The Clearing Union*. Basingstoke: The Macmillan Press Ltd. 1980, 11–16.

44 Übersetzung des Autors, »(...) an ideal scheme which would preserve the advantages of an international means of payment universally acceptable, whilst avoiding those features of the old system which did the damage.« Keynes, John Maynard, 8.9.1941, *Post-War Currency Policy*. Zitiert nach Moggridge, Donald (Hrsg.), *The Collected Writings of John Maynard Keynes, Volume XXV: Activities, 1940–44 – Shaping the Post-War World: The Clearing Union*. Basingstoke: The Macmillan Press Ltd. 1980, 32.

45 Übersetzung des Autors, »It would be difficult to exaggerate the electrifying effect on thought throughout the whole relevant apparatus of government of the production of this document (...) nothing so imaginative and ambitious had ever before been discussed as a possibility of responsible government policy (...) it became as it were a banner of hope, an inspiration to the daily grind of war-time duties.« Lord Robbins, *Autobiography of an Economist*. London: Macmillan 1971, 196. Zitiert nach van Dormael, Armand, *Bretton Woods: Birth of a Monetary System*. London: Macmillan 1978, 35.

46 Übersetzung des Autors, »It is also open to objection, as the reader will soon discover, that it is complicated and novel and perhaps

Utopian in the sense, not that it is impracticable, but that it assumes a higher degree of understanding, of the spirit of bold innovation, and of international co-operation and trust than it is safe or reasonable to assume.« Keynes, John Maynard, 8.9.1941, *Post-War Currency Policy*. Zitiert nach Moggridge, Donald (Hrsg.), *The Collected Writings of John Maynard Keynes, Volume XXV: Activities, 1940–44 – Shaping the Post-War World: The Clearing Union*. Basingstoke: The Macmillan Press Ltd. 1980, 33.

47 Übersetzung des Autors, »In one respect this particular plan will be found to be more ambitious and yet, at the same time, perhaps more workable than some of the variant versions of the same basic idea, in that it is fully international, being based on one general agreement and not on a multiplicity of bilateral arrangements.« Keynes, John Maynard, 08.1942, *Proposals for an International Clearing Union*. T160/1281/F18885/1, Public Record Office. Zitiert nach Moggridge, Donald (Hrsg.), *The Collected Writings of John Maynard Keynes, Volume XXV: Activities, 1940–44 – Shaping the Post-War World: The Clearing Union*. Basingstoke: The Macmillan Press Ltd. 1980, 170.

48 Übersetzung des Autors, »We need an instrument of international currency having general acceptability between nations, so that blocked balances and bilateral clearings are unnecessary; that is to say, an instrument of currency used by each nation in its transactions with other nations, operating through whatever national organ, such as a Treasury or a central bank, is most appropriate, private individuals, businesses and banks other than central banks, each continuing to use their own national currency as heretofore.« Ebd., Zitiert nach Moggridge, Donald (Hrsg.), *The Collected Writings of John Maynard Keynes, Volume XXV: Activities, 1940–44 – Shaping the Post-War World: The Clearing Union*. Basingstoke: The Macmillan Press Ltd. 1980, 168.

49 Übersetzung des Autors, »The proposal is to establish a Currency Union, here designated an International Clearing Union, based on international bank money, called (let us say) bancor, fixed (but not unalterably) in terms of gold and accepted as the equivalent of gold by the British Commonwealth and the United States and all the other members of the Union for the purpose of settling international balances. The central banks of all member states (and also of non-members) would keep accounts with the International Clearing Union through which they would be entitled to settle their exchange balances with one another at their par value as defined in terms of bancor. Countries having a favourable balance of payments with the rest of the world as a whole would find themselves in possession of a credit account with the Clearing Union, and those having an unfavourable balance would have a debit account. Measures would be necessary (see below) to prevent the piling up of credit and debit balances without limit, and the system would have failed in the long run if it did not possess sufficient capacity for self-equilibrium to prevent this.« Ebd.,

zitiert nach Moggridge, Donald (Hrsg.), *The Collected Writings of John Maynard Keynes, Volume XXV: Activities, 1940–44 – Shaping the Post-War World: The Clearing Union*. Basingstoke: The Macmillan Press Ltd. 1980, 171.

50 Übersetzung des Autors, »It does not mean that there would be direct barter of goods against goods, but that the one trading transaction must necessarily find its counterpart in another trading transaction sooner or later.« Keynes, John Maynard, 25.4.1941, *Letter to F. T. Ashton-Gwatkin*. T245/69, Treasury: Economic Information Unit, Public Record Office. Zitiert nach Moggridge, Donald (Hrsg.), *The Collected Writings of John Maynard Keynes, Volume XXV: Activities, 1940–44– Shaping the Post-War World: The Clearing Union*. Basingstoke: The Macmillan Press Ltd. 1980, 18.

51 Übersetzung des Autors, »The problem of maintaining equilibrium in the balance of payments between countries has never been solved, since methods of barter gave way to the use of money and bills of exchange.« Keynes, John Maynard, 8.9.1941, *Post-War Currency Policy*. Zitiert nach Moggridge, Donald (Hrsg.), *The Collected Writings of John Maynard Keynes, Volume XXV: Activities, 1940–44 – Shaping the Post-War World: The Clearing Union*. Basingstoke: The Macmillan Press Ltd. 1980, 21.

52 Übersetzung des Autors, »The idea underlying such a Union is simple, namely, to generalise the essential principle of banking, as it is exhibited within any closed system. This principle is the necessary equality of credits and debits. If no credits can be removed outside the clearing system but only transferred within it, the Union can never be in any difficulty as regards the honouring of cheques drawn upon it. It can make what advances it wishes to any of its members with the assurance that the proceeds can only be transferred to the clearing account of another member. Its sole task is to see to it that its members keep the rules and that the advances made on each of them are prudent and advisable for the Union as a whole.« Keynes, John Maynard, 08.1942, *Proposals for an International Clearing Union*. T160/1281/ F18885/1, Public Record Office. Zitiert nach Moggridge, Donald (Hrsg.), *The Collected Writings of John Maynard Keynes, Volume XXV: Activities, 1940–44 – Shaping the Post-War World: The Clearing Union*. Basingstoke: The Macmillan Press Ltd. 1980, 171.

53 Übersetzung des Autors, »This particular plan perhaps takes its most characteristic feature from the analogy of banking within a country, within a closed system. Up to the seventeenth century payments were largely made in coin and therefore if an individual was not using his receipts, if he did not use the coin which he had received for what he had furnished, that coin became dead. It was not available to anyone else. In the course of the Middle Ages that has caused a most disastrous pressure through the continuous shortage of currency because it was going out of activity. Then came the great discovery of modern banking, starting (...), I think one can say, in Holland, but there were

some earlier ideas in Italy and elsewhere. But modern banking really started in Holland and London, I believe the Bank of England was literally the first institution quite of that kind that came into existence. Now the point of banking was that a man who accumulated a deposit, a man who was not using his receipts did not deprive the rest of the community of purchasing power because his bank would lend out the deposits to somebody else so that purchasing power which was not being used by one party was placed at the disposal of another party. That, of course, was liable to danger in the opposite direction, that is to say to much expansion and safeguards had to be gradually devised in the course of the centuries to prevent that. But the fundamental point was sound, that if for the time being one man was selling more than he was buying, that should not put a stop on things but should enable somebody else more or less automatically to buy more than he was selling. Modern banking has developed that to a very fine degree of perfection within a given country. But we have, broadly speaking continued with the uncivilised practices of the Middle Ages as between countries. Individual banks were beginning particularly in the period before the war to try to remedy this by special arrangements with those of their neighbours with whom they were in particularly intimate contact. The sterling area is a very striking example of trying to extend this system beyond the boundaries of a single country, but still, taking the world at large, we have not had any system by which in a regular and half way automatic way that part of its receipts which one country does not chose to use is made available to others. Therefore the proposals we are making to you are embracing from one point of view the essential practices of internal banking.« Keynes, John Maynard, 26.2.1943, *Speech to a Meeting of the European Allies*. T160/1161/ F18182/3, Public Record Office. Zitiert nach Moggridge, Donald (Hrsg.), *The Collected Writings of John Maynard Keynes, Volume XXV: Activities, 1940–44 – Shaping the Post-War World: The Clearing Union*. Basingstoke: The Macmillan Press Ltd. 1980, 209–210.

54 Übersetzung des Autors, »The plan aims at the substitution of an expansionist, in place of a contractionist, pressure on world trade, especially in the first years. Many countries, including ourselves, will find a difficulty in paying for their imports, and will need time and resources before they can establish a re-adjustment. The efforts of each of these debtor countries to preserve its own equilibrium, by forcing its exports and by cutting off all imports which are not strictly necessary, will aggravate the problem of all the others. On the other hand, if each feels free from undue pressure, the volume of international exchange will be increased and everyone will find it easier to re-establish equilibrium without injury to the standard of life.« Keynes, John Maynard, 18.11.1941, *Proposals for an International Currency Union*, T247/116, Public Record Office. Zitiert nach Moggridge, Donald (Hrsg.), *The Collected*

Writings of John Maynard Keynes, Volume XXV: Activities, 1940–44 – Shaping the Post-War World: The Clearing Union. Basingstoke: The Macmillan Press Ltd. 1980, 46.

55 Übersetzung des Autors, »allowing to each member state overdraft facilities of a defined amount. Thus each country is allowed a certain margin of resources and a certain interval of time within which to effect a balance in its economic relations with the rest of the world. These facilities are made possible by the constitution of the system itself and do not involve particular indebtedness between one member state and another. A country is in credit or debit with the Clearing Union as a whole. This means that the overdraft facilities, whilst a relief to some, are not a real burden to others. For the accumulation of a credit balance with the Clearing Union would resemble the importation of gold in signifying that the country holding it is abstaining voluntarily from the immediate use of purchasing power. But it would involve, as would the importation of gold, the withdrawal of this purchasing power from circulation or the exercise of a deflationary and contractionist pressure on the whole world, including in the end the creditor itself. Under the proposed plan, therefore, no country suffers injury (but on the contrary) by the fact that the command over resources, which it does not itself choose to employ for the time being, is not withdrawn from use. The accumulation of bancor credit does not curtail in the least its capacity or inducement either to produce or to consume. In short, the analogy with a national banking system is complete. No depositor in a local bank suffers because the balances, which he leaves idle, are employed to finance the business, of someone else. Just as the development of national banking systems served to offset a deflationary pressure which would have prevented otherwise the development of modern industry, so by extending the same principle into the international field we may hope to offset the contractionist pressure which might otherwise overwhelm in social disorder and disappointment the good hopes of our modern world. The substitution of a credit mechanism in place of hoarding would have repeated in the international field the same miracle, already performed in the domestic field, of turning a stone into bread.« Keynes, John Maynard, 08.1942, *Proposals for an International Clearing Union*, T160/1281/F18885/1, Public Record Office. Zitiert nach Moggridge, Donald (Hrsg.), *The Collected Writings of John Maynard Keynes, Volume XXV: Activities, 1940–44 – Shaping the Post-War World: The Clearing Union*. Basingstoke: The Macmillan Press Ltd. 1980, 176–177.

56 Übersetzung des Autors, »I believe that the main cause of failure (...) of the freely convertible international metallic standard (first silver and then gold) can be traced to a single characteristic. I ask close attention to this, because I should argue that this provides the clue to the nature of any alternative which is to be successful.

It is characteristic of a freely convertible international standard that it throws the main burden of adjustment on the country which is in the *debtor* position on the international balance of payments, – that is on the country which is (in this context) by hypothesis the *weaker* and above all the *smaller* in comparison with the other side of the scales which (for this purpose) is the rest of the world. Take the classical theory that the unlimited free flow of gold automatically brings about adjustments of price-levels and activity between the debtor country and the recipient creditor, which will eventually reverse the pressure. It is usual today to object to this theory that it is too dependent on a crude and now abandoned quantity theory of money and that it ignores the lack of elasticity in the social structure of wages and prices. But even to the extent that it holds good in spite of these grave objections, if a country is in economic importance even a fifth of the world as a whole, a given loss of gold will presumably exercise four times as much pressure at home as abroad, with a still greater disparity if it is only a tenth or twentieth of the world, so that the contribution in terms of the resulting social strains which the debtor country has to make to the restoration of equilibrium by changing its prices and wages is altogether out of proportion to the contribution asked of its creditors. Nor is this all. To begin with, the social strain of an adjustment downwards is much greater than that of an adjustment upwards. And besides this, the process of adjustment is *compulsory* for the debtor and *voluntary* for the creditor. If the creditor does not choose to make, or allow, his share of the adjustment, he suffers no inconvenience. For whilst a country's reserve cannot fall below zero, there is no ceiling to the upper limit. The same is true if international loans are to be the means of adjustment. The debtor *must* borrow; the creditor is under no such compulsion. There is a further consequence, having very great importance, of the main burden of adjustment being on the debtor country which is *small* compared with the world at large; namely, that most of the means of adjustment open to the debtor country are liable to have an adverse effect on its term of trade. The effect (…) is not usually understood by outside opinion; (…) however, easily explained. Domestic deflation, exchange depreciation and the like aim at stimulating exports by reducing their international *price* in terms of imports. The amount of price reduction which will prove to be necessary to stimulate a sufficient expansion on the *quantity* of exports relatively to imports depends on the elasticity of demand in the world at large for the characteristic products of the country which seeks to increase its sales. If, on account of the nature of the products or of the reluctance of foreign competitors to relinquish their share of the trade, a large reduction in price is necessary to stimulate a sufficient increase in quantity, the country which is forcing its products on the world suffers a severe loss in the proceeds obtained from its *previous* volume of trade. To take the limiting case, if it is necessary to reduce the price in at least the same proportion as that on which the volume is increased, the debtor country is involved in a Sisyphus task and gets no nearer a position of equilibrium however great its efforts. Brazilian coffee may offer an example which approaches the limiting case. But for many agri-cultural products, quite a reasonable percentage of reduction in the price paid by the ultimate consumer may, after deduction of costs of transport and distribution overseas at a fixed rate, present conditions to the ultimate producer which approximate to the limiting case. Thus it has been an inherent characteristic of the automatic international metallic currency (...) to force adjustments in the direction most disruptive of social order, and to throw the burden on the countries least able to support it, making the poor poorer. It may be some confirmation of the importance to be attached to this characteristic of the traditional system that, in the two periods in which the system 'worked', special influences were present which largely removed the burden of pressure, or reversed its direction, as between the debtor country and the creditor or the world at large. In the period of inflation caused by the flow of silver from the new world, the strong, creditor countries, which first received the silver, had to take the initiative in price adjustment. (The same easing factor may have been at work in the vast development of trade and prosperity throughout the Mediterranean countries and beyond which followed the dispersal of the temple hoards of Persia by Alexander the Great.) Again, in the Victorian age the peculiar organisation in London and to a lesser extent in Paris, the two main creditor centres, by which a flow of gold immediately translated itself, not in the first instance into a change in prices and wages, but into a change in the volume of foreign investment by the creditors, caused the burden to be carried by the stronger shoulders. I conclude, therefore, that the architects of a successful international system must be guided by these lessons. The object of the new system must be to require the chief initiative from the creditor countries, whilst maintaining enough discipline in the debtor countries to prevent them from exploiting the new ease allowed them in living profligately beyond their means.« Keynes, John Maynard, 8.9.1941, *Post-War Currency Policy*. Zitiert nach Moggridge, Donald (Hrsg.), *The Collected Writings of John Maynard Keynes, Volume XXV: Activities, 1940–44 – Shaping the Post-War World: The Clearing Union*. Basingstoke: The Macmillan Press Ltd. 1980, 27–31.

57 Übersetzung des Autors, »The amount of the maximum debit balance allowed to any member state shall be designated its *quota*. The initial quotas might be fixed by reference to the sum of each country's exports and imports on the average of (say) [last] three pre-war years (...). A charge of 1 per cent per annum shall be payable to the Reserve Fund of the Clearing Union on the amount of the excess of the average balance of a member state, whether it is a credit or a debit balance,

above a quarter of its quota; and a further charge of 1 percent on the excess of the average balance, whether credit or debit, above a half of its quota. Thus, only a country which keeps as nearly as possible in a state of international balance on the average of the year will escape this contribution.« Keynes, John Maynard, 08.1942, *Proposals for an International Clearing Union*, T160/1281/F18885/1, Public Record Office. Zitiert nach Moggridge, Donald (Hrsg.), *The Collected Writings of John Maynard Keynes, Volume XXV: Activities, 1940–44 – Shaping the Post-War World: The Clearing Union*. Basingstoke: The Macmillan Press Ltd. 1980, 173.

58 Übersetzung des Autors, »It is great advantage of the proposed Currency Union that it restores unfettered multilateral clearing between its members; so that nothing has to be done except where a country is out of balance with the system as a whole.« Keynes, John Maynard, 18.11.1941, *Proposals for an International Currency Union*, T247/116, Public Record Office. Zitiert nach Moggridge, Donald (Hrsg.), *The Collected Writings of John Maynard Keynes, Volume XXV: Activities, 1940–44 – Shaping the Post-War World: The Clearing Union*. Basingstoke: The Macmillan Press Ltd. 1980, 51.

59 Übersetzung des Autors, »The provisions suggested differ in one important respect from the pre-war system because they aim at putting some part of the responsibility on the creditor country as well as in the debtor. (…) The object is that the creditor should not be allowed to remain entirely passive. For if he is, an intolerable heavy task may be laid on the debtor country, which is already in the weaker position.« Keynes, John Maynard, 08.1942, *Proposals for an International Clearing Union*, T160/1281/F18885/1, Public Record Office. Zitiert nach Moggridge, Donald (Hrsg.), *The Collected Writings of John Maynard Keynes, Volume XXV: Activities, 1940–44 – Shaping the Post-War World: The Clearing Union*. Basingstoke: The Macmillan Press Ltd. 1980, 179–180.

60 Übersetzung des Autors, »Gold still possesses great psychological value which is not being diminished by current events; and the desire to possess a gold reserve against unforeseen contingencies is likely to remain. Gold also has the merit of providing in point of form (…) an uncontroversial standard of value for international purposes, for which it would not yet be easy to find a serviceable substitute. (…) What, in the long run, the world may decide to do with gold is another matter. The purpose of the Clearing Union is to supplant gold as a governing factor, but not to dispense with it.« Ebd., zitiert nach Moggridge, Donald (Hrsg.), *The Collected Writings of John Maynard Keynes, Volume XXV: Activities, 1940–44 – Shaping the Post-War World: The Clearing Union*. Basingstoke: The Macmillan Press Ltd. 1980, 183.

61 Übersetzung des Autors, »The international bank money which we have designated bancor is defined in terms of weight in gold. Since the national currencies of the member states are given a defined exchange value in terms of bancor, it follows that they would each have a de-

fined gold content which would be their official buying price for gold, above which they must not pay.« Ebd.

62 Übersetzung des Autors, »One restriction only would be, for obvious reasons, essential. No member state would be entitled to demand gold from the Clearing Union against its balance of bancor; for bancor is available only for transfer to another clearing account. Thus between gold and bancor itself there would be a one-way convertibility.« Ebd., zitiert nach Moggridge, Donald (Hrsg.), *The Collected Writings of John Maynard Keynes, Volume XXV: Activities, 1940–44 – Shaping the Post-War World: The Clearing Union*. Basingstoke: The Macmillan Press Ltd. 1980, 184.

63 Übersetzung des Autors, »But unquestionably it would involve a discrimination against the United States if she persisted in maintaining an unbalanced creditor position. Again, whether we like it or not, this will be forced on us. We shall have no means after the war out of which we can purchase in the United States except the equivalent of what they buy from us.« Keynes, John Maynard, 25.4.1941, *Letter to F. T. Ashton-Gwatkin*, T245/69, Public Record Office. Zitiert nach Moggridge, Donald (Hrsg.), *The Collected Writings of John Maynard Keynes, Volume XXV: Activities, 1940–44 – Shaping the Post-War World: The Clearing Union*. Basingstoke: The Macmillan Press Ltd. 1980, 17.

64 Übersetzung des Autors, »The Clearing Union might become the instrument and the support of international policies in addition to those which it is its primary purpose to promote. This deserves the greatest possible emphasis. The Union might become the pivot of the future economic government of the world. Without it, other more desirable developments will find themselves impeded and unsupported. With it, they will fall into their place as parts of an ordered scheme. No one of the following suggestions is a necessary part of the plan. But they are illustrations of the additional purposes of high importance and value which the Union, once established, might be able to serve: – (1) The Union might set up a Clearing Account in favour of international bodies charged with post-war relief, rehabilitation and reconstruction. (...) (2) The Union might set up an account in favour of the supernational policing body charged with the duty of preserving peace and maintaining international order. If any country were to infringe its properly authorised orders, the policing body might be entitled to request the Governors of the Clearing Union to hold the Clearing Account of the delinquent country to its order and permit no further transactions on the account except by its authority. This would provide an excellent machinery for enforcing a financial blockade.« Keynes, John Maynard, 08.1942, *Proposals for an International Clearing Union*, T160/1281/F18885/1, Public Record Office. Zitiert nach Moggridge, Donald (Hrsg.), *The Collected Writings of John Maynard Keynes, Volume XXV: Activities, 1940–44 – Shaping the Post-War World: The Clearing Union*. Basingstoke: The Macmillan Press Ltd. 1980, 190.

65 Übersetzung des Autors, »The facility of applying the Clearing Union plan to these several purposes arises out of a fundamental characteristic which is worth pointing out, since it distinguishes the plan from the proposals which try to develop the same basic principle along bilateral lines and is one of the grounds on which the plan can claim superior merit. This might be described as its 'anonymous' or 'impersonal' quality. No particular member states have to engage their own resources as such to the support of other particular states or any of the international projects or policies adopted. They have only to agree in general that, if they find themselves with surplus resources which for the time being they do not themselves wish to employ, these resources may go into the general pool and be put to work on approved purposes. This costs the surplus country nothing because it is not asked to part permanently, or even for any specified period, with such resources, which it remains free to expand and employ for its own purposes whenever it chooses; in which case the burden of finance is passed on to the next recipient, again for only so long as the recipient has no use for the money. As pointed out above, this merely amounts to extending to the international sphere the methods of any domestic banking system, which are in the same sense 'impersonal' inasmuch as there is no call on the particular depositor either to support as such the purposes for which his banker makes advances or to forgo permanently the use of his deposit. There is no countervailing objection except that which applies equally to the technique of domestic banking, namely that it is capable of the abuse of creating excessive purchasing power and hence an inflation of prices. In our efforts to avoid the opposite evil, we must not lose the sight of this risk (...). But it is no more reason for refusing the advantages of international banking than the similar risk in the domestic field is a reason for returning to the practices of the seventeenth century goldsmiths (which are what we are still following in the international field) and forgoing the vast expansion of production which banking principles have made possible. Apply this impersonal quality to the finance of relief and reconstruction after the war. It is one thing to ask the Parliaments and the Congresses of the various countries of the world to make contributions which they may or may not be able to afford in the unpredictable circumstances of the post-war transition, and which will be in any case a charge on their tax-payers and a permanent reduction of their own resources, arousing therefore political difficulties and competing with the claims of domestic social reforms. It is quite another thing to ask them to join in a general system which, without cost to their tax-payers and without prejudice to their own expenditure, requires of them to allow the temporary employment of surplus resources only so long as they themselves do not choose to use them. (...) It is great facility not to have to ask for specific contributions from any named country, but to

depend rather on the anonymous and impersonal aid of the system as a whole. We have here a genuine organ of truly international government.« Ebd., zitiert nach Moggridge, Donald (Hrsg.), *The Collected Writings of John Maynard Keynes, Volume XXV: Activities, 1940–44 – Shaping the Post-War World: The Clearing Union*. Basingstoke: The Macmillan Press Ltd. 1980, 191–193.

66 Übersetzung des Autors, »It has been suggested that so ambitious a proposal is open to criticism on the ground that it requires from the members of the Currency Union a greater surrender of their sovereign rights than they will readily concede. But no greater surrender is required in point of form than is required in a commercial treaty. The obligations will be entered into voluntarily and can be terminated on certain conditions by giving notice. A greater readiness to accept supernational arrangements must be required in the post-war world. If the arrangements proposed can be described as a measure of financial disarmament, they are very mild in comparison with the measures in military disarmament which the world may be asked to accept. There is nothing here which we need be reluctant to accept ourselves or to ask of others. It is an advantage, and not a disadvantage, of the scheme that it invites the member states to abandon that licence to promote indiscipline, disorder and bad-neighbourliness which, to the general disadvantage, they have been free to exercise hitherto. The plan makes a beginning at the future economic ordering of the world between nations and the 'winning of the peace'. It might help to create the conditions and the atmosphere in which much else would be made easier.« Ebd., zitiert nach Moggridge, Donald (Hrsg.), *The Collected Writings of John Maynard Keynes, Volume XXV: Activities, 1940–44– Shaping the Post-War World: The Clearing Union*. Basingstoke: The Macmillan Press Ltd. 1980, 195.

67 Übersetzung des Autors, »membership would be thus established as a privilege only open to those who conformed to certain general principles and standards of international conduct. I conceive the management and the effective voting power as being permanently Anglo-American.« Keynes, John Maynard, 18.11.1941, *Proposals for an International Currency Union*, T247/116, Public Record Office. Zitiert nach Moggridge, Donald (Hrsg.), *The Collected Writings of John Maynard Keynes, Volume XXV: Activities, 1940–44 – Shaping the Post-War World: The Clearing Union*. Basingstoke: The Macmillan Press Ltd. 1980, 55.

68 Übersetzung des Autors, »Moreover, even if the Americans were to be of one mind with ourselves, it is a question whether it would be wise to present the rest of the world with what looked like an Anglo-American bloc. If there is anyone more unpopular than ourselves it is the United States; and if there is anyone more unpopular than the United States, it is Russia; and if there is anyone more unpopular than Russia, it is ourselves. So I think it is altogether too early to take up a def-

inite stand as between a predominantly Anglo-American set-up and one which, from the start, has a more international character. Where I unreservedly agree with you is that the actual constitution of particular plans must be agreed and established by as few cooks as possible, with others invited to the dinner table after they have smelt the broth.« Keynes, John Maynard, 8.5.1942, *Letter to R. F. Harrod*, T247/67, Public Record Office. Zitiert nach Moggridge, Donald (Hrsg.), *The Collected Writings of John Maynard Keynes, Volume XXV: Activities, 1940–44 – Shaping the Post-War World: The Clearing Union*. Basingstoke: The Macmillan Press Ltd. 1980, 152.

69 Übersetzung des Autors, »Moreover it is a good schematism by means of which the essence of the problem can be analysed and the essential elements of any satisfactory solution be brought into full view. If not this, we can ask, what then? Now that you are fully seized of the essential elements of the problem, what alternative solution do you offer us?« Keynes, John Maynard, 8.9.1941, *Post-War Currency Policy*. Zitiert nach Moggridge, Donald (Hrsg.), *The Collected Writings of John Maynard Keynes, Volume XXV: Activities, 1940–44 – Shaping the Post-War World: The Clearing Union*. Basingstoke: The Macmillan Press Ltd. 1980, 33.

70 Vgl. Penrose, E. F., *Economoic Planning for the Peace*. Princeton NJ: Princeton University Press 1953, 33–43. Zitiert nach van Dormael, Armand, *Bretton Woods: Birth of a Monetary System*. London: Macmillan 1978, 39.

71 Übersetzung des Autors, »(...) to think about and prepare a memorandum and plan for setting up an Inter-Allied Stabilization Fund (...) a Fund to be used during the war to give monetary aid to actual and potential allies and to hamper the enemy; to provide the basis for post-war international monetary stabilization arrangements; and to provide a post-war 'international currency'.« *Morgenthau Diary* 473, Franklin D. Roosevelt Library, Hyde Park NY, 16. Zitiert nach van Dormael, Armand, *Bretton Woods: Birth of a Monetary System*. London: Macmillan 1978, 40.

72 Vgl. van Dormael, Armand, *Bretton Woods: Birth of a Monetary System*. London: Macmillan 1978, 24.

73 Vgl. White, Harry Dexter, *A Suggested Program for Inter-Allied Monetary and Banking Action*. 1941. Zitiert nach van Dormael, Armand, *Bretton Woods: Birth of a Monetary System*. London: Macmillan 1978, 42.

74 Übersetzung des Autors, »For many decades the British pound sterling was regarded virtually as an international currency unit. But its utility as an international unit of account and also as a common unit of exchange in many international financial and trade transactions rested on the fact that sterling was for a long time most stable in terms of gold value. (...) Only the United States dollar has any chance of serving that capacity now.« White, Harry Dexter, 28.4.1942, White Papers, Box 8, Item 24a. Zitiert nach van Dormael, Armand, *Bretton Woods: Birth of a Monetary System*. London: Macmillan 1978, 46.

75 Übersetzung des Autors, »The dollar is the one great currency in whose strength there is universal confidence. It will probably become the cornerstone of the postwar structure of stable currencies. The United States holds the greater part of the world's resources of gold and foreign exchange. These resources must be available to give assurance of universal strength and confidence in the stability of currencies.« White, Harry Dexter, *Postwar Currency Stabilization*. In: »American Economic Review«, XXXIII, no. 1, part 2, supplement (03.1943). Zitiert nach van Dormael, Armand, *Bretton Woods: Birth of a Monetary System*. London: Macmillan 1978, 72.

76 Übersetzung des Autors, »However, if an attempt were made to recommend the use of the dollar as the international unit of account, there would unquestionably be some opposition on the part of those countries who, out of reasons of national prestige or anticipated monetary loss, would prefer not to promote a broader use in international use of a currency unit of some other country. (...) There are deemed to be some national prestige values and possibly slight economic gains in trade and financial transactions that accrue to a country having a currency that is widely used as an international unit of account. For that reason a new unit belonging to no country would be more welcome to most countries than the unit of any selected country.« White, Harry Dexter, 28.4.1942, *White Papers*, Box 8, Item 24a. Zitiert nach van Dormael, Armand, *Bretton Woods: Birth of a Monetary System*. London: Macmillan 1978, 46.

77 Übersetzung des Autors, »[to make an existing currency the international unit of account] would be opposed on the grounds that it would seem to give that country possessing that currency some slight advantage either in international publicity or in trade.« Ebd.

78 Übersetzung des Autors, »A 'trade dollar' or 'Demos' or 'Victor' or 'what-have-you' unit of currency supplementing the United States dollar, whether of the same or different value, would no more help foreign trade than would the adoption of a new flag. (...) An importer, exporter, bank, or a tourist has simply to make conversions from one currency into another in his transactions. Were it possible to eliminate by use of an international currency the arithmetical labors involved in the conversions, it would indeed, be a convenient device, though by no means a very important one.« Ebd.

79 Vgl. *Morgenthau Diary* 527, Franklin D. Roosevelt Library, Hyde Park NY, 235–236. Zitiert nach van Dormael, Armand, *Bretton Woods: Birth of a Monetary System*. London: Macmillan 1978, 52.

80 Übersetzung des Autors, »I am convinced that the launching of such a plan at this time has tremendous strategic as well as economic bearing. It seems to me that the time is ripe to dramatize our international objectives in terms of action which people everywhere will recognize as practical, powerful and inspiring. In the flush of success our enemies

always dwelt upon their 'New Orders' for Europe and for Asia. There could be no more solid demonstration of our confidence that the tide is turning than the announcement of the formulation in concrete terms, and the preparation of specific instrumentalities for what really would be a New Deal in international economics.« *Foreign Relations of the United States*, Vol. I, Department of State, Washington, D.C., 1942, 190. Zitiert nach van Dormael, Armand, *Bretton Woods: Birth of a Monetary System*. London: Macmillan 1978, 53.

81 Übersetzung des Autors, »the studies now in progress should be continued with the State Department and the Board of Economic Warfare and the Export-Import Bank«. *Morgenthau Diary* 529, Franklin D. Roosevelt Library, Hyde Park NY, 7. Zitiert nach van Dormael, Armand, *Bretton Woods: Birth of a Monetary System*. London: Macmillan 1978, 53.

82 Braithwaite, John und Peter Drahos, *Global Business Regulation*. Cambridge: Cambridge University Press 2000, 12–13.

83 Vgl. Moggridge, Donald (Hrsg.), *The Collected Writings of John Maynard Keynes, Volume XXV: Activities, 1940–44 – Shaping the Post-War World: The Clearing Union*. Basingstoke: The Macmillan Press Ltd. 1980, 157.

84 Übersetzung des Autors, »this was not the time for formal conferences between any of our governments relating to post-war programs and policies, that there is bitter feeling against what is called neglect in prosecuting war, when we are losing the war every day for the sake of sitting down and engaging in long-winded conversations and formal conferences about post-war policies and programs, which it is possible could and would never eventuate. [The Secretary said he would be glad to have] any appropriate official in an entirely informal and unofficial manner sit down and talk with any economist, who may come here from Great Britain or any of the twenty-eight United Nations, [but that] there would be no decisions and merely the groundwork laid for the conference and decision at a suitable time.« *Foreign Relations of the United States*, Vol. I, Department of State, Washington, D.C., 1942, 196–197. Zitiert nach van Dormael, Armand, *Bretton Woods: Birth of a Monetary System*. London: Macmillan 1978, 56.

85 Übersetzung des Autors, »I have also been making a study of the Harry White document. Seldom have I been simultaneously so much bored and so much interested.« Keynes, John Maynard, 3.8.1942, *Letter to Sir Frederick Phillips*. Zitiert nach Moggridge, Donald (Hrsg.), *The Collected Writings of John Maynard Keynes, Volume XXV: Activities, 1940–44 – Shaping the Post-War World: The Clearing Union*. Basingstoke: The Macmillan Press Ltd. 1980, 159.

86 Übersetzung des Autors, »the Harry White scheme (…) is a tremendous labour to read and digest in full. It obviously won't work.« Keynes, John Maynard, 3.8.1942, *Letter to Sir Richard Hopkins*, T247/123, Public Record Office. Zitiert nach Moggridge, Donald (Hrsg.), *The Col-*

lected Writings of John Maynard Keynes, Volume XXV: Activities, 1940–44 – Shaping the Post-War World: The Clearing Union. Basingstoke: The Macmillan Press Ltd. 1980, 158.

87 Übersetzung des Autors, »The general attitude of mind seems to me most helpful and also enlightening. But the actual technical solution strikes me as quite hopeless.« Keynes, John Maynard, 3.8.1942, *Letter to Sir Frederick Phillips*. Zitiert nach Moggridge, Donald (Hrsg.), *The Collected Writings of John Maynard Keynes, Volume XXV: Activities, 1940–44 – Shaping the Post-War World: The Clearing Union*. Basingstoke: The Macmillan Press Ltd. 1980, 159.

88 Übersetzung des Autors, »He has not seen how to get round the gold standard difficulties and has forgotten all about the useful concept of bank money. But is there any reason why, once the advantages of bank money have been pointed out to him, he should not collect and rearrange his other basic ideas round this technique?« Ebd.

89 Übersetzung des Autors, »White was difficult, there was no doubt; Keynes, although not sparing him verbal debate, exercised tact and forbearance. White's own feelings were more subtle. Only a few years ago, before his star had risen, he had revered Keynes as the greatest living economist. Now he was confronting him as a negotiator on an equal footing – or rather, on an unequal footing, for he himself represented the stronger power. (…) Their modes of debate were diametrically opposed. White was full of vigour and manful thrust. He could be wrathful and rude. His earnestness carried him forward in a torrent of words, which sometimes outstripped his grammatical powers. Keynes, we know, was different; he was always ready with his beautifully polished sentences; he detected any inconsistency in the opposition, even in the most abstruse matter, with lightning celerity, and pointed it out with seeming gentleness in barbed and sometimes offensive sentences.« Harrod, R.F., *Life of Keynes*. London: Macmillan 1951, 557–558. Zitiert nach van Dormael, Armand, *Bretton Woods: Birth of a Monetary System*. London: Macmillan 1978, 100–101.

90 Übersetzung des Autors, »With Harry White, as you may suppose, we have been spending a vast amount of time. Any reserves we may have about him are a pale reflection of what his colleagues feel. He is overbearing, a bad colleague, always trying to bounce you, with harsh rasping voice, aesthetically oppressive in mind and manner; he has not the faintest conception how to behave or observe the rules of civilised intercourse. At the same time, I have a very great respect and even liking of him. In many respects he is the best man here. A very able and devoted public servant, carrying an immense burden of responsibility and initiative, of high integrity and of clear sighted idealistic international purpose, genuinely intending to do his best for the world. Moreover, his over-powering will combined with the fact that he has constructive ideas mean that he does get things done, which few else here

do. He is not open to flattery in any crude sense. The way to reach him is to respect his purpose, arouse his intellectual interest (it is a great softener to intercourse that is easy to arouse his genuine interest in the merits of any issue) and to tell him off very frankly and firmly without finesse when he has gone off the rails of relevant argument or appropriate behaviour.« Keynes, John Maynard, 3.10.1943, *Letter to Sir Wilfrid Eady*. Zitiert nach Moggridge, Donald (Hrsg.), *The Collected Writings of John Maynard Keynes, Volume XXV: Activities, 1940–44 – Shaping the Post-War World: The Clearing Union*. Basingstoke: The Macmillan Press Ltd. 1980, 356.

91 Nach Auskunft von Dr. E. M. Bernstein. Zitiert nach van Dormael, Armand, *Bretton Woods: Birth of a Monetary System*. London: Macmillan 1978, 101.

92 Übersetzung des Autors, »What absolute Bedlam these discussions are! Keynes and White sit next [to] each other, each flanked by a long row of his own supporters. Without agenda or any prepared idea of what is going to be discussed they go for each other in a strident duet of discord, which after a crescendo of abuse on either side leads up to a chaotic adjournment of the meeting in time for us to return to the Willard [Intercontinental hotel] for a delegation meeting.« Zitiert nach Moggridge, Donald (Hrsg.), *The Collected Writings of John Maynard Keynes, Volume XXV: Activities, 1940–44 – Shaping the Post-War World: The Clearing Union*. Basingstoke: The Macmillan Press Ltd. 1980, 364.

93 Übersetzung des Autors, »Anglo-American co-operation is absolutely certain to progress in the long run because, however much one may talk and rave, as soon as one seriously considers any alternative, one sees how hopeless and misguided it would be. The alternative simply is not thinkable; therefore, we must be of good courage.« Keynes, John Maynard, 3.10.1943, *Letter to Redvers Opie*. Zitiert nach Moggridge, Donald (Hrsg.), *The Collected Writings of John Maynard Keynes, Volume XXV: Activities, 1940–44 – Shaping the Post-War World: The Clearing Union*. Basingstoke: The Macmillan Press Ltd. 1980, 447.

94 Übersetzung des Autors, »God knows what you will think of it when you see it, for it is an extremely odd document. In my opinion there are very genuine motives behind it. It is by no means what is wanted to do the trick, but it is capable in certain favourable circumstances of helping the situation. The trouble is that in order to meet alleged American feelings it has been wrapped up and camouflaged to look quite opposite of its real intention. The result is, or so it seems to me, that an outside critic will regard it as a the work of a near lunatic, or as some sort of a bad joke. What Waley and I did on Saturday was to try and persuade him to make the real purpose a little more obvious. In my opinion he is a perfect ass to approach the problem in this way. One cannot possibly attain useful results without facing the music, if there is music to face, and putting the scheme before the world for

what it really is. You cannot humbug all the Continents simultaneously with a scheme intended to cover billions of dollars of trade. The thing must sail under its own proper colours. Put shortly the camouflage adopted is the following. To all appearances the scheme makes no difference between creditor and debtor countries. Debtor countries are called upon to play just as important a part in promoting overseas investment as creditor countries. There is no sort of linking up between responsibilities for overseas investment and the possession of a favourable balance of trade. Indeed, everything is done to disassociate these ideas as much as possible. Now clearly that is plain loony. Harry admits that without the least wish to dissent. Having put these lunatic robes on his Frankenstein he then proceeds at various stages to introduce jokers, which might actually cause the scheme in practice to work out in a way exactly the opposite of what it appears to be on the surface. How an intelligent and wise man like him can believe that this is the right way to approach a great issue, heaven knows. (...) He may be right in thinking the United States is 25 years out of date, and that no American banker will accept anything unless you first of all make it look entirely imbecile, but are people really so silly, or if so silly, so easily deceived as all that?« Keynes, John Maynard, 3.10.1943, *Letter to Sir Wilfrid Eady*. Zitiert nach Moggridge, Donald (Hrsg.), *The Collected Writings of John Maynard Keynes, Volume XXV: Activities, 1940–44 – Shaping the Post-War World: The Clearing Union*. Basingstoke: The Macmillan Press Ltd. 1980, 362–364.

95 Keynes, John Maynard, 13.10.1943, *Monetary Policy*, T247/27, Public Record Office. Zitiert nach Moggridge, Donald (Hrsg.), *The Collected Writings of John Maynard Keynes, Volume XXV: Activities, 1940–44– Shaping the Post-War World: The Clearing Union*. Basingstoke: The Macmillan Press Ltd. 1980, 377.

96 *Collado Notes*. NA.RG 59.800.515/6-2844, State Decimal File 1940–1944. Washington, D.C.: National Archives. Zitiert nach van Dormael, Armand, *Bretton Woods: Birth of a Monetary System*. London: Macmillan 1978, 165.

97 Übersetzung des Autors, »There have also been numerous meetings behind the scenes between White and myself (...) all has really gone very well indeed. There has not been a single moment of heat or serious dispute, and amiability has prevailed. White has proved an altogether admirable chairman. His kindness to me personally has been extreme. And behind the scenes he has always been out to find a way of agreement except when his own political difficulties stood in the way. The technique has been not to reach formal agreement on any matters, since White is much concerned not to present Bretton Woods with anything like a *fait accompli* or dotted line. Theoretically, therefore, we have merely received various proposals which different Delegations want to make and arranged them in order in a dossier; though

in fact, of course, we have, as indicated above, gone much further than that.« Keynes, John Maynard, 30.6.1944, *Letter to Sir Richard Hopkins*, T231/365. Zitiert nach Moggridge, Donald (Hrsg.), *The Collected Writings of John Maynard Keynes, Volume XXVI: Activities, 1941–46– Shaping the Post-War World: Bretton Woods and Reparations*. Basingstoke: The Macmillan Press Ltd. 1980, 66–67.

98 Übersetzung des Autors, »It is essential in judgement of the Americans with which we concur, that Bretton Woods Conference shall not be presented with agreement for rubber stamping. This will mean that we must reach general understanding particularly with the Americans about important clauses but the outline presented to the Bretton Woods Conference may contain some alternatives so that the Conference will have something to debate.« Keynes, John Maynard, 26.6.1944, *Correspondance of the Foreign Office*, FO371/40589, Public Record Office. Zitiert nach van Dormael, Armand, *Bretton Woods: Birth of a Monetary System*. London: Macmillan 1978, 167.

99 Übersetzung des Autors, »At the same time [White] agrees that we and the Americans should reach as high a degree of agreement behind the scenes as to which of the alternatives we are ready to drop and which we agree in pressing. Thus to the largest extent possible White and I will have an agreed text, but on the surface a good many matters may be presented in alternative versions. How this will work out remains to be seen.« Keynes, John Maynard, 25.6.1944, *Letter to Sir Richard Hopkins*, FO371/40948, Public Record Office. Zitiert nach van Dormael, Armand, *Bretton Woods: Birth of a Monetary System*. London: Macmillan 1978, 161.

100 Übersetzung des Autors, »On the top of page 6 you speak of unitas having 'only bookkeeping significance'. But has it even that in relation to the normal transactions of the Fund? Unitas comes in for the first time in Section IV and appears to have no relation to the normal transactions carried out under Section III. None of the transactions, as I understand the matter, in Section III will provide any country with holding of unitas.« Keynes, John Maynard, 9.6.1943, *Letter to Professor J. Viner*. Zitiert nach Moggridge, Donald (Hrsg.), *The Collected Writings of John Maynard Keynes, Volume XXV: Activities, 1940–44 – Shaping the Post-War World: The Clearing Union*. Basingstoke: The Macmillan Press Ltd. 1980, 321.

101 Übersetzung des Autors, »The Fund itself will own a mixed bag of national currencies, and transactions will consist in exchanging one of the these for another. This is in some respects one of the most fundamental distinctions between S.F. and C.U. (…). If members of the Fund were to acquire a holding of unitas in exchange for their initial contribution and then, as a result of clearing operations, exchange these holdings of unitas between one another, there would be very much less difference between the basic structures of the two schemes than there is at present.« Ebd.

102 Übersetzung des Autors, »They are adamant against monetisation of

unitas and hold out strongly for the mixed bag of currencies. They admit that our proposals are immeasurably better on merits, but declare that it is only by putting on this very peculiar fancy dress that they can get the thing through their own bankers. I do not believe a word of this and sometimes feel that the other departments are on our side, though with no strong convictions. (...) But there is nothing more difficult than to continue a controversy with people who admit that your proposal is immeasurably better than their own but nevertheless hold out on the ground that for obscure psychological reasons only theirs is practical politics.« Keynes, John Maynard, 3.10.1943, *Letter to Sir Wilfrid Eady*. Zitiert nach Moggridge, Donald (Hrsg.), *The Collected Writings of John Maynard Keynes, Volume XXV: Activities, 1940–44– Shaping the Post-War World: The Clearing Union*. Basingstoke: The Macmillan Press Ltd. 1980, 359–360.

103 Übersetzung des Autors, »And we are very content indeed with what we have accomplished – greatly in excess of our best expectations. Everyone most kind, a great *will to agree*, and a remarkable comradeship growing up between the British and American civil servants with almost emotional scenes on parting. We all really are trying to make good economic bricks for the world after the war – however hopelessly difficult the political problems may be.« Keynes, John Maynard, 18.10.1943, *Letter to F. A. Keynes*. Zitiert nach Moggridge, Donald (Hrsg.), *The Collected Writings of John Maynard Keynes, Volume XXV: Activities, 1940–44 – Shaping the Post-War World: The Clearing Union*. Basingstoke: The Macmillan Press Ltd. 1980, 374.

104 Übersetzung des Autors, »The countries that joined the IMF between 1945 and 1971 agreed to keep their exchange rates (the value of their currencies in terms of the U.S. dollar and, in the case of the United States, the value of the dollar in terms of gold) pegged at rates that could be adjusted only to correct a 'fundamental disequilibrium' in the balance of payments, and only with the IMF's agreement.« http://www.imf.org/external/about/histcoop.htm, 16.6.2009.

105 Smith, Frederick C., 15.2.1945, *Bretton Woods Agreements Act, Hearing before the Committee on Banking and Currency*, House of Representatives, 79th Congress, 1st Session, on HR2211. Zitiert nach van Dormael, Armand, *Bretton Woods: Birth of a Monetary System*. London: Macmillan 1978, 254.

106 Übersetzung des Autors, »That we did not openly and fully thrash out this issue was, of course, the initial mistake. As we all know, both the reason and the excuse for this is simply that we were not given time to do so. I myself had never seen the final text of the clauses now under discussion at the time when I signed the paper, since they had not emerged from the drafting committee soon enough for a complete text to be circulated.« Keynes, John Maynard, 5.4.1945, *Letter to Brand*, FO371/45664, Public Record Office. Zitiert nach van Dormael, Armand, *Bretton Woods: Birth of a Monetary System*. London: Macmillan 1978, 238.

107 Vgl. van Dormael, Armand, *Bretton Woods: Birth of a Monetary System*. London: Macmillan 1978, 157.

108 Vgl. ebd.

109 Übersetzung des Autors, »Secretaries, like all other officers of the Conference, are on this occasion international officials and for all practical purposes lose not only their national identity but their allegiance to the organizations, governmental or otherwise, with which they are affiliated.« *Proceedings and Documents of United Nations Monetary and Financial Conference, Bretton Woods NH, July 1–22, 1944*, Washington, D.C.: Department of State 1948, 1136. Zitiert nach van Dormael, Armand, *Bretton Woods: Birth of a Monetary System*. London: Macmillan 1978, 175.

110 Vgl. van Dormael, Armand, *Bretton Woods: Birth of a Monetary System*. London: Macmillan 1978, 156–167.

111 Übersetzung des Autors, »Cuba: They would be silent members and their main function would be to bring cigars.« Opie, Redvers, 24.5.1944, *Letter to Foreign Office*, FO371/40588, Public Record Office. Zitiert nach van Dormael, Armand, *Bretton Woods: Birth of a Monetary System*. London: Macmillan 1978, 153.

112 Übersetzung des Autors, »Twenty-one countries have been invited which clearly have nothing to contribute an will merely encumber the ground, namely, Colombia, Costa Rica, Dominica, Ecuador, Salvador, Guatemala, Haiti, Honduras, Liberia, Nicaragua, Panama, Paraguay, Philippines, Venezuela, Peru, Uruguay, Ethiopia, Iceland, Iran, Iraq, Luxemburg. The most monstrous monkey-house assembled for years. (…) Certainly it would seem quite outrageous and hopelessly unreal to put on to the Committee not only a pack of countries which know nothing of international finance but even Cuba, whilst excluding Holland and her Empire.« Keynes, John Maynard, 30.5.1944, *The Monetary Conference, to Sir David Waley*, T247/28, Public Record Office. Zitiert nach Moggridge, Donald (Hrsg.), *The Collected Writings of John Maynard Keynes, Volume XXVI: Activities, 1941–46 – Shaping the Post-War World: Bretton Woods and Reparations*. Basingstoke: The Macmillan Press Ltd. 1980, 42.

113 Übersetzung des Autors, »Dr White's conception of all this seems to get 'curioser and curioser'. 42 nations, 43 in all, have been invited for July 1. They are to have no power of commitment or final decision and everything is to be *ad referendum*. Nevertheless it now appears that they are not even to have the semblance of doing any work, since that is to be done before they meet. (…) The American newspapers have indicated that 'the Conference beginning on July 1 may last several weeks'. Unless this is a misprint for several days, it is not easy to see how the main monkey-house is going to occupy itself. It would seem probable that acute alcoholic poisoning would set in before the end.« Ebd., zitiert nach Moggridge, Donald (Hrsg.), *The Collected Writings of John Maynard Keynes, Volume XXVI: Activities, 1941–46 – Shaping the Post-War World: Bretton Woods and Reparations*. Basingstoke: The Macmillan Press Ltd. 1980, 41.

114 Übersetzung des Autors, »The Russian delegate (...) turned the meeting over to his Canadian colleague as soon as he had made his inaugural speech (in Russian). This sensible procedure has not unfortunately been imitated by other chairmen, with the result that several of the committees moved with maddening slowness.« Miles, 8.7.1944, *Miles Memorandum*, FO371/40918, Public Record Office. Zitiert nach van Dormael, Armand, *Bretton Woods: Birth of a Monetary System*. London: Macmillan 1978, 173.

115 Übersetzung des Autors, »There were a great many varieties of people and a great many varieties of unintelligible English spoken. Most everything was said in what was supposed to be English. The Russians didn't speak English; neither their interpreters. The French spoke English but always had trouble in being satisfied that their exact meaning was properly translated by their interpreters. (...) The Russians were an interesting group. I could not help feeling that they were struggling between the firing squad on the one hand and the English language on the other. They seemed to be very much afraid of the reactions in their own country, and didn't dare to make a step without consultation by phone or cable with their Government.« *Emanuel Goldenweiser Papers*, Library of Congress, Bretton Woods Conference, Box 4.

116 Übersetzung des Autors, »You have a very complicated procedure. First of all, you get a report of the Drafting Committees, Committee One, and Committee so and so. Those things are all brought up. People think they are about ready to vote on something. Then they discover that isn't true because it has been referred to an *ad hoc* Committee or a Special Committee, and then it has to go to the Drafting Committee (...).« *Morgenthau Diary* 753, Franklin D. Roosevelt Library, Hyde Park NY, 135–136. Zitiert nach van Dormael, Armand, *Bretton Woods: Birth of a Monetary System*. London: Macmillan 1978, 200–203.

117 Übersetzung des Autors, »I am sure they have been settled, but I don't think the delegates know that.« Ebd.

118 *Morgenthau Diary* 753, Franklin D. Roosevelt Library, Hyde Park NY, 224–287. Zitiert nach van Dormael, Armand, *Bretton Woods: Birth of a Monetary System*. London: Macmillan 1978, 177–178.

119 Übersetzung des Autors, »This is a formal Quota Committee, which presumably will report the quotas to the Commission, but we won't call them to meet. United States is chairman. We won't call them to meet until we have the quota settled, but at least we met the requirements of the moment.« *Morgenthau Diary* 752, Franklin D. Roosevelt Library, Hyde Park NY, 40–86. Zitiert nach van Dormael, Armand, *Bretton Woods: Birth of a Monetary System*. London: Macmillan 1978, 180.

120 *Morgenthau Diary* 753, Franklin D. Roosevelt Library, Hyde Park NY, 77–116 und 133–136. Zitiert nach van Dormael, Armand, *Bretton Woods: Birth of a Monetary System*. London: Macmillan 1978, 200–203.

121 *Boerneuf Notes*, Board of Governors of the Federal Reserve System,

Washington, D.C.: Bretton Woods Institutions. Zitiert nach van Dormael, Armand, *Bretton Woods: Birth of a Monetary System*. London: Macmillan 1978, 200–203.

122 Übersetzung des Autors, »The commission meeting this afternoon is extremely important. This is where we either fish or cut bait on most of these things.« *Morgenthau Diary* 753, Franklin D. Roosevelt Library, Hyde Park NY, 77–116. Zitiert nach van Dormael, Armand, *Bretton Woods: Birth of a Monetary System*. London: Macmillan 1978, 202.

123 Übersetzung des Autors, »[the commission on the Fund] covered quite a little material. A good deal of it was passed, and some of it was referred back to a special commission which is to consider it tonight.« Ebd.

124 *Morgenthau Diary* 754, Franklin D. Roosevelt Library, Hyde Park NY, 3. Zitiert nach van Dormael, Armand, *Bretton Woods: Birth of a Monetary System*. London: Macmillan 1978, 203.

125 Vgl. van Dormael, Armand, *Bretton Woods: Birth of a Monetary System*. London: Macmillan 1978, 213.

126 Übersetzung des Autors, »We have all of us worked every minute of our waking hours practically without intermissions for what is now four weeks (...). I have resolutely refused to go to any committees after dinner (except once against orders which promptly led to a heart attack, so that I suffered from guilt not less than from bodily discomfort!).« Keynes, John Maynard, 21.7.1944, *Letter to Sir John Anderson 'Treasury. Anglo-American Consideration Agreement (Article VII) Clearing Union Plan'*, T160/1375/F17942/010/2, Public Record Office. Zitiert nach van Dormael, Armand, *Bretton Woods: Birth of a Monetary System*. London: Macmillan 1978, 215.

127 Vgl. van Dormael, Armand, *Bretton Woods: Birth of a Monetary System*. London: Macmillan 1978, 214.

128 Übersetzung des Autors, »I think we will start and maybe Lord Keynes can catch up.« *Morgenthau Diary* 756, Franklin D. Roosevelt Library, Hyde Park NY, 46–52. Zitiert nach van Dormael, Armand, *Bretton Woods: Birth of a Monetary System*. London: Macmillan 1978, 213.

129 Übersetzung des Autors, »The signature, therefore, of the Final Act would be essentially, or entirely, a statement by the signer that he had attended the Conference and had witnessed these things being done.« Ebd., zitiert nach van Dormael, Armand, *Bretton Woods: Birth of a Monetary System*. London: Macmillan 1978, 214.

130 Übersetzung des Autors, »(...) we have perhaps accomplished here in Bretton Woods something more significant than what is embodied in this Final Act. We have shown that a concourse of 44 nations are actually able to work together at a constructive task in amity and unbroken concord. Few believed it possible. If we can continue in a larger task as we have begun in this limited task, there is hope for the world. At any rate we shall now disperse to our several homes with new

friendships sealed and new intimacies formed. We have been learning to work together. If we can so continue, this nightmare, in which most of us here present have spent too much of our lives, will be over. The brotherhood of man will have become more than a phrase.« Keynes, John Maynard, 22.7.1944, in: *Proceedings and Documents of United Nations Monetary and Financial Conference, Bretton Woods NH, July 1–22, 1944*. Washington, D.C.: Department of State, 1948, 1240–1242. Zitiert nach van Dormael, Armand, *Bretton Woods: Birth of a Monetary System*. London: Macmillan 1978, 2.

131 Vgl. van Dormael, Armand, *Bretton Woods: Birth of a Monetary System*. London: Macmillan 1978, 222.

132 War Cabinet, 7.2.1944, *The Washington Conversations on Article VII, Annex A, (i) The Proposal for an International Monetary Fund, Statement of Principles*, National Archives, cab/66/46/31, 18–20, http://filestore.nationalarchives.gov.uk/pdfs/small/cab-66-46-wp-44-81-31.pdf, 16.7.2009.

133 Übersetzung des Autors, »Harry, your plan is so darned complicated I asked our people to put down briefly in layman's language so I could understand the darned thing, just what it means.« *Morgenthau Diary* 657, Franklin D. Roosevelt Library, Hyde Park NY, 6. Zitiert nach van Dormael, Armand, *Bretton Woods: Birth of a Monetary System*. London: Macmillan 1978, 242.

134 Übersetzung des Autors, »This Conference produced a document called the Final Act. It is, I confess, a difficult document, inevitably long and technical. There are some obscurities of language in it which have led to misunderstanding and must be clarified.« Anderson, Sir John, in: Financial News, 3.10.1945. Zitiert nach van Dormael, Armand, *Bretton Woods: Birth of a Monetary System*. London: Macmillan 1978, 266.

135 Übersetzung des Autors, »We cannot be expected to sign an instrument which is either self-contradictory or hopelessly obscure.« Keynes, John Maynard, 29.12.1944, *Memorandum*, FO371/45662, Public Record Office. Zitiert nach van Dormael, Armand, *Bretton Woods: Birth of a Monetary System*. London: Macmillan 1978, 235.

136 Übersetzung des Autors, »Some weeks ago, Lord Bradbury (…) complained that the previous joint statement (…) so far from being plain English, was hardly even English at all. Yet that document was clarity itself compared with the tangle of tricky technical clauses contained in the final draft (…). Is it really conceivable that Parliament could pass such a suicidal measure?« Einzig, Paul, in: »Daily Express«, 10.8.1944. Zitiert nach van Dormael, Armand, *Bretton Woods: Birth of a Monetary System*. London: Macmillan 1978, 227.

137 Übersetzung des Autors, »A member whose monetary authorities, for the settlement of international transactions, in fact freely buy and sell gold within the limits prescribed by the Fund under Section 2 of this Article (…).« *The Bretton Woods Agreements*, 22.7.1944, Article IV, Section 4, (b), 30, http://www.teamlaw.org/BWAgreements.pdf, 15.7.2009.

138 Übersetzung des Autors, »Now, while the United States is in a position to buy and sell gold freely, Great Britain is hardly likely to be able to do so. (…) As a result, while weak currencies will have to be supported in London, they may not be supported in New York, and will then decline below their London cross rate.« Einzig, Paul, in: »Daily Express«, 23.8. und 15.11.1944. Zitiert nach van Dormael, Armand, *Bretton Woods: Birth of a Monetary System*. London: Macmillan 1978, 228.

139 Keynes, John Maynard, 6.12.1944, *Letter to H. D. White*, FO371/45662, Public Record Office. Zitiert nach van Dormael, Armand, *Bretton Woods: Birth of a Monetary System*. London: Macmillan 1978, 232.

140 Vgl. van Dormael, Armand, *Bretton Woods: Birth of a Monetary System*. London: Macmillan 1978, 232.

141 Übersetzung des Autors, »I added that I believed most of the other signatories would be extremely surprised if the alleged effect of what they have signed were to be pointed out to them. (We, all of us, had to sign, of course, before we had a chance of reading through a clean and consecutive copy of the document. All we had seen of it was the dotted line. Our only excuse is the knowledge that our hosts had made final arrangements to throw us out of the hotel, unhouselled, disappointed, unaneled, within a few hours.)« Keynes, John Maynard, 29.12.1944, *Memorandum*, FO371/45662, Public Record Office. Zitiert nach van Dormael, Armand, *Bretton Woods: Birth of a Monetary System*. London: Macmillan 1978, 233.

142 Übersetzung des Autors, »In addition, the Chancellor would be in a poor position if he had to explain to the House of Commons that the apparent let-out which had been written into the agreement was a pure deception, because the British representatives at Bretton Woods had not been wide-enough awake to notice that the provision had been made ineffective. As far as intention was concerned, this related only to very few individuals, those who had written up the Final Act; the question had never been raised in a main committee. What had been secured after much open debate, had been 'quietly removed and cancelled out'.« Ebd. Zitiert nach van Dormael, Armand, *Bretton Woods: Birth of a Monetary System*. London: Macmillan 1978, 234.

143 Ebd. Zitiert nach van Dormael, Armand, *Bretton Woods: Birth of a Monetary System*. London: Macmillan 1978, 235.

144 Keynes, John Maynard, 23.2.1945, *Letter to R. H. Brand*, FO371/45663, Public Record Office. Zitiert nach van Dormael, Armand, *Bretton Woods: Birth of a Monetary System*. London: Macmillan 1978, 236.

145 Halifax, 21.4.1945, *Letter to Foreign Office*, FO371/45664, Public Record Office. Zitiert nach van Dormael, Armand, Bretton Woods: *Birth of a Monetary System*. London: Macmillan 1978, 238.

146 Übersetzung des Autors, »The difficulties of interpretation which formed the subject of the Chancellor's letter were raised by Keynes in writing shortly after our return from Bretton Woods, and subsequently

while Keynes was in Washington last Autumn. Therefore, to alter the date would imply that this is a last minute reflection on our part, which is not correct. (...) although it can scarcely be disputed that the final drafting was rather rushed and may reveal other imperfections, it might be embarrassing to the United States Treasury to have such criticism on record if there is any risk of the letter having to be produced or published. [The reference to haste and hurry will be removed in order to] spare Mr. Morgenthau embarrassment (...).« Correspondance of the Foreign Office, 3.5.1945, *Foreign Office to Halifax*, FO371/45664, Public Record Office. Zitiert nach van Dormael, Armand, *Bretton Woods: Birth of a Monetary System*. London: Macmillan 1978, 239.

147 Übersetzung des Autors, »The kid who owns the ball is usually captain and decides when and where the game will be played and who will be in the team. While international monetary stabilization is not baseball, it is a game. Gold is necessary to that game as is the ball and bat are to baseball. Since the U.S. now owns some twenty-one of the world's reported twenty-eight billions of gold, we think Uncle Sam is going to be the captain of the team or there will be no game.« *New York World Telegram*, ca. 04.1943. Zitiert nach van Dormael, Armand, *Bretton Woods: Birth of a Monetary System*. London: Macmillan 1978, 94.

148 Heitmüller, W., *Neue Fronten im angelsächsischen Währungskrieg*. In: »Deutsche Bergwerks Zeitung«, 8.6.1944, 1.

149 *Wirtschaftsordnung statt Währungsutopie*. In: »Deutsche Allgemeine Zeitung«, 8.7.1944, 1-2.

150 Quelle: National Archives, Bild 208-N-43888.

151 Übersetzung des Autors, »The president has directed the Foreign Economic Administrator to take steps immediately to discontinue all Lend-Lease operations and to notify foreign governments receiving Lend-Lease of this action. The president directs that all outstanding contracts for Lend-Lease are cancelled, except where Allied governments are willing to agree to take them over or where it is in the interest of the United States to complete them.« Presseerklärung des Weißen Hauses, in: »The New York Times«, 22.8.1945. Zitiert nach van Dormael, Armand, *Bretton Woods: Birth of a Monetary System*. London: Macmillan 1978, 271-272.

152 Vgl. van Dormael, Armand, *Bretton Woods: Birth of a Monetary System*. London: Macmillan 1978, 272.

153 Übersetzung des Autors, »Personally I am now rather at the end of my physical reserves.« Keynes, John Maynard, 27.11.1945, *Letter to Sir Wilfrid Eady*, FO371/45711, Public Record Office. Zitiert nach van Dormael, Armand, *Bretton Woods: Birth of a Monetary System*. London: Macmillan 1978, 274.

154 Übersetzung des Autors, »Secretary Vinson reiterated that the granting of a credit to the U.K. was dependent on the British agreeing to Bretton Woods. He stated that it had been made clear to the British

that they would have to ratify Bretton Woods before the credit proposal was put to Congress.« RG59, General Records of the Department of State, Lend-Lease and International Finance Files of Hubert Havlik, Box 5, *US/FIN Minutes Meeting*, 13.11.1945. National Archives, Washington, D.C. Zitiert nach van Dormael, Armand, *Bretton Woods: Birth of a Monetary System*. London: Macmillan 1978, 274.

155 Übersetzung des Autors, »Beggars cannot be choosers. But they can, by long tradition, put a curse on the ambitions of the rich.« The Economist, 15.12.1945. Zitiert nach van Dormael, Armand, *Bretton Woods: Birth of a Monetary System*. London: Macmillan 1978, 275.

156 Übersetzung des Autors, »Some of us have been pressing for a discussion on [the Bretton Woods Agreement] for the last ten months. We have never been allowed to have a discussion. Now we have a pistol pointed at our heads, and are told that we have to pass the whole thing in three days.« Boothby, *House of Commons Debates, Anglo-American Economic and Financial Agreement*. HC Deb, 06 December 1945, vol 416, cc2672. http://hansard.millbanksystems.com/commons/1945/dec/06/anglo-american-economic-and-financial, 28.7.2009.

157 Übersetzung des Autors, »(...) whether we want a trade war with America or not, we have got it, and no matter what our voting position is tonight, we still have a trade war. (...) There is no wisdom in this loan, and there is no kindness in it. There is nothing in the terms of the loan which gives us any reason to suppose that an administration which could offer a niggardly, barbaric antediluvian, settlement such as this, can (...) help the world.« Lee, Jennie, *House of Commons Debates, Anglo-American Financial and Economic Discussions,* HC Deb, 13 December 1945, vol 417, cc667–682, http://hansard.millbanksystems.com/commons/1945/dec/13/anglo-american-financial-and-economic, 28.7.2009.

158 Übersetzung des Autors, »The Government's Motion asks us to welcome a set of proposals which, apart from a settlement of the Lend-Lease Agreement, are obscure, harsh, and, I regret to say unworthy of two allies who have just saved the world by their exertions. None the less, I see that we must have a dollar credit because the sacrifices that we have made in the war have reduced us to such serious financial straits that we cannot get on without it. But the terms on which the credit is offered are extremely hard. When I read the Loan Agreement I came to the conclusion that the Americans believed that the war began with a bang at Pearl Harbour and ended with a bang in Tokyo Bay. (...) It is true that the shooting has almost stopped and that we have taken the black-out down from our windows, but the blackout remains on many other aspects of our lives, and we had hoped that the Americans would help us to remove those other blackouts as generously as they helped us in the war. In that hope we are disappointed. Such are the terms of the credit that the children and grandchildren of those of

our generation who served and died in this war will have to go on paying America for the effort they put into the common cause for freedom. It is just because the Americans set such a superb standard of generosity during the war that we feel so keenly the swift return to the level and practice of commerce (…). These proposals throw down in front of the British people a tremendous challenge. We have faced challenges of that sort in our history before and we have come through, and we shall come through this time, but only provided that we base our action on the world as it is and not on the world as we would like it to be. I see this (…) small country (…) standing between the revised imperialism of Russia and the commercial aggression of America. (…) I think we ought to place the united experience of this country, which in these commercial matters is far greater than that of any other country in the world at the disposal of America and Russia and show them just how they can and should contribute to a real multilateral trading system as much as we have been asked to contribute in these onesided and obscure proposals.« Eccles, David, *House of Commons Debates, Anglo-American Financial and Economic Discussions*, HC Deb, 13 December 1945, vol 417, cc675–682, http://hansard.millbanksystems.com/commons/1945/dec/13/anglo-american-financial-and-economic, 28.7.2009.

159 Übersetzung des Autors, »Everyone is aware of the many objections to the Agreement which is now before us. The Government have in no way concealed their disappointment. They tell us that they have not been able to procure easier terms, and I think I may say that we wholeheartedly share their disappointment. (…) We are told that this is a commercial transaction and that the loan can only be viewed as a commercial transaction. (…) It is a great pity that a commercial transaction should be mixed up with other non-commercial transactions, such as the agreement at Bretton Woods, upon which we have to pass a Bill, or the Commercial Policy Declaration on which there is to be agreement between the two countries to approach together along concerted lines. All the arguments for treating the loan as a commercial transaction tell against linking with it acceptance of other extraneous, and altogether separate, agreements. It is a pity that we should have allowed a commercial loan agreement to be mixed up and linked up with other transactions. I do not like the mixture. (…) As it is, we seem to have the worst of it both ways. (…) it is in fact too bad to be true (…) I resent (…) the indecent haste with which these most serious complex matters are thrust before us, and have to be settled. There have been months of secret negotiation—each day there have been rumours about them, which have been contradicted by the rumours of the day after. Now, suddenly, we are confronted with this set of complicated, grave, far-reaching White Papers, and we are told that we must accept them within a few days—indeed, within a limited number of Parliamentary hours. I make it a cause of complaint against the Gov-

ernment that they have let themselves be browbeaten in this matter of time. (…) For these reasons, upon which it would be easy to expatiate, we on this side of the House refuse altogether to accept any responsibility for this set of transactions. We recognise that it is the duty of the Government to decide. (…) The task falls to me, as Leader of the Conservative Party, to give advice to my hon. Friends as to what our conduct should be in this present bleak and difficult situation. (…) We therefore thought it better and wiser to abstain as a body (…) and that is the course we intend to pursue. (…) Whatever complaints we make about these present proposals, whatever misgivings–and they are very serious–are aroused in our breasts, both their generosity and the championship by the United States of the cause of freedom will ever stand forth as a monument of human virtue and of future world hope. Churchill, Winston, *Anglo-American Financial and Economic Discussions*, HC Deb, 13 December 1945, vol 417, cc714–718, http://hansard.millbanksystems.com/commons/1945/dec/13/anglo-american-financial-and-economic, 28.7.2009.

160 Übersetzung des Autors, »Repeated pledges have been given, as is generally admitted, by successive Governments, that we should have an opportunity of a full and free discussion of the Bretton Woods Agreement as such, but according to the Ruling you gave this afternoon, Sir, it will in fact be impossible for us to have such a full discussion.« Boothby, *House of Commons Debates, Bretton Woods Agreements*, Bill, HC Deb, 13 December 1945, vol 417, cc739, http://hansard.millbanksystems.com/commons/1945/dec/13/bretton-woods-agreements-bill, 29.7.2009.

161 Übersetzung des Autors, »It would not be in Order under this Bill, because, after all, this Bill is conditional on Bretton Woods being accepted (…) and this House cannot debate a matter on which it has already come to a conclusion.« Speaker, *House of Commons Debates, Bretton Woods Agreements*, Bill, HC Deb, 13 December 1945, vol 417, cc74, http://hansard.millbanksystems.com/commons/1945/dec/13/bretton-woods-agreements-bill, 29.7.2009.

162 Übersetzung des Autors, »I am very sorry I am not allowed to discuss the principle of the Bretton Woods Agreement, which I have been waiting to do for the last 18 months. (…) It seems to me I am absolutely hamstrung. I do not know where I am, or where I can start. I do not think I can do anything more than make a vehement, violent and vigorous protest, and say that if I were not of such a genial disposition, I should be almost tempted to challenge your Ruling and be removed by force by the Serjeantat-Arms from the House.« Boothby, *House of Commons Debates, Bretton Woods Agreements*, Bill, HC Deb, 13 December 1945, vol 417, cc744–745. http://hansard.millbanksystems.com/commons/1945/dec/13/bretton-woods-agreements-bill, 29.7.2009.

163 Diese und alle vorangehenden Abbildungen mit der Quelle IWF: In-

ternationaler Währungsfonds (IWF)/International Monetary Fund (IMF), IMF Archives, Bretton Woods Conference Collection: Photographs, http://www.imf.org/external/np/arc/eng/fa/BWC/s5.htm, 08.10.2009.

164 Übersetzung des Autors, »In greeting you here today, I cannot – and I would not – escape the nostalgic memories of our other meeting, that remarkable conference at Bretton Woods. (…) one of the most outstanding achievements of that conference was never recorded in the documents emerging from that historic assembly (…) the mutual trust and genuine understanding between the representatives of forty-five nations achieved at Bretton Woods (…) We have the Bretton Woods Agreements right here with us. Truly, I feel humble in the presence of those Agreements. They are great documents. They permeate this room with their honesty, their virtue and their truth. We sat down together and wrote them, with our hands and our hearts and our minds.« World and Fund Bank. *Inaugural Meeting. Minutes of the Opening Joint Session of the Boards of Governors of the International Monetary Fund and the International Bank for Reconstruction and Development. Savannah, Georgia, March 9, 1946.* 1–2. Zitiert nach van Dormael, Armand, *Bretton Woods: Birth of a Monetary System*. London: Macmillan 1978, 289.

165 »*Tillandsia usneoides* wird im Deutschen als 'Louisianamoos' und im Englischen als 'Spanish Moss' bezeichnet. Nach einer indianischen Legende ist Louisianamoos das Haar einer Prinzessin, die am Tage ihrer Hochzeit von Feinden getötet wurde. Der trauernde Bräutigam soll es abgeschnitten und in einen Baum gehängt haben. Der Wind trug das Haar fort und verteilte es so über das ganze Land.« http://de.wikipedia.org/wiki/Tillandsia_usneoides, 3.9.2009.

166 Übersetzung des Autors, »Mr. Chairman, Governors, Alternates, Advisors, and Observers, like several others here present, I have been intimately concerned with what will, I think, always be known as the Bretton Woods plans. The gestation has been long; the lusty twins are seriously overdue; they will have put on, I hope, as a result, a weight and strength which will do credit to their mixed and collective parentage. At any rate it is a privilege I would not have readily foregone to be present at the hour of birth, in some capacity whether as Governor or Governess, along with the midwives, nurses, doctors, and persons ready to christen (and, personally, I shall always hold to the view that the christening has been badly done and that the names should have been reversed). Hidden behind the veils of Spanish moss, I do not doubt that the usual fairies will be putting in an appearance at the christening, carrying appropriate gifts. What gifts and blessings are likely to be most serviceable to the twins, whom (rightly or wrongly) we have decided to call 'Master Fund' and 'Miss Bank'? The first fairy should bring, I suggest, a Joseph's coat, a many-coloured raiment to be worn by these children as a perpetual reminder that they belong to

the whole world and that their sole allegiance is to the general good, without fear or favour to any particulate interest. Pious words exceedingly difficult to fulfil! There is scarcely any enduringly successful experience yet of an international body which has fulfilled the hopes of its progenitors. Either an institution has become diverted to be the instrument of a limited group, or it has been a puppet of sawdust through which the breath of life does not blow. Every incident and adjunct of our new-born institutions must be best calculated to emphasise and maintain their truly international character and purpose. Now, the second fairy, being up-to-date, will bring perhaps a box of mixed vitamins, A, B, C, D and all the rest of the alphabet. For the children may faithfully wear their many-coloured raiment, yet themselves show pale, delicate faces. Energy and fearless spirit, which does not shelve and avoid difficult issues, but welcomes them, is what we must demand from our nurslings. The third fairy perhaps, much older and not nearly so up-to-date, may like the Pope with his cardinals, close the lips of the children with her hand and then open them again, invoking a spirit of wisdom, patience, and grave discretion, so that, as they grow up, they will be respected and safe recipient of confidence, of troubles, and of perplexities, a reliable and prudent support to those who need them in all times of difficulty. For if these institutions are to win the full confidence of the suspicious world, it must not only be, but appear, that their approach to every problem is absolutely objective and ecumenical, without prejudice or favour. I am asking and hoping, you will see, a great deal. I hope that Mr. Kelchner has not made any mistake and that there is no malicious fairy; no Carabosse, whom he has overlooked and forgotten to ask to the party. For if so, the curses which that bad fairy will pronounce will, I feel sure, run as follows: 'You two brats shall grow up politicians; your every thought and act shall have an arrière-pensée; everything you determine shall not be for its own sake or in its own merits but because of something else'. If this should happen, then the best that could befall – and that is how it might turn out – would be for the children to fall into an eternal slumber, never to waken or be heard of again in the courts and markets of mankind. Well, Ladies and Gentlemen, fairies or no fairies, this looks like being a very pleasant party and a happy christening, and let the omens be good.« Keynes, John Maynard, 9.3.1946, *Speech at Inaugural Meeting of Governors of Fund and Bank*, T247/83, Public Record Office. Zitiert nach Moggridge, Donald (Hrsg.), *The Collected Writings of John Maynard Keynes, Volume XXVI: Activities, 1941–46 – Shaping the Post-War World: Bretton Woods and Reparations*. Basingstoke: The Macmillan Press Ltd. 1980, 215–217.

167 Übersetzung des Autors, »I don't mind being called malicious, but I do mind being called a fairy.« Gardner, Richard N., *Sterling-Dollar Diplomacy – Anglo-American Collaboration in the Reconstruction of Multilateral Trade.*

Oxford: Clarendon Press 1956, 266. Zitiert nach van Dormael, Armand, *Bretton Woods: Birth of a Monetary System*. London: Macmillan 1978, 292.

168 Übersetzung des Autors, »The Americans have no idea how to make these institutions into operating international concerns, and in almost every direction their ideas are bad. Yet they plainly intend to force their own conceptions through regardless of the rest of us. The result is that the institutions look like becoming American concerns, run by gigantic American staffs, with the rest of us very much on the sidelines. I am sure that when they get down to operations things will not work out as they are expecting. Perhaps it is only at that stage that criticism will become effective. At present I can only say that I am pretty pessimistic. The Americans at the top seem to have absolutely no conception of international cooperation; since they are the biggest partners they think they have the right to call the tune on practically every point. If they knew the music that would not matter so much; but unfortunately they don't.« Keynes, John Maynard, 12.3.1946, *Letter to R. F. Kahn*. Zitiert nach Moggridge, Donald (Hrsg.), *The Collected Writings of John Maynard Keynes, Volume XXVI: Activities, 1941–46 – Shaping the Post-War World: Bretton Woods and Reparations*. Basingstoke: The Macmillan Press Ltd. 1980, 217.

169 Übersetzung des Autors, »(1) the Fund and Bank should appear international and independent; (2) no single government should be in a position to influence unduly the directors and the staff; (3) there were technical advantages in being located in New York, which was the financial centre of the United States; and (4) co-operation with the Economic and Social Council would be easier.« Monetary Fund, *Selected Documents, Board of Governors Inaugural Meeting*. Washington, D.C.: International Monetary Fund 1946, 30. Zitiert nach van Dormael, Armand, *Bretton Woods: Birth of a Monetary System*. London: Macmillan 1978, 294.

170 Übersetzung des Autors, »The United States government had put in a large amount of money, and had a great interest in having both institutions located in Washington, to improve the confidence of the American people and to prevent private influence in New York from being too important.« Van Dormael, Armand, *Bretton Woods: Birth of a Monetary System*. London: Macmillan 1978, 294.

171 Übersetzung des Autors, »Our object when we set out was to secure a form of organisation for the Fund which would give it a good chance of becoming an international organ and focus of the central banks and Treasuries of the world, in which they would feel confidence and to which they would bring their doubts and technical troubles. We conceived [it] (…) being managed and conducted by a staff of international Civil Servants (…). This, if it went well, might furnish a truly international body for consultation and co-operation (…). We had not conceived it as possible that either institution would be placed away from New York. In New York they would be in daily contacts which

can be provided by a great centre of international finance; they would be sufficiently removed from the politics of Congress and the nationalistic whispering gallery of the embassies and legations of Washington; and they would probably be sufficiently near the seat of U.N.O. to be able to co-operate closely on the economic and statistical side of their work with the Economic and Social Council. Passing through New York on our way to the Conference we discussed these ideas at the Federal Reserve Bank of New York, and found them in complete sympathy. No rumour had reached them of any site other than New York. No rumour reached us until a day or two before we left Washington for Savannah, when Mr Vinson told me that the American Delegation had decided that both institutions should be placed in Washington and that this was a final decision on the merits of which they were not prepared to discuss. The United States Administration, he said, were entitled to decide for themselves what location within the United States was to be preferred. At Savannah we soon found that a majority of the other Delegations (China, Poland and perhaps some South Americans were on the other side) shared our view that this was an unfortunate, indeed a very bad, decision. It also appeared that it was primarily a personal decision of Mr Vinson (...). Unfortunately Mr Vinson, before warning us or seeking our views, had thought fit to take his proposition directly to the President and to obtain his authority to make this an absolute instruction to the American Delegation from which they were not free to depart in any circumstances. This made it impossible for Mr Clayton, for example, to listen to our arguments, however much he recognised their force. Mr Vinson had no great difficulty in rail-roading this decision through the Conference, vocally supported (as became usual) by a pathetic procession of stooges, of which Ethiopia (represented by an American banker), Salvador, Guatemala, Mexico and China were prominent, with most of the rest discreetly silent but Canada and the Western Europeans supporting our views with greater or less tenacity.« Keynes, John Maynard, 27.3.1946, *The Savannah Conference on the Bretton Woods Final Act*, T247/83, Public Record Office. Zitiert nach Moggridge, Donald (Hrsg.), *The Collected Writings of John Maynard Keynes, Volume XXVI: Activities, 1941–46 – Shaping the Post-War World: Bretton Woods and Reparations*. Basingstoke: The Macmillan Press Ltd. 1980, 220–222.

172 Übersetzung des Autors, »It was a harsh fight in which Keynes, for the first time in his dealings with Americans, found himself faced not by arguments but by the big battalions of voting blocks. (...) We lost on every issue, not by the process of rational argument in debate but by the solid massing of the cohorts which voted automatically with America, mainly South American states, whose representatives could be depended on to read sometimes with considerable difficulty the speeches prepared for them by the Secretariat of the United States delegation.

(…) There were many countries represented at Savannah which thought as we did on these issues. But they never carried their view to the point of voting against the United States. We were the only ones to do so. The lobbying for votes, the mobilisation of supporters, the politics of lunch and dinner table, were not arts in which Keynes excelled or indeed which he attempted to cultivate. All the more reason for his bitter disappointment at the manner in which a trip he had anticipated as a pleasant interlude, a voyage to Savannah when the camellias were in bloom, an opportunity of meeting so many friends, should have turned out as it did. 'I went to Savannah to meet the world', he said, 'and all I met was a tyrant.'« Bareau, Paul, *Anglo-American Financial Relations Lectures Given at the London School of Economics*. Zitiert nach van Dormael, Armand, *Bretton Woods: Birth of a Monetary System*. London: Macmillan 1978, 301–302.

173 Übersetzung des Autors, »I should like to state at the start that I am not now and never have been a Communist, nor even close to becoming one. (…) The principles in which I believe, and by which I live, make it impossible for me to ever do a disloyal act or anything against the interests of our country, and I have jotted down what my belief is for the committee's information. My creed is the American creed. I believe in freedom of speech, freedom of thought, freedom of the press, freedom of criticism, and freedom of movement. I believe in the goal of equality of opportunity, and the right of each individual to follow the calling of his or her own choice, and the right of every individual to an opportunity to develop his or her capacity to the fullest. (…) I am opposed to arbitrary and unwarranted use of power or authority from whatever source or against any individual or group. I believe in a government of law, not of men, where law is above any man, and not any man above law. I consider these principles as sacred. I regard them as the basic fabric of our American way of life, and I believe in them as living realities, and not as mere words on paper. [… These principles] I have been prepared in the past to fight for, and am prepared to defend at any time with my life, if need be.« House Committee on Un-American Activities, *Communist Espionage in the United States Government*, Hearings, 80th Congress, 2nd Session, 1948, 878. Zitiert nach van Dormael, Armand, *Bretton Woods: Birth of a Monetary System*. London: Macmillan 1978, 306.

174 Bohlen, Celestine, *We're Stuck With Dollar as Reserve*. In: »The New York Times«, 2.4.2009, http://www.nytimes.com/2009/04/01/world/europe/01iht-letter.html, 10.8.2009.

175 Dines, James, *The Invisible Crash*. New York: Random House 1975, 30.

176 Quelle: Archival Research Catalog of the National Archives and Records Administration, ARC Identifier 541691.

177 Entworfen von I. Spreekmaster für das European Recovery Programme (Marshallplan), Lithografie, ca. 1950, Rotterdam.

178 Übersetzung des Autors, »Thus it was that the International Monetary Fund proved to be one of the greatest engines of inflation in the world's monetary history. (…) the United States (…) could simply print more paper. When U.S. inflation began to accelerate toward its terminal stages, the IMF forced other countries to keep their currencies from going to a premium against the dollar, so the United States forced the world to import inflation. Germany, for example, was forced to buy billions of dollars to support the dollar in relation to the mark and, in order to do so, issued billions of new marks. This increased Germany's money supply, and the dollars it absorbed became its 'reserves'.« Dines, James, *The Invisible Crash*. New York: Random House 1975, 31–32.
179 Deutsche Bundesbank, *Geld und Geldpolitik*, 2008, 141. http://www.bundesbank.de/download/bildung/geld_sec2/geld2_gesamt.pdf, 31.3.2009.
180 Vgl. Lips, Ferdinand, *Die Gold-Verschwörung*. Rottenburg: Kopp Verlag 2003, 106.
181 Coombs, Charles A., *The Arena of International Finance*. London: Wiley 1976, 152–173. Zitiert nach Lips, Ferdinand, *Die Gold-Verschwörung*. Rottenburg: Kopp Verlag 2003, 106.
182 Übersetzung des Autors, »The game lasted for decades, until Europe finally noticed the dollars piling up, first at their knees, then their navels, and finally their nostrils, and demanded that we slow down the printing presses. Charles de Gaulle tried to slow us down in the late 1960s, and the abuse he received was international. De Gaulle knew the only way to stop the U.S. Treasury was to demand gold for these paper dollars, a process which finally worked.« Dines, James, *The Invisible Crash*. New York: Random House 1975, 45–46.
183 Deutsche Bundesbank, *Geld und Geldpolitik*, 2008, 141. http://www.bundesbank.de/download/bildung/geld_sec2/geld2_gesamt.pdf, 31.3.2009.
184 Übersetzung des Autors, »Your editor has just returned from a trip to Europe snooping around as to the cause of why the price of gold is pushing up against its highs for the year. The Europeans are terrified about the huge dollar amounts piling up in their vaults, as we continue to run deficit after deficit each year, but there is no easy solution to them. They try to stick as many U.S. dollars on to West Germany as they can, who is forced to take them because their political life depends on American military might, but there are even limits there. Europeans resent the fact that U.S. dollar outflows are causing inflationary pressures in their countries, but if they blow the whistle and demand gold they will bankrupt us and make all their *remaining* dollars worthless. The Europeans have painted themselves into an astonishingly stupid corner and will remain baffled until the inevitable stampede out of that corner begins. March 5, 1971« Dines, James, *The Invisible Crash*. New York: Random House 1975, 256–257.
185 Übersetzung des Autors, »Over the weekend, at the American Bankers

Association in Munich, Treasury Secretary John B. Connally took rather a firm stand, describing it as without arrogance or defiance. Connally said 'We aren't going to devalue the dollar; we aren't going to change the price of gold; we have the right to expect more equitable trading arrangements to be initiated by others; and we also expect Europe to accept the responsibility to share more fully in the cost of defending the Free World.' (…) June 4, 1971.« Ebd., 261.

186 Übersetzung des Autors, »After we went to press last week the gold crisis we have long predicted would come, started. As the flight from paper in recent days proceeded first from a walk to the bank to buy gold, to a trot, a canter, and finally a gallop, the Bank of England closed down on March 15 under the strain. Everybody stopped selling gold, even NYC coin dealers. Secret sessions were suddenly summoned in Washington as the full extent of the panic finally began to penetrate the concrete between our politicians' eardrums. (…) The *New York Times* on March 16 editorialized that 'The members of the international gold pool who meet today in Washington are confronted with one unassailable fact: the payments network has broken down. Their task no longer is to avert collapse but to rebuild the structure.' (…) Gold managed to get the U.S. President to promise spending cuts, gold summoned ministers across the world wringing damp palms, it closed banks, and it might just get the United States out of Vietnam. Newspapers described the scene with words like 'pandemonium, panic, crisis, fantastic and turmoil.' Edwin L. Dale, Jr. in the March 16 *Times* wrote, 'Some Americans abroad learned what an international financial crisis could mean today when they were unable to cash their travelers checks into dollars. But there is no reason to expect any major impact at home, even if the world monetary system collapses.'(…) Over the weekend, news of international reaction to the crisis began to pour in. Gold dealers in Milan stopped selling gold because of an 'almost complete lack of supply.' Foreign exchange operations were halted around the world, from Finland to Malaysia. Stock exchanges closed around the world, even in South Africa, while hotels, restaurants and stores were refusing to accept U.S. dollars and British pounds. March 22, 1968.« Ebd., 206–209.

187 Vgl. http://de.wikipedia.org/wiki/Doppeldenk

188 Übersetzung des Autors, »In the March 24 *Times* a 'gentleman's agreement' was disclosed almost inadvertently. (…) the *Times* declared that 'Policymakers in Washington are now pondering whether, even with the stringent controls on international transactions that President Johnson imposed on New Year's Day, it will be possible to bring the payments deficit *down to an acceptable size* [underlining ours] while the Vietnam war is continuing'. And here is the coup de grâce: they talk about the U.S. inability to continue the war without full wartime controls and 'for this reason, the agreement – or perhaps more properly

the 'gentleman's understanding' – reached by the central bankers at Washington last weekend not to draw further from United States gold stocks at least for the time being, is of the utmost importance.' March 29, 1968.« Dines, James, *The Invisible Crash*. New York: Random House 1975, 210–211.

189 Übersetzung des Autors, »Germany, Switzerland, the Netherlands and Belgium refused to accept U.S. dollars because of an inability to turn those dollars into the U.S. for gold, thus shattering the system set up in 1944 at Bretton Woods which put the dollar in the center of the international monetary universe and defined it as $35 per ounce of gold. So bankrupt is the dollar, and so dismal and sorry its prospects, a mere casual remark last Monday night started it all. In a dinner discussion in Hamburg, French Finance Minister Valery Giscard d'Estaing suggested the price of gold should be raised as a means of stemming the dollar outflow to Europe; in other words the dollar should be devalued. This upset the Germans and Italians because they are big dollar holders and are thus reluctant to see a dollar devaluation. (…) In effect, all that has happened so far is the Europeans have hardened their hearts, and recognize the dollar as the major threat to international monetary stability. May 7, 1971.« Ebd., 257–258.

190 Vgl. ebd., 43–44.

191 Übersetzung des Autors, »As we long predicted, the devaluation occurred over a weekend, and it came with *wehrmacht-blitzkrieg* speed. There was no warning, again as we long predicted it would come. To see how governments devalue, for the future, here is what appeared on Friday before the devaluation in the August 13 *Wall Street Journal*: 'The currency situation, however, remained unsettled. Some analysts viewed a report the U.S. has proposed wider fluctuations for currencies from their par values as a sure sign the U.S. doesn't plan any devaluation of the dollar. One rumor popping up yesterday was that the White House has plans for a sizeable tax cut to help spur the economy. However, the rumor was denied by the administration.' On August 15, 1971, President Nixon declared Chapter XI Bankruptcy on the U.S. dollar. In his speech he unilaterally changed the 25-year-old International Monetary System and declared henceforth the U.S. would cease to convert foreign-held dollars into gold. (…) Clearly, the dollar is now a fiat currency, worthless, like the Russian ruble and the Lower Slobovnik. This is the first stage of a classic gold crisis. For the moment, the world currency situation is leaderless. (…) Germany, which has more dollars than we have gold in Fort Knox, will lose by an equivalent amount of the devaluation, which will in turn undermine her own currency – so additional financial turmoil seems certain in the near future. But the U.S. must cure the basic reasons for the devaluation such as outlay for foreign wars, maintenance of U.S. troops overseas without compensation, foreign aid, excessive tourism, unfair

trade restrictions by Japan and other countries, and above all a halt to U.S. inflation which prices our goods out of world markets. August 20, 1971.« Ebd., 268–269.

192 Vgl. ebd., 294–295.

193 Übersetzung des Autors, »The price of $35 an ounce was set in the Gold Reserve Act of 1934, and lasted until the December 1971 devaluation up to $38 an ounce. Now the price is $42.22 an ounce, which is just as ridiculous as the previous price was because the free market price is now at an all-time high of $75.93 in Hong Kong! Can you imagine grown men playing games like this with a commodity at completely unrealistic prices while the free market price is much higher? (…) February 16, 1973.« Ebd., 295.

194 Übersetzung des Autors, »On March 5 European finance ministers decided to keep their official currency-exchange markets closed all this week to help push the U.S. to act in this crisis. This means major currencies continued their »floating« this week by refusing to buy dollars to hold down the prices of their currencies, or to hold up the dollar's value. Thus, *the entire world is floating right now, an action we have been strongly recommending for over a decade, despite the fact everyone of political importance has disagreed with us.* (…) dollar holdings of foreign central banks and other official agencies are estimated at $70–$80 billion with another $20 billion or so in the hands of private parties abroad. With nearly $100 billion outstanding and only $10 billion on gold at Fort Knox the price of gold is going to have to go a lot higher to make these two numbers equal each other. Perhaps $200 gold will not be enough! March 9, 1973.« Ebd., 300.

195 Ebd., 299.

196 Ebd., 303.

197 Vgl. ebd., 310–311.

198 Vgl. ebd., 312–313.

199 Übersetzung des Autors, »Since the United States is running its printing presses faster than anybody else, and running bigger international deficits than anyone else, there are more dollars piling up overseas than can possibly be spent by foreigners here. Therefore, with supply and demand of paper being what it is, the excessive quantity of paper dollars overseas has been forcing the dollar lower in relation to other currencies. (…) So, foreigners begin erecting all kinds of barriers, such as twotier currencies (France will take dollars from tourists, but not from banks) and tariff walls. (…) Also behind this inflationary surge is the feeling of desperation by those who own dollars overseas (since they have not been able to get gold for those dollars since August 15, 1971) that they had damn well better spend those dollars really fast or they'll wind up using them for wallpaper. Thus they throw these dollars back into our faces as quickly as they can, only adding additional fuel to inflationary commodity pressures, Do you see how all these facts are in-

terrelated, and how we have tied the whole package together for you? With all those dollars flooding back from overseas, the control of the money supply is not even in Washington's hands any longer! (...) August 10, 1973.« Ebd., 315–316.

200 Übersetzung des Autors, »Arabs are now talking about raising oil prices again at the beginning of the second quarter, 'unless inflation is brought under control'. This to us is an ominous suggestion because it indicates Arabs finally realize they are being paid in depreciating dollars by increasingly shaky governments. Their choice is either to leave the oil in the ground until fiscal sanity re-emerges, or else transfer this paper immediately into gold. This draining of purchasing power from all the oil importers will slow their real growth and accelerate inflation all over the world. The ramifications are terrifying, not only economically and politically, but militarily. Will Europe stand and allow 3% of the Gross National Product of the entire European economy suddenly change hands from Europe to the Arabs? (...) January 11, 1974.« Ebd., 330–331.

201 Übersetzung des Autors, »(...) with paper money under enormous distrust, Britain and West Germany are now striking *barter* deals for Mideast oil! Britain is shipping Iran $242 million of textile fibers, steel, paper, chemicals and other industrial products. Doesn't the specter of people resorting to primitive barter say something to you? Doesn't it indicate that the standards of money are rotten to the core? (...) February 1, 1974.« Ebd., 339.

202 World_Official_Gold_Holdings_June_2009.pdf, http://www.research.gold.org/reserve_asset/, 10.8.2009.

203 http://www.treas.gov/tic/debta309.html, 10.8.2009.

204 Dines, James, *The Invisible Crash*. New York: Random House 1975, 42.

205 *The New York Times*, 7.6.1972. Zitiert nach Dines, James, *The Invisible Crash*. New York: Random House 1975, 286.

206 Grafik des Autors; Daten von Markt-Daten.de, http://www.markt-daten.de/daten/2006gold.txt und http://www.markt-daten.de/daten/gold.txt, 1.4.2009; Energy Information Administration, http://tonto.eia.doe.gov/dnav/pet/ hist/wtotopecw.htm, 1.4.2009.

207 http://www.aktivepolitik.de/USA_Kriege.htm, 19.8.2009.

208 Vgl. Lips, Ferdinand, *Die Gold-Verschwörung*. Rottenburg: Kopp Verlag 2003.

209 Übersetzung des Autors, »The financial history we have examined shows that exchange rate stability, when it occurs, has usually been linked to a hegemonic dominant currency. The problem with such a currency is that the hegemon has a shield that allows it to escape the full costs of breaking agreed monetary discipline. State sovereignty under these conditions is a fragile sovereignty, perhaps genuine for only a few states. This is true whether the regime is one of floating exchange rates or a rule-based one. Under a floating arrangement the holder of the hegemonic currency has possibly even more power. The US is in

a stronger position now to influence the dollar than under the Bretton Woods regime, where it could only influence the dollar exchange rate within set margins.« Braithwaite, John und Peter Drahos, *Global Business Regulation*. Cambridge: Cambridge University Press 2000, 138.

210 Vgl. Müller, Klaus, *Globalisierung*. Frankfurt am Main: Campus Verlag 2002, 112.

211 De Silguy, Yves-Thibault, 23.9.1997, *Speech delivered at the Euro and Asian Financial Markets Conference*, Hong Kong, Speech/97/187. Zitiert nach Braithwaite, John und Peter Drahos, *Global Business Regulation*. Cambridge: Cambridge University Press 2000, 119.

212 De Saint Phalle, Thibaut, *The Federal Reserve: An International Mystery*. New York: Praeger 1985, 277. Zitiert nach Braithwaite, John und Peter Drahos, *Global Business Regulation*. Cambridge: Cambridge University Press 2000, 120.

213 Übersetzung des Autors, »The convergence and harmonization work of the Commission is not just important to the EU, but to international monetary relations in general. In a speech in 1997, Yves-Thibault de Silguy, the member of the EC responsible for economic, monetary and financial affairs, observed that the US dollar dominated the international scene, being used in 50 per cent of commercial transactions and 80 per cent of financial market operations. The fact that the dollar is the hegemonic currency means that, if it choses, the US can more easily evade the 'consequences of its abuses of sound monetary policy'. The European international monetary agenda is to break the hold of the US dollar over financial markets and commerce, as de Silguy's speech makes plain: 'Europe is the world's number one economic and commercial power, but has no presence on the international scene. The arrival of the euro will correct this paradox, opening the way to a more balanced multipolar international monetary system. It also opens the opportunity for the yen to develop alongside the euro. Instead of one dominant currency, there will be three – the dollar, the yen and the euro.'« Braithwaite, John und Peter Drahos, *Global Business Regulation*. Cambridge: Cambridge University Press 2000, 119–120.

214 Greenspan, Alan, *Mein Leben für die Wirtschaft. Die Autobiografie*. Frankfurt/New York: Campus Verlag 2007, 262f.

215 Vgl. Shiller, Robert J., *The Subprime Solution: How Today's Global Financial Crisis Happened, and What To Do About It*. Princeton, NJ: Princeton University Press 2008, 48.

216 Übersetzung des Autors, »Cheap money engendered a housing bubble, an explosion of leveraged buyouts, and other excesses. When money is free, the rational lender will keep on lending until there is no one else to lend to.« Soros, George, *The New Paradigm for Financial Markets: The Credit Crisis of 2008 and What It Means*. New York: Public Affairs 2008, XV.

217 Übersetzung des Autors, »In housing markets, low mortgage interest

rates and favorable weather have provided considerable support to homebuilding in recent months. [...] The ongoing strength in the housing market has raised concerns about the possible emergence of a bubble in home prices.« *Testimony of Chairman Alan Greenspan Before the Joint Economic Committee, U.S. Congress*, 14.4.2002, http: //www.federalreserve.gov/boarddocs/testimony/2002/20020417/default.htm, 27.4.2009.

218 Vgl. www.federalreserve.gov/monetarypolicy/files/FOMC20020319meeting.pdf, 27.8.2009.

219 Z.B. »One issue that has not been raised today, and I think we have to keep it in mind because it can happen, is Terrorist Act Two (...). In my judgment, that is the biggest risk in the outlook (...). My recommendation (...) is that we stay at 1¾ percent on the funds rate.« Greenspan, Alan, *Meeting of the Federal Open Market Committee*, 7.5.2002, http://www.federalreserve.gov/monetarypolicy/files/FOMC20020507meeting.pdf, 27.8.2009.

220 Übersetzung des Autors, »Consumer spending carried the economy through the post-9/11 malaise, and what carried consumer spending was housing. In many parts of the United States, residential real estate, energized by the fall in mortgage interest rates, began to see values surge. The market prices of existing homes rose 7.5 percent a year in 2000, 2001, and 2002, more than double the rate just a few years before. Not only did construction of new houses rise to record levels, but also historic numbers of existing homes changed hands. This boom provided a big lift in morale – even if your house was not for sale, you could look down the block and see other people's homes going for what seemed like astonishing prices, which meant your house was worth more, too.« Greenspan, Alan, *The Age of Turbulence: Adventures in a New World*. New York: Penguin Group 2007, 229.

221 Vgl. Becker, Joe, Sheryl Gay Stolberg und Stephen Labaton, *White House Philosophy Stoked A Bonfire in the Mortgage Market*. In: »The New York Times«, 21.12.2008.

222 Übersetzung des Autors, »To counter the effects of the economic slowdown and the increased expenditures on national security that followed the attacks, the new president, George W. Bush (...), instituted tax cuts and refunds, but the deficit grew, and with it, the national debt.« http://www.publicdebt.treas.gov/history/today.htm, 31.3.2009.

223 Übersetzung des Autors, »I was aware that the loosening of mortgage credit terms for subprime borrowers increased financial risk, and that subsidized home ownership initiatives distort market outcomes. But I believed then, as now, that the benefits of broadened home ownership are worth the risk.« Greenspan, Alan, *The Age of Turbulence: Adventures in a New World*. New York: Penguin Group 2007, 233.

224 Übersetzung des Autors, »At this meeting the Committee reviewed and discussed staff presentations on the topic of housing valuations and monetary policy. Prices of houses in the United States had risen

sharply in recent years, especially in certain areas of the country, to very high levels relative to incomes or rents. In addition to local market factors, a wide range of influences appeared to be supporting home prices, including solid gains in disposable income, low mortgage rates, and financial innovation in the residential mortgage market. Prices might be somewhat above the levels consistent with these underlying factors, but measuring the extent of any overvaluation either nationally or in regional markets posed considerable conceptual and statistical difficulties. Meeting participants noted that the rise in house prices had been accompanied by a modest shift toward potentially riskier types of mortgages, including adjustable-rate and interest-only loans, which could pose challenges to both lenders and borrowers. Nonetheless, financial institutions generally remained in a comfortable capital position, such loans had performed well thus far, much of the associated risk had been transferred to other investors through securitization.« *FOMC Minutes*, 29. und 30.6.2005, http://www.federalreserve.gov/fomc/minutes/20050630.htm, 31.3.2009.

225 *Sub-prime Losses*. In: »BBC News Timeline«, http://news.bbc.co.uk/1/hi/business/7096845.stm, 31.3.2009.

226 Federal Reserve, *Press Release*, 11.3.2008, http://www.federalreserve.gov/newsevents/press/monetary/20080311a.htm;
Bank of Canada, 11.3.2008, *Bank of Canada Announces New Term PRA Transactions as Part of Co-ordinated G10 Central Bank Actions*, http://www.bank-banque-canada.ca/en/notices_fmd/2008/not110308. html;
Bank of England, 11.3.2008, *News Release Central Bank Measures*, http://www.bankofengland.co.uk/publications/news/2008/017.htm;
The European Central Bank, 11.3.2008, *Specific Measures to Address Liquidity Pressures in Funding Markets*, http://www.ecb.int/press/pr/date/2008/html/pr080311.en.html;
Swiss National Bank, 11.3.2008, *Central Bank Measures to Address Elevated Pressures in Short Term Funding Markets*, http://www.snb.ch/en/mmr/reference/pre_20080311/source/pre_20080311.en.pdf;
Bank of Japan, 11.3.2008, *On the Measures Announced by Five Central Banks on March 11, 2008*, http://www.boj.or.jp/en/type/release/adhoc/un0803a.htm;
Sveriges Riksbank, 11.3.2008, *New International Measures to Address Liquidity Pressures in Funding Markets*, http://www.riksbank.com/templates/Page.aspx?id=27564, alle 1.4.2009.

227 Vgl. Tabelle 4, 10, http://www.treas.gov/tic/shl2007r.pdf, 31.3.2009.

228 Deutsche Bundesbank, *Geld und Geldpolitik*, 2008, 59, 62. http://www.bundesbank.de/download/bildung/geld_sec2/geld2_gesamt.pdf, 31.3.2009.

229 Ebd., 171.

230 Vgl. Heinsohn, Gunnar und Otto Steiger, *Eigentum, Zins und Geld*. Marburg: Metropolis-Verlag 2004, 286ff.

231 »Wertpapier, dessen zu Grunde liegenden Aktiven durch Wohn- oder Geschäftsliegenschaften hypothekarisch gesicherte Kredite sind« UBS Bankfachwörterbuch. http://www.ubs.com/1/g/about/bterms/content_m.html#MortgageBackedSecurity, 15.4.2009.

232 »Anleihe, die durch ein diversifiziertes Schuldenportefeuille besichert wird. In der Regel wird eine Collateralized-Debt-Obligation in verschiedene Tranchen unterschiedlicher Bonität aufgeteilt.« UBS Bankfachwörterbuch. http://www.ubs.com/1/g/about/bterms/content_c.html#CollateralizedDebtObligation, 15.4.2009.

233 Eine sehr ausführliche Erklärung findet sich in *NZZ Folio 01/09 – Thema: Die Finanzkrise*. http://www.nzzfolio.ch/www/61554707-6925-4a17-854b-b42244d0559d/showbooklet/63d7c281-bb7a-45ce-a4e6-e778de3432f3.aspx, 23.4.2009.
In englischer Sprache als Radiosendung: Chicago Public Radio, This American Life, 5.9.2008, *Episode 355: The Giant Pool of Money* und 10.3.2008, *Episode 365: Another Frightening Show About the Economy*. http://www.thisamericanlife.org/Radio_Episode.aspx?sched=1242, http://www.thisamericanlife.org/Radio_Episode.aspx?sched=1263, beide 23.4.2009.

234 Grafik des Autors; Daten von Markt-Daten.de, http://www.markt-daten.de/daten/2006 gold.txt und http://www.markt-daten.de/daten/gold.txt, 1.4.2009; Energy Information Administration, http://tonto.eia.doe.gov/dnav/pet/ hist/wtotopecw.htm, 1.4.2009.

235 Übersetzung des Autors, »Yet another option would be for the Fed to use its existing authority to operate in the markets for agency debt (for example, mortgage-backed securities issued by Ginnie Mae, the Government National Mortgage Association).« Rede von Governor Ben S. Bernanke vor dem National Economics Club, Washington, D.C., 21.11.2002, http://www.federalreserve.gov/BOARDDOCS/SPEECHES/2002/ 20021121/default.htm, 31.3.2009.

236 Siehe Anhang 5 – FOMC: Geldmenge.

237 Übersetzung des Autors, »MR. GRAMLICH: (...) The only way the Treasury could issue us more securities or put more securities out in the market for us to buy is for them to run deficits or buy assets. And I don't find either option attractive. We can have a paper on this, but what else is it going to say? So I guess, Al, I do hope that this is the last conversation we have about that! [Laughter]
MR. BROADDUS: Well, they don't just have to buy assets. They can always reduce taxes. This doesn't constrain fiscal policy.
MR. GRAMLICH: But that means a deficit. That's the deficit option. Whatever you think about deficits, I believe that ought to be part of an overall fiscal strategy. And I don't want to have the Treasury changing that strategy just so we can do something that's a second-order improvement in monetary policy. I just don't think it's worth that.
CHAIRMAN GREENSPAN: I guess we ought to buy the Washington Senators!

MR. GRAMLICH: Or the Treasury could buy them and issue us a security. [Laughter]« *Meeting of the Federal Open Market Committee*, 19.3.2002, 17–18. http://www.federalreserve.gov/monetarypolicy/files/FOMC20020319meeting.pdf, 31.3.2009.

238 Übersetzung des Autors, »CHAIRMAN GREENSPAN: (...) We could go ahead as a central bank and just print money and buy assets—we could buy baseball teams for all we need—and we can generate as much currency as we want.« *Meeting of the Federal Open Market Committee*, 29.–30.1. 2002, 23. http://www.federalreserve.gov/monetarypolicy/files/FOMC 20020130meeting.pdf, 23, 31.3.2009.

239 Übersetzung des Autors, »MR. JORDAN: As a part of a pedagogical exercise, since this is an academic discussion, I did it the other way around. How would you as a central bank expand the monetary base if you didn't have the opportunity to go out and buy government securities or something like that? My answer is that you should simply run a positive sum lottery. There's no question that you could sell an awful lot of tickets [laughter] if you have a positive sum lottery offering to credit the winner's account. You can blow up the monetary base as much as you want (...).« *Meeting of the Federal Open Market Committee*, 29.–30.1.2002, 41ff.

240 »In 1999 the Fed became concerned (obsessed ??) with the Y2K problem, the likelihood that U.S. computer systems would collapse because so many software programs were not designed to recognize the transition to 2000. In the last several months of the year the Fed provided the monetary system with abundant liquidity to forestall any problems associated with the end-of-millennium transition and in the meantime the money had to go someplace so it fed stock market speculation.« Kindleberger, Charles P. und Robert Z. Aliber, *Manias, Panics and Crashes: A History of Financial Crises*. Hoboken, New Jersey: John Wiley & Sons 2005, 104.

241 »At its January meeting, the FOMC approved a further extension of the temporary suspension of paragraphs 3 to 6 of the Guidelines for the Conduct of System Open Market Operations in Federal Agency Issues. (Appendix B) The suspension, which has been renewed annually since 1999, continued the approval for the expanded pool of collateral eligible for the Desk's repurchase agreements (RPs) through the FOMC's first scheduled meeting in 2003. The primary effect was to continue the inclusion of passthrough mortgage securities of the Government National Mortgage Association (GNMA), Federal Home Loan Mortgage Corporation (Freddie Mac) and Federal National Mortgage Association (Fannie Mae) and stripped securities of government agencies.« Federal Reserve Bank of New York, Markets Group, *Domestic Open Market Operations during* 2002, 4–5. http://www.new yorkfed.org/markets/omo/omo2002.pdf, 31.3.2009.

»The FOMC has established specific guidelines for operations in agency securities to ensure that Federal Reserve operations do not have undue market effects and do not serve to support individual issuers. At the January 2003 meeting, the FOMC voted to amend these guidelines excluding provisions 3–6 to permanently grant greater flexibility in conducting operations in agency securities. In August 1999, these provisions were temporarily suspended, as part of a broader effort to expand the types of agency securities that the Desk could accept on operations around the century date change. The suspension was renewed annually from 2000 to 2002.« Federal Reserve Bank of New York, Markets Group, *Domestic Open Market Operations during 2003*, 30. http://www.newyorkfed.org/markets/omo/omo2003.pdf, 31.3.2009.

242 Grafik nach Daten der Federal Reserve Bank of New York, http://www.newyorkfed.org/markets/omo/dmm/historical/tomo/search.cfm, 08.10.2009.

243 WDR, Hart aber fair, *Absturz aus Gier – verzocken Banker unseren Wohlstand?* 17.9.2008, 54:30–55:17, http://www.wdr.de/themen/global/webmedia/webtv/getwebtv.phtml?p=4&b=202, 14.4.2009.

244 Ehemaliger Chef der Deutschen Bank.

245 Universität Bremen (Fb Wirtschaftswissenschaft); Direktor des Instituts Arbeit und Wirtschaft (IAW).

246 Vgl. Phillips, Kevin, *Bad Money: Reckless Finance, Failed Politics, and the Global Crisis of American Capitalism*. New York: Penguin Group 2008, 189.

247 Warde, Ibrahim, *Häuser auf Pump. Die Geschichte von Fannie Mae und Freddie Mac*. In: »Le Monde diplomatique«, Nr. 8705, 10.10.2008, 20.

248 Ferguson, Niall, *Der Aufstieg des Geldes. Die Währung der Geschichte*. Berlin: Econ 2008, 84ff.

249 Vgl. *The Beauty of Bubbles*. In: »The Economist«, 18.12.2008.

250 »While bubbles that burst are scarcely benign, the consequences need not be catastrophic for the economy.« (»Während das Platzen von Blasen selten gutartig ist, so müssen doch die Folgen für die [US]-Wirtschaft nicht notwendigerweise katastrophal sein.« Übersetzung des Autors) Greenspan, Alan, *The Age of Turbulence: Adventures in a New World*. New York: Penguin Group 2007, 201.

251 Der Begriff Dotcom-Blase bezeichnet die im März 2000 geplatzte Spekulationsblase, die insbesondere die sogenannten »Dotcom«(=.com)-Unternehmen betraf. Der größte Markt für Dotcom-Unternehmen war die US-amerikanische NASDAQ. Von März 2000 bis Dezember 2000 wurden in dieser Blase dabei Börsenwerte von rund fünf Billionen US-Dollar (= »$5 trillion«) vernichtet.

252 Übersetzung des Autors, »Throughout the late nineties the economy grew at a better than 4 percent annual rate. That translated to $400 billion or so of prosperity - equal in size to the entire economy of the former Soviet Union - being added to the U.S. economy each year.«

Greenspan, Alan, *The Age of Turbulence: Adventures in a New World*. New York: Penguin Group 2007, 182.

253 Übersetzung des Autors, »The bubble in U.S. stock prices in the second half of the 1990s was associated with a remarkable U.S. economic boom; the unemployment rate declined sharply, the inflation rate declined, and the rates of economic growth and productivity both accelerated. The U.S. government developed its largest-ever fiscal surplus in 2000 after having had its largest-ever fiscal deficit in 1990. The remarkable performance of the real economy contributed to the surge in U.S. stock prices that in turn led to the increase in investment spending and consumption spending and an increase in the rate of U.S. economic growth and the spurt in fiscal revenues.« Kindleberger, Charles P. und Robert Z. Aliber, *Manias, Panics, and Crashes*. Hoboken, New Jersey: John Wiley & Sons 2005, 7ff.

254 Vgl. u.a.: »After more than a half-century observing numerous price bubbles evolve and deflate, I have reluctantly concluded that bubbles cannot be safely defused by monetary policy or other policy initiatives before the speculative fever breaks on its own.« Greenspan, Alan, *The Roots of the Mortgage Crisis*. In: »The Wall Street Journal«, 12.12.2007.

255 Etwa Deutsche-Bank-Chef Josef Ackerman am 15.3.2009 auf der Frühjahrstagung »Schafft Ethik Wachstum?« des Politischen Clubs in der Evangelischen Akademie Tutzing.

256 Übersetzung des Autors, »I think we partially broke the back of an emerging speculation in equities (...). As we look back on this, I suspect that there was a significant overshoot in the markets. We pricked that bubble as well, I think.« Alan Greenspan, *Federal Open Market Committee Conference Call*, 28.2.1994, 3. http://www.federalreserve.gov/monetarypolicy/files/FOMC19940228confcall.pdf, 31.3.2009.

257 Übersetzung des Autors, »There's a little froth in this market,« but »we don't perceive that there is a national bubble.« Greenspan, Alan, 05.2005, zitiert in: Krugman, Paul, *Bursting Bubble Blues*. In: »The New York Times«, 30.10.2006.

258 Guha, Krishna, *Greenspan Alert on US House Prices*. In: »The Financial Times«, 16.9.2007.

259 »That said, there can be little doubt that exceptionally low interest rates on ten-year Treasury notes, and hence on home mortgages, have been a major factor in the recent surge of homebuilding and home turnover, and especially in the steep climb in home prices. Although a 'bubble' in home prices for the nation as a whole does not appear likely, there do appear to be, at a minimum, signs of froth in some local markets where home prices seem to have risen to unsustainable levels. (...) The apparent froth in housing markets may have spilled over into mortgage markets.« Greenspan, Alan, *Testimony Before the Joint Economic Committee*, U.S. Congress, 9.6.2005, http://www.federalreserve.gov/BOARDDOCS/TESTIMONY/2005/200506092/default.htm, 31.3. 2009.

Vgl. außerdem »The apparent froth in housing markets (...)«, Greenspan, Alan, *Testimony Before the Committee on Financial Services*, U.S. House of Representatives, 20.7.2005, http://www.federalreserve.gov/BOARDDOCS/HH/2005/july/testimony.htm, 31.3.2009.

260 Übersetzung des Autors, »(...) much of the associated risk had been transferred to other investors through securitization (...)« *FOMC Minutes*, 29. und 30.6.2005, http://www.federalreserve.gov/fomc/minutes/20050630.htm, 31.3.2009.

261 Übersetzung des Autors, »The use of national currencies as international reserves constitutes indeed a 'built-in destabilizer' in the world monetary system.« Triffin, Robert, *Gold and the Dollar Crisis. The Future of Convertibility*. New Haven und London: Yale University Press 1961, 87.

262 Übersetzung des Autors, »Whether (...) these problems have any chance to be negotiated in time to avoid a major crisis in the international monetary system, is an entirely different matter which history alone can, and will, answer.« Ebd., ix.

263 Übersetzung des Autors, »The Triffin Dilemma, i.e., the issuing countries of reserve currencies cannot maintain the value of the reserve currencies while providing liquidity to the world, still exists. (...) Although crisis may not necessarily be an intended result of the issuing authorities, it is an inevitable outcome of the institutional flaws.« Xiaochuan, Zhou, 23.3.2009, *Reform the International Monetary System*, The People's Bank of China, http://www.pbc.gov.cn/english/detail.asp?col=6500&id=178, 23.4.2009.

264 Zumeist kurzfristige US-Schatzwechsel, sogenannte Treasury-bills.

265 Stieglitz, Joseph E., *Die Chancen der Globalisierung*. Berlin: Siedler Verlag 2006, 316.

266 Johnson, Simon, *The Quiet Coup*. In: »The Atlantic Online«, 05/2009, http://www.theatlantic.com/doc/200905/imf-advice, 21.4.2009.

267 Quelle: Johnson, Simon, *The Quiet Coup*. In: The Atlantic Online«, 05/2009, http:// www.theatlantic.com/doc/200905/imf-advice, 21.4.2009.

268 Übersetzung des Autors, »Five years ago the Treasury market was twice the size of the MBS market. Now the two are converging. And if one takes a broader definition of the MBS market, its size is bigger still.« Kos, Dino, *Meeting of the Federal Open Market Committee*, 11.12.2001, 3, http://www.federalreserve.gov/monetarypolicy/files/FOMC20011211meeting. pdf, 31.3.2009.

Quelle der Abbildung: ebd., Appendix, 3, http://www.federalreserve.gov/monetarypolicy/files/FOMC20011211material.pdf, 31.03.2009.

269 Vgl. zum Beispiel http://www.allianzinvestors.com/commentary/mkt_PIMCO_insight01012008.jsp, 31.3.2009.

270 Übersetzung des Autors, »After all, they do carry the full faith and credit of the U.S. government.« *Meeting of the Federal Open Market Committee*, 19.3.2002, 12, http://www.federalreserve.gov/monetarypolicy/files/FOMC20020319meeting.pdf, 1.4.2009.

271 Übersetzung des Autors, »[GNMAs] They're essentially equivalent to Treasury securities.« J. Alfred Broaddus, *Meeting of the Federal Open Market Committee*, 6.11.2002, 105, http://www.federalreserve.gov/monetarypolicy/files/FOMC20021106meeting.pdf, 31.3.2009.

272 Ackerman, Josef, 15.3.2009, Frühjahrstagung »Schafft Ethik Wachstum?« des Politischen Clubs in der Evangelischen Akademie Tutzing.

273 Vgl. Central Intelligence Agency, *The 2008 World Factbook*, 2009, https://www.cia.gov/library/publications/the-world-factbook/geos/xx.html, 31.3.2009. https://www.cia.gov/library/publications/the-world-factbook/geos/ee.html, 31.3.2009.

274 Gemeint sind die Gesprächsprotokolle des »FOMC« – des Federal Open Market Committee. Das FOMC setzt in seinen Besprechungen die jeweils geltenden Leitzinsen fest. Die Protokolle eines Jahres werden jeweils nach fünf Jahren veröffentlicht. http://www.federalreserve.gov/monetarypolicy/fomc_historical.htm, 27.8.2009.

275 Vgl. *Meeting of the Federal Open Market Committee*, 11.12.2001, 3, http://www.federalreserve.gov/monetarypolicy/files/FOMC20011211meeting.pdf, 1.4.2009.

276 Übersetzung des Autors, »MR. BROADDUS: (...) We have been easing aggressively. I have favored this and I'm comfortable with it. And I would be comfortable with more easing this morning precisely because of our enhanced credibility. But once a recovery gets under way – and sooner or later that's going to happen – I think we're going to need to reverse course and move in the other direction just as aggressively as we've eased.« *Meeting of the Federal Open Market Committee*, 2.10.2001, 57, http://www.federalreserve.gov/monetarypolicy/files/FOMC20011002meeting.pdf, 1.4.2009.

277 »MR. PARRY: (...) to wait another year seems to me to be extremely dangerous (...).« *Meeting of the Federal Open Market Committee*, 19.3.2002, 81, http://www.federalreserve.gov/monetarypolicy/files/FOMC20020319meeting.pdf, 1.4.2009.

278 »MR. REINHART: (...) we can view market participants as expecting the nominal funds rate to return to a more sustainable level (...).« Ebd., 78.

279 Siehe Anhang 1 – FOMC: gefährlich niedriges Zinsniveau.

280 »(...) much of the associated risk had been transferred to other investors through securitization (...).« *Minutes of the Federal Open Market Committee*, 29. und 30.6.2005, http://www.federalreserve.gov/fomc/minutes/20050630.htm, 1.4.2009.

281 Stiglitz, Joseph E. und Linda Bilmes, *Die wahren Kosten des Krieges. Wirtschaftliche und politische Folgen des Irak-Konflikts*. München: Pantheon Verlag 2008, 23.

282 Ebd., 249.

283 Ebd., 49.

284 Vgl. u.a. *Greenspan Says Fed Didn't Cause Housing Bubble*. In: »CNBC.com«,

8.4.2008. »(...) Greenspan said the cuts were aimed at increasing liquidity in the financial system and heading off deflation (...)«

285 Übersetzung des Autors, »CHAIRMAN GREENSPAN: It's clear that the events of last week, at a minimum, have created a heightened degree of fear and uncertainty that is placing considerable downward pressure on asset prices, increasing the probability of an asset price deflation, with its obvious impact on the economy. Therefore, I propose a 50 basis point cut in the federal funds rate target.« *Federal Open Market Committee Conference Call*, 17.9.2001, http://www.federalreserve.gov/monetary policy/files/FOMC20010917ConfCall.pdf, 1.4.2009.

286 Übersetzung des Autors, »(...) in 1928 (...) the gold reserves of the Bank of England (...) were less than a fourth of sterling deposits and bills held or accepted in London on foreign account. The increasing use of foreign exchange balances as a remedy to world illiquidity under the new gold exchange standard had thus fatally weakened the reserve position of the country on which the system was primarily dependent for its continued operation. The collapse of the major key currency of the system in 1931 inevitably sucked other countries into the whirlpool, and entailed the temporary breakdown, not only of sterling, but of the international monetary system itself.« Triffin, Robert, *Gold and the Dollar Crisis. The Future of Convertibility*. New Haven und London: Yale University Press 1961, 66.

287 Hoover, Herbert, *Memoiren. Bd. 3: Die große Wirtschaftskrise*, 1929–1941. Mainz: Grünewald, 72, 188. Zitiert nach Kindleberger, Charles P., *Die Weltwirtschaftskrise. Geschichte der Weltwirtschaft im 20. Jahrhundert, Band 4*. Hrsg. von Wolfram Fischer, München: Deutscher Taschenbuchverlag 1973, 160.

288 Zitat zugeschrieben u.a. Karl Valentin, Mark Twain, Winston Churchill.

289 »Boom-bust process« bezeichnet den Vorgang des Aufblasens einer Blase (»Boom«) und dessen Platzen (»Bust«).

290 »The current crisis marks the end of an era of credit expansion based on the dollar as the international reserve currency. The periodic crises were part of a larger boom-bust process; the current crisis is the culmination of a super-boom that has lasted for more than twenty-five years.« Soros, George, *The New Paradigm for Financial Markets: The Credit Crisis of 2008 and What It Means*. New York: PublicAffairs 2008, vii.

291 Übersetzung des Autors, »... whose mandate is to reflect on the causes of the crisis, assess impacts on all countries and suggest adequate response as to avoid its recurrence and restore global economic stability.« http://www.un.org/ga/president/63/commission/financial_commission.shtml, 29.4.2009.

292 Foroohaar, Rana, *We're In A Whole New Territory. Nobel Laureate Joseph E. Stiglitz on the Coming Global Economic Order*. In: »Newsweek«, 28.3.2009, http://www. newsweek.com/id/191496. Vgl. auch Pfaff, Peggy, *China*

und das Dollar-Dilemma. In: »Handelsblatt.com«, 30.3.2009, http://www.handelsblatt.com/journal/presseschau/china-und-das-dollar-dilemma;2219530, 1.4.2009.

293 Übersetzung des Autors, »To resolve this problem *a new Global Reserve System* (…) could contribute to global stability, economic strength, and global equity. (…) The dangers of a single-country reserve system have long been recognized, as the accumulation of debt undermines confidence and stability. But a two (or three) country reserve system, to which the world seems to be moving, may be equally unstable. The new Global Reserve System is feasible, non-inflationary, and could be easily implemented, including in ways which mitigate the difficulties caused by asymmetric adjustment between surplus and deficit countries.« *Recommendations by the Commission of Experts of the President of the General Assembly on Reforms of the International Monetary and Financial System*, 20.3.2009, 11. http://www.un.org/ga/president/63/letters/recommendationExperts200309.pdf, 29.4.2009.

294 Übersetzung des Autors, »The desirable goal of reforming the international monetary system, therefore, is to create an international reserve currency that is disconnected from individual nations and is able to remain stable in the long run, thus removing the inherent deficiencies caused by using credit-based national currencies.« Xiaochuan, Zhou, 23.3.2009, *Reform the International Monetary System*, The People's Bank of China, http://www.pbc.gov.cn/english/detail.asp?col=6500& id=178, 23.4.2009.

295 Übersetzung des Autors, »A globally representative forum to address areas of concern in the functioning of the global economic system in a comprehensive way must be created. At a level equivalent with the General Assembly and the Security Council, such a Global Economic Council should meet annually at the Heads of State and Government level to assess developments and provide leadership in economic, social and ecologic issues. (…) Representation would be based on the constituency system, and designed to ensure that all continents and all major economies are represented. (…) It could thus provide a democratically representative alternative to the G-20.« Ebd., 12.

296 Übersetzung des Autors, »To suppose that there exists some smoothly functioning automatic mechanism of adjustment which preserves equilibrium if only we trust to methods of *laissez-faire* is a doctrinaire delusion which disregards the lessons of historical experience without having behind it the support of sound theory. *[Laissez-faire]* has been the fruitful source of all those clumsy hindrances to trade which suffering communities have devised in their perplexity as being better than nothing on protecting them from the intolerable burdens flowing from currency disorders. Until quite recently, nearly all departures from international *laissez-faire* have tackled the symptoms instead of the cause. International currency *laissez-faire* was breaking down rapidly before the

war. During the war it has disappeared completely. This complete break with the past offers us an opportunity. Things are possible today which would have been impossible if they involved the prior disestablishment of a settled system.« Keynes, John Maynard, 8.9.1941, *Post-War Currency Policy*. Zitiert nach Moggridge, Donald (Hrsg.), *The Collected Writings of John Maynard Keynes, Volume XXV: Activities, 1940–44 – Shaping the Post-War World: The Clearing Union*. Basingstoke: The Macmillan Press Ltd. 1980, 21–23.

297 Übersetzung des Autors, »Moreover in the interval between the wars the world explored in rapid succession almost, as it were, in an intensive laboratory experiment all the alternative false approaches to the solution – (i) the idea that freely fluctuating exchange would discover itself a position of equilibrium; (ii) liberal credit and loan arrangements between the creditor and debtor countries flowing from the mere fact of an unbalanced creditor-debtor position, on the false analogy of superficially similar nineteenth-century transactions between old-established and new-developing countries where the loans were self-liquidating because they themselves created new sources of payment; (iii) the theory that the unlimited free flow of gold would automatically bring about adjustments of price-levels and activity in the recipient country which would reverse the pressure; (iv) the use of deflation, and still worse of *competitive* deflations, to force an adjustment of wage- and price-levels which would force or attract trade into new channels; (v) the use of deliberate exchange depreciation, and still worse of *competitive* exchange depreciations, to attain the same object; (vi) the erection of tariffs, preferences, subsidies *et hoc genus omne* to restore the balance of international commerce by restriction and discrimination.« Ebd.

298 Übersetzung des Autors, »It was only in the last years, almost in the last months, before the crash, that after the above trials and errors Dr. Schacht stumbled in desperation on something new which had in it the germs of a good technical idea. This idea was to cut the knot by discarding the use of a currency having international validity and substitute for it what amounted to barter, not indeed between individuals, but between different economic units. In this was he was able to return to the essential character and original purpose of trade whilst discarding the apparatus which had been supposed to facilitate, but was in fact strangling it. This innovation worked well, indeed brilliantly, for those responsible for introducing it, and allowed impoverished Germany to build up reserves without which she could scarcely have embarked on war. But as Mr. Henderson remarks, the fact that this method was used in the service of evil must not blind us to its possible technical advantage in the service of a good cause. 'If Germany', he points out, 'had wished for butter instead of guns or aeroplanes, there is no reason to doubt that Dr. Schacht's expedients

would have enabled her to obtain the butter instead of the metal from overseas.' Moreover the use of this method with reckless disregard to the legitimate interests of the other party concerned is characteristic of the German handling of it and is not inherent, as we ourselves have shown in the variants of the method which we have devised and with the aid of which we are successfully maintaining our financial front even during the war.« Ebd., 23.

299 Keynes, John Maynard, *Economic Possibilities for Our Grandchildren*, 1930. In: *Essays in Persuasion*. New York: W. W. Norton & Co. 1963, 358–373.

Literaturverzeichnis

Bernanke, Ben S., 21.11.2002, *Remarks by Governor Ben S. Bernanke.* The Federal Reserve Board, http://www.federalreserve.gov/BOARDDOCS/SPEECHES/2002/20021121/default.htm.

Braithwaite, John und Peter Drahos, *Global Business Regulation.* Cambridge: Cambridge University Press 2000.

Chomsky, Noam, *Deterring Democracy.* London: Vintage Books 1992.

Diamond, Jared, *Kollaps.* Frankfurt am Main: S. Fischer Verlag 2005

Dines, James, *The Invisible Crash.* New York: Random House 1975.

Dormael, Armand, van, *Bretton Woods: Birth of a Monetary System.* London: Macmillan 1978.

The Beauty of Bubbles. In: »The Economist«, 18.12.2008

Einstein, Albert, *Über den Frieden. Weltordnung oder Weltuntergang?* Hrsg. v. Otto Nathan und Heinz Norden. Köln: Parkland Verlag 2004.

Einstein, Albert, *Out of My Later Years.* New York: Philosophical Library, Inc. 1950.

Federal Reserve System, Federal Open Market Committee, Transcripts and other historical materials (1994–2003), http://www.federalreserve.gov/monetarypo licy/fomc_historical.htm, 08.10.2009.

Federal Reserve System, Federal Open Market Committee, Meeting calendars, statements, and minutes (2004–2010), http://www.federalreserve.gov/moneta rypolicy/fomccalendars.htm, 08.10.2009.

Felsenheimer, Jochen und Philip Gisdakis, *Credit Crises. From Tainted Loans to a Global Economic Meltdown.* Weinheim: Wiley-VCH 2008.

Ferguson, Niall, *Politik ohne Macht.* Stuttgart/München: Deutsche Verlags-Anstalt 2001.

Ferguson, Niall, *Der Aufstieg des Geldes. Die Währung der Geschichte.* Berlin: Econ 2008.

Fleckenstein, William A. und Frederick Sheehan, *Greenspan's Bubbles The Age of Ignorance at the Federal Reserve.* New York: McGraw Hill 2008.

Fraenkel, Ernst und Karl Dietrich Bracher (Hrsg.), *Das Fischer Lexikon, Band 2: Staat und Politik.* Frankfurt am Main: Fischer Bücherei 1959.

Funk, Walther, 25.7.1940, *Die wirtschaftliche Neuordnung Europas.* In: *Quellen zur Neuordnung Europas 1*, 12–21. http://www.profit-over-life.org/books/books.php?books=37, 8.10.2009.

Green, Edwin, *Banking. An Illustrated History.* Oxford: Phaidon Press Limited 1989.

Greenspan, Alan, *Gold and Economic Freedom.* In: »The Objectivist«, 1966.

Greenspan, Alan, *The Age of Turbulence: Adventures in a New World.* New York: Penguin Group 2007.

Greenspan, Alan, *Mein Leben für die Wirtschaft. Die Autobiografie.* Frankfurt/New York: Campus Verlag 2007.

Hartcher, Peter, *Bubble Man: Alan Greenspan and the Missing 7 Trillion Dollars.* New York: W. W. Norton & Company 2006.

Heinrich, Michael, *Kritik der politischen Ökonomie. Eine Einführung.* Stuttgart: Schmetterling Verlag 2004.

Heinsohn, Gunnar und Otto Steiger, *Eigentum, Zins und Geld. Ungelöste Rätsel der Wirtschaftswissenschaft.* Marburg: Metropolis-Verlag 2004.

Johnson, Simon, *The Quiet Coup.* In: »The Atlantic Online«, 05/2009, http://www.theatlantic.com/doc/200905/imf-advice, 8.10.2009.

Kennedy, Margrit und Bernard A. Lietaer, *Regionalwährungen. Neue Wege zu nachhaltigem Wohlstand.* München: Riemann Verlag 2004.

Keynes, John Maynard, *The Collected Writings, Volume XXV: Activities, 1940–44 – Shaping the Post-war World: The Clearing Union.* Hrsg. v. Donald Moggridge. Basingstoke: The Macmillan Press Ltd. 1980.

Keynes, John Maynard, *The Collected Writings, Volume XXVI: Activities, 1941–46 – Shaping the Post-war World: Bretton Woods and Reparations.* Hrsg. v. Donald Moggridge. Basingstoke: The Macmillan Press Ltd. 1980.

Kindleberger, Charles P., *Power and Money/The Economics of International Politics and the Politics of International Economics.* New York: Basic Books, Inc. 1970.

Kindleberger, Charles P., *Die Weltwirtschaftskrise. Geschichte der Weltwirtschaft im 20. Jahrhundert, Band 4.* Hrsg. v. Wolfram Fischer. München: Deutscher Taschenbuchverlag 1973.

Kindleberger, Charles P. und Robert Z. Aliber, *Manias, Panics and Crashes: A History of Financial Crises.* Hoboken, New Jersey: John Wiley & Sons 2005.

Le Monde Diplomatique (Hrsg.), *Atlas der Globalisierung.* Berlin: Le Monde diplomatique/taz Verlag 2003.

Le Monde Diplomatique (Hrsg.), *Atlas der Globalisierung.* Berlin: Le Monde diplomatique/taz Verlag 2006.

Lietaer, Bernard A., *Das Geld der Zukunft.* München: Riemann Verlag 2002.

Lips, Ferdinand, *Die Gold-Verschwörung.* Rottenburg: Kopp Verlag 2003.

Lordon, Frédéric, *Die Mechanik der Finanzkrise.* In: »Le Monde diplomatique«, 14.09.2007.

Monbiot, George, *The Age of Consent. A Manifesto for a New World Order.* London: Harper Perennial 2003.

Mundell, Robert, *Uses and Abuses of Gresham's Law in the History of Money.* Columbia University 08/1998, http://www.columbia.edu/~ram15/grash.html, 8.10.2009.

Müller, Klaus, *Globalisierung.* Frankfurt am Main: Campus Verlag 2002.

Perkins, John, *Bekenntnisse eines Economic Hit Man: Als Schakal unterwegs im Dienst der Wirtschaftsmafia.* München: Riemann Verlag 2005.

Penrose, E.F., *Economic Planning for the Peace.* Princeton, NJ: Princeton University Press 1953.

Phillips, Kevin, *Bad Money: Reckless Finance, Failed Politics, and the Global Crisis of American Capitalism.* New York: Penguin Group 2008.

Shiller, Robert J., *The Subprime Solution: How Today's Global Financial Crisis Happened, and What to Do About It.* Princeton, NJ: Princeton University Press 2008.

Soros, George, *Die Vorherrschaft der USA – eine Seifenblase.* München: Karl Blessing Verlag 2004.

Soros, George, *The New Paradigm for Financial Markets: The Credit Crisis of 2008 and What It Means.* New York: PublicAffairs 2008.

Stiglitz, Joseph E., *Die Schatten der Globalisierung.* Berlin: Siedler Verlag 2002.

Stiglitz, Joseph E., *Die Chancen der Globalisierung.* Berlin: Siedler Verlag 2006.

Stiglitz, Joseph E. und Linda Bilmes, *Die wahren Kosten des Krieges. Wirtschaftliche und politische Folgen des Irak-Konflikts.* München: Pantheon Verlag 2008.

Triffin, Robert, *Gold and the Dollar Crisis. The Future of Convertibility.* New Haven/London: Yale University Press 1960.

Warde, Ibrahim, *Häuser auf Pump. Die Geschichte von Fannie Mae und Freddie Mac.* In: »Le Monde diplomatique«, 10.10.2008.

Xiaochuan, Zhou, 23.03.2009, *Reform the International Monetary System.* The People's Bank of China, http://www.pbc.gov.cn/english/detail.asp?col=6500&id=178, 8.10.2009.

Anhang: Auszüge aus den Protokollen der Fed

Ich wählte meine Worte mit großer Vorsicht, da alles protokolliert wurde und wir mit politischem Dynamit spielten.

ALAN GREENSPAN, *The Age of Turbulence: Adventures in a New World*, 2007

Anhang 1 FOMC: Gefährlich niedriges Zinsniveau

19.03.2002, Meeting of the Federal Open Market Committee

Seite 57 ff., MR. HOENIG: First, monetary policy is clearly stimulative, with the real fed funds rate in the neighborhood of zero. (...)

My second point is that the current fed funds rate, as others have said, is clearly below equilibrium, and I would say perhaps significantly below equilibrium. At its current level, it is generating substantial amounts of liquidity and, therefore, setting up conditions that I think will give rise to future economic imbalances.

Seite 61 ff., MR. GUYNN: Suppose we ask ourselves, What should the nominal funds rate be with a real GDP forecast of 3 to 4 percent, as now reflected in the Greenbook, and PCE inflation between 1.4 and 1.6 percent? It seems clear that the answer would not be »near $1^3/_4$ percent« but something more like »4 to $4^1/_2$ percent.« This means that we have a lot of work to do.

Seite 74, MR. GRAMLICH: We would not want to raise rates too quickly and risk snuffing out the turnaround, nor would we want to tarry too long with rates well below equilibrium and risk inflation down the road. That dilemma is still there. But with every day's news I find myself worrying less about the first side of the dilemma, premature rate rises, and more about the second, tarrying too long.

Seite 78 ff., MR. REINHART: In a regime-switching model, we can view market participants as expecting the nominal funds rate to return to a more sustainable level rapidly once the tightening process starts but hedging their bets as to when that tightening will begin.

Seite 81, MR. PARRY: (…) to wait another year seems to me to be extremely dangerous, although I clearly see big advantages to that alternative outcome.

Seite 83, MS. MINEHAN: (…) I don't think we should wait even one year. I know we have to bring the funds rate up from the current 1.75 percent. The questions are when, how fast, and what our ultimate goals are.

Seite 88 ff., CHAIRMAN GREENSPAN: And having gone through this whole period, one could argue in retrospect that we may have moved too fast on the downside. But we were facing significant risks in that period, and I think our policy moves turned out just fine.

My impression at this point is that we are of necessity looking at something different. This is a different type of economy. This is a different type of business cycle. We now seem to be at a reasonably good point. We have come to that point in part by good policy judgment and in part by just plain luck, but I think it is one from which we can work. My impression without getting into much detail is that short-term rates in general clearly are lower than we may want them to be. If the economy begins to rebound rather quickly, I think we're going to want or like to see long-term rates move up. Indeed if the mortgage rate goes up, we will get some restraining effects on personal consumption expenditures because a goodly part of PCE has been financed by equity extraction from the appreciation in housing values. (…)

So as far as I can see, the balance of risks is no longer tilted toward weakness; the risks clearly are about equal in both directions. And I do think we may have a short period when doing nothing is the best policy alternative. I would certainly suggest that we do nothing on the fed funds rate today. (…)

My thought is that at least one way to get a leg up on the possibility that we may want to move in May, without moving the balance of risks to heightened inflationary pressures at this meeting, is to indicate in our press statement today that we view monetary policy as accommodative, without any further elaboration. That, I think, would enable us to move in May, if we choose, without generating any serious reactions in the markets. And if we decide not to move in May, that would be accepted as well. By the time of the May meeting, I think we will have learned a good deal about what is happening to inventory investment and its impact on the economy and, of course, about trends in profits and capital investment. (…)

Accordingly, I will put on the table the proposal that we keep the funds rate target unchanged at $1\frac{3}{4}$ percent and that we move the balance of risks statement to balance.

Seite 91 ff., MR. POOLE: (…) I am attracted to the idea that Jerry Jordan mentioned about trying to condition the market to the concept that we have some undoing of the insurance policy that we took out after September 11–that that level of rates is sort of a baseline to go back to. I do think that we run the risk of getting behind if we move only in 25 basis point steps. Just counting that out, it's clear that it could take quite a few meetings before we got back even to undoing the easing since September 11.

02.05.2002, FOMC »Bluebook«, Monetary Policy Alternatives

With the current real federal funds rate well below its likely equilibrium value, the Committee may believe that the time has come to start the process of moving back toward a more neutral stance in order to reduce the possibility of having to make very rapid adjustments later or risk having inflation pressures mount. Indeed, the Committee might view a 25 basis point rate hike as merely taking back a portion of the easing undertaken to support the economy in the aftermath of the terrorist attacks, and such a rate increase might be seen as justified since the economic fallout from the attacks has proven to be considerably smaller than had been feared.

07.05.2002, Meeting of the Federal Open Market Committee

Seite 50 ff., MR. HOENIG: With policy where it is today, I think we do have some risks of inflation and also some financial excess, which in my view we need to keep in mind. Let me give you my three reasons for saying this. First, monetary policy is currently quite stimulative. No matter how one measures it, the real fed funds rate is near zero or at zero. Second, monetary policy is likely to remain accommodative for an extended period. If we decide today to leave the fed funds rate at its current level, the real fed funds rate will remain near zero or at zero for another seven weeks. If rates follow the path suggested by futures markets, the real fed funds rate will likely remain below its equilibrium level for the rest of this year and perhaps through early next year. And using the Greenbook's forecast, including its assumption of maintaining the funds rate at $1^3/_4$ percent through the third quarter before gradually raising it, the real funds rate is likely to remain below equilibrium for at least another year. Thus, according to the Greenbook, policy will still be accommodative in the middle of next year, even though real GDP will have risen for seven quarters and the unemployment rate will have fallen for perhaps three quarters, if those projections are correct. Third, while a funds rate below its equilibrium level is appropriate when the economy is in recession, we must consider the risk of maintaining such an accommodative policy during the economic recovery. With such a small output gap and a low real fed funds rate, we should not dismiss the risk of higher inflation longer term as we get into next year.

Seite 60 ff., MR. KOHN: That prospect suggested that you soon would need to consider starting the process of moving to a more sustainable policy stance. (…)

These uncertainties and revisions supporting the current stance of policy, however, do not alter the basic policy issue you are likely to face later this year–that is, the timing and trajectory of a rise in the funds rate from its current unsustainably low level. (...)

One such benchmark cited by some Committee members at recent meetings–and even more frequently by financial market commentators–is taking back the so-called insurance cuts made after the September 11 attacks as a first set of steps in the tightening process. (...)

Still, the real federal funds rate is far enough below a reasonable range of estimates of its equilibrium value to indicate that policy will have to be tightened at some point to forestall increasing inflation pressures. (...) With the funds rate well below any plausible notion of its equilibrium, as time passes and if data are reasonably close to expectations, the risk of rising inflation pressures should come closer and increase, while concerns about shortfalls in growth should recede and diminish.

24.09.2002 Meeting of the Federal Open Market Committee

Seite 63, MR. KOHN: Thank you, Mr. Chairman. In its public statements the Committee has been characterizing policy as accommodative since March, and real overnight interest rates have been around zero and well below equilibrium levels since late last year.

Anhang 2
FOMC: Niedrige Zinsen erhöhen die Gefahr einer Immobilienblase

19.03.2002, Meeting of the Federal Open Market Committee

Seite 74, MR. GRAMLICH: On the consumption side, consumption itself has been stronger than forecast. The stock market is coming back. Tax cuts have helped. (...) And now, like a fire truck arriving late at the scene after the fire is out and spraying water all over the place, the Congress has entered the fray with investment inducements, possibly magnifying the next boom. (...) We would not want to raise rates too quickly and risk snuffing out the turnaround, nor would we want to tarry too long with rates well below equilibrium and risk inflation down the road. That dilemma is still there. But with every day's news I find myself worrying less about the first side of the dilemma, premature rate rises, and more about the second, tarrying too long.

17.04.2002, Testimony of Chairman Alan Greenspan Monetary policy and the economic outlook, before the Joint Economic Committee, U.S. Congress*

In housing markets, low mortgage interest rates and favorable weather have provided considerable support to homebuilding in recent months. (...) The ongoing strength in the housing market has raised concerns about the possible emergence of a bubble in home prices. (...) A home in Portland, Oregon is not a close substitute for a home in Portland, Maine, and the »national« housing market is better understood as a collection of small, local housing markets. Even if a bubble were to develop in a local market, it would not necessarily have implications for the nation as a whole. These factors certainly do not mean that bubbles cannot develop in house markets and that home prices cannot decline: Indeed, home prices fell significantly in several parts of the country in the early 1990s. But because the turnover of homes is so much smaller than that of stocks and because the underlying demand for living space tends to be revised very gradually, the speed and magnitude of price rises and declines often observed in markets for securities are more difficult to create in markets for homes.

25.06.2002, Meeting of the Federal Open Market Committee

Seite 55, MR. OLINER: The rapid appreciation in recent years has prompted talk of an emerging house price bubble, similar to the boom-bust cycle of the late 1980s and early 1990s. While we would not entirely dismiss these concerns, we believe they are overblown.

13.08.2002, Meeting of the Federal Open Market Committee

Seite 35, MS. MINEHAN: Residential real estate markets are vibrant. Indeed, some contacts fear a bubble is growing there and report price increases in some areas that border on those of the late 1980s.

Seite 71, CHAIRMAN GREENSPAN: There clearly is concern at this stage about a housing value bubble that is going to burst. But I think that most of those who look at this in some detail question whether that's a valid notion. And while the second-quarter increase in home values is now significantly below the big rise of last year, I believe a 3 percent annual rate is the current estimate that's being used for existing home sales. So overall the notion that we're going to lose the home equity part of the current support for consumer expenditures does not seem reasonable at this stage. This does not mean, of course, that we could not get a decline in home prices. It's the notion that there is an equivalency between equity bubbles and housing bubbles that I think is an illusion. Moreover, as I think I've in-

* http://www.federalreserve.gov/boarddocs/testimony/2002/20020417/default.htm, 08.10.2009.

dicated several times in the past, it strikes me that with transaction costs as high as they are in home sales and the necessity to move if the home is sold, the incentive to sell a house is nowhere near what it is to sell a stock to take advantage of a capital gain. As I indicated earlier, the impact of immigration superimposed upon the difficulty of finding viable land for homebuilding is keeping significant upside pressure on home prices over and above the construction productivity issue. So the likelihood of any really important contraction in the housing area would in my view require a very major contraction in the economy overall.

24.09.2002, Meeting of the Federal Open Market Committee

Seite 33, MR. PARRY: I have to admit to being a bit uneasy about prospects for the economy. The reason is that most of the risks seem to be skewed to the downside: another terrorist attack, war with Iraq, declines in house or equity values, and fragile business confidence.

Seite 39, MR. GUYNN: My commercial real estate friends tell me that the commercial real estate oversupply is adjusting less rapidly than would be the case if carrying costs on marginal properties were not so low. And the now historically low borrowing rates on homes and autos may be encouraging various players in those sectors to develop unrealistic expectations about a sustainable level of activity. Although I would not yet characterize price developments in housing as a general housing bubble, I'm hearing more and more reports of what might be characterized as purely speculative housing and property deals, mostly in Florida. These deals are all driven by claims that sound as if the property can be resold in a few months or a few years at a nice profit so at current interest rates how can one pass up such an opportunity. Of course, there's a bit of a Catch-22 in that these slow adjustments induced by low interest rates have served to sustain some measure of stability as the economy works through other adjustments. While I'm certainly not suggesting that we consider any policy tightening at this meeting, I do think we may already be in a bit of a policy trap. I recognize that some downside risks remain, including some potentially large and negative shocks, but I do not think we should exacerbate our long-term problem with still lower interest rates unless the downside risks loom larger or the negative shocks are realized.

Seite 48, MS. MINEHAN: Now, it's possible that lower interest rates now could have unforeseen consequences–not just in terms of inflationary growth over the longer term but in the nature of the bets being taken in financial markets and perhaps in real estate markets as well

Seite 71, MS. BIES: Rising house prices have sustained the consumer's wealth position against falling equity markets, and any decline in house prices could have significant impacts on consumer spending. However, since I still have a house in Memphis for sale, I'm less inclined to believe that there's a widespread bubble. [Laughter]

MR. GRAMLICH: Is that house for sale?

MS. BIES: Oh yes.

VICE CHAIRMAN MCDONOUGH: Still.

CHAIRMAN GREENSPAN: Are you bidding?

MR. GRAMLICH: No, I'm just pointing out that there's a bubble.

Seite 78, CHAIRMAN GREENSPAN: The long duration of the currently elevated level of home sales is a bit of a puzzle. At some point it has to drift down to a more normal range, but it's not doing so thus far.

06.11.2002, Meeting of the Federal Open Market Committee

Seite 18, CHAIRMAN GREENSPAN: In recent months, housing starts have come in above expectations fairly persistently. Is there a possibility that we are underestimating the degree of immigration as we did in the previous decade? In other words, the boom of 1995 through 2000, which put the expansion of the U.S. economy well above that of other nations, explains the strength of our immigration. Our economy is still running ahead of them. Is it plausible that we're miscalculating the strength of our population growth and hence the growth of households?

Seite 44, MR. SANTOMERO: One issue discussed at our last meeting was whether an easing of policy would exacerbate imbalances in the economy—in particular in the housing market—that would have to be worked out in the future. I myself shared that concern. But some recent work at our Bank suggests that relatively moderate growth in household investment during the preceding expansion leaves the potential for additional investment in that sector today, without fear of growing imbalances. As I've said at previous meetings, I have concerns about both trying to fine-tune the economy and the possibility of overshooting. I've argued for patience, saying that we should wait to see if the policy we had already applied was sufficient. But weak data have continued to come in, and positive signs in some sectors have begun to reverse themselves. I'm now losing patience. [Laughter] Perhaps it's time to consider another dose of policy medicine.

Seite 52, MR. HOENIG: On a brighter note, housing activity continues to hold up despite increasing concerns that the boost to demand from low mortgage rates is nearing its end.

Seite 81, CHAIRMAN GREENSPAN In any event, it's hard to escape the conclusion that at some point our extraordinary housing boom and its carry-over into very large extractions of equity, financed by very large increases in mortgage debt, cannot continue indefinitely into the future.

16. März 2004, FOMC Minutes

Reports from some contacts suggested that speculative forces might be boosting housing demand in some parts of the country, with concomitant effects on prices, suggesting the possibility that house prices might be moving into the high end of the range that could be consistent with fundamentals.

29.–30. Juni 2005, FOMC Minutes

At this meeting the Committee reviewed and discussed staff presentations on the topic of housing valuations and monetary policy. Prices of houses in the United States had risen sharply in recent years, especially in certain areas of the country, to very high levels relative to incomes or rents. In addition to local market factors, a wide range of influences appeared to be supporting home prices, including solid gains in disposable income, low mortgage rates, and financial innovation in the residential mortgage market. Prices might be somewhat above the levels consistent with these underlying factors, but measuring the extent of any overvaluation either nationally or in regional markets posed considerable conceptual and statistical difficulties. Meeting participants noted that the rise in house prices had been accompanied by a modest shift toward potentially riskier types of mortgages, including adjustable-rate and interest-only loans, which could pose challenges to both lenders and borrowers. Nonetheless, financial institutions generally remained in a comfortable capital position, such loans had performed well thus far, much of the associated risk had been transferred to other investors through securitization, and valuations had risen more rapidly than mortgage debt on average–so that loan-to-value ratios had fallen.

9. August 2005, FOMC Minutes

Activity in the housing sector remained robust. In June, starts of single-family homes maintained the strong pace of earlier this year. Both new and existing home sales jumped. Mortgage rates remained low, and house prices apparently continued to rise briskly. (...) Housing sales and construction activity generally remained strong across the country, but meeting participants noted anecdotal evidence of some cooling in housing markets in certain areas. And at least some banks were reportedly beginning to apply somewhat tighter standards in real estate lending and becoming more cautious in their promotion of nontraditional mortgage products. Participants generally anticipated that the pace of home price appreciation would slow over time, though the timing and extent of that slowing, as well as its implications for consumer spending, were quite uncertain. (...)
A few participants voiced concerns that still-low interest rates and insufficient recognition by investors of the dependency of the Committee's policy expectations on economic data were continuing to foster an inappropriate degree of risk-taking in financial markets. Another participant mentioned, however, that recent sluggish growth of the monetary aggregates suggested that the stance of policy was not overly accommodative. Moreover, with a higher proportion of mortgages now tied to short-term rates, it was noted that increases in short-term rates could have a somewhat larger-than-usual effect on spending.

31. Januar 2006, FOMC Minutes

Activity in the housing market appeared to continue at high levels, although there were some indications of slowing. Single-family housing starts decreased markedly in December; however, this decline may have been due in part to unusually cold and wet weather in some areas of the country. Multifamily housing starts increased in December. Sales of new and existing homes remained at elevated levels but slowed somewhat toward the end of the year. Moreover, the stock of homes for sale increased to the upper end of ranges seen in recent years. Recent data on mortgage applications and survey measures of homebuying attitudes also pointed to some cooling in the housing market. (…)

Nevertheless, signs of slowing in the housing sector had become more evident, and the boost to construction from hurricane-related rebuilding now seemed likely to be spread over the next couple of years rather than being more concentrated in the near term. In some areas, home price appreciation reportedly had slowed noticeably, highlighting the risks to aggregate demand of a pullback in the housing sector. For instance, the effects of a leveling out of housing wealth on the saving rate were difficult to predict, but, in the view of some, potentially sizable. Rising debt service costs, owing in part to the repricing of variable-rate mortgages, were also mentioned as possibly restraining the discretionary spending of consumers. The most likely outlook, however, was for a gradual moderation in house price appreciation and in the growth of consumption, which would continue to be supported by increases in jobs and incomes.

28. März 2006, FOMC Minutes

Housing activity had moderated somewhat from the robust pace of the past summer. Although the level of single-family housing starts was unusually high in January and February, much of this strength was likely the result of mild winter weather; new permit issuance extended the downward trajectory that began in October. After an unusual spike in January, multifamily housing starts dropped back in February to a rate well within their historical range. Sales of new homes fell in the first two months of the year, while sales of existing homes turned up in February for the first time since last August; both measures were well below their peaks of mid-2005. The stock of homes for sale was elevated compared with its range of the last several years. Mortgage applications continued to decline in February, and survey measures of homebuying attitudes also maintained their recent downward trend. Housing demand was likely damped by rising mortgage rates, which moved up further in late 2005 and early 2006. House price appreciation appeared to have slowed from the rapid pace of the summer, but price increases for both new and existing homes remained well within the elevated range that has prevailed in recent years.

10. Mai 2006, FOMC Minutes

The underlying pace of residential activity seemed to moderate in the first quarter. After unseasonably warm weather allowed a high level of single-family housing starts in January and February, starts fell in March to their lowest level in a year. New permit issuance for single-family homes also fell in March, continuing its downward trend. Multifamily starts recovered a bit in March from their low rate in February but remained well within their historical range. Home sales also declined, on net, in recent months. Although sales of existing single-family homes edged up in February and March, the level of sales for the first quarter as a whole was notably below the record high in the second quarter of last year. Sales of new homes also moved up in March, but their average in the first quarter was down substantially from the peak in the third quarter of last year. House price appreciation appeared to have slowed from the elevated rates seen over the past summer. Growth in the average sales price of existing homes in March, versus a year earlier, decelerated sharply, and the average price for new homes in March fell compared to a year earlier. In addition, other indicators, such as months' supply of both new and existing homes for sale and the index of pending home sales, supported the view that housing markets had cooled in recent months.

29. Juni 2006, FOMC Minutes

The expansion of consumer spending softened, and activity in the housing market continued to cool.

29. Juni 2006, FOMC Press Release

Recent indicators suggest that economic growth is moderating from its quite strong pace earlier this year, partly reflecting a gradual cooling of the housing market and the lagged effects of increases in interest rates and energy prices.

8. August 2006, FOMC Minutes

Residential investment contracted as activity in the housing market continued to cool. (...)
Sales of both new and existing single-family homes slowed in June and were significantly below their peaks of the summer of 2005. Available measures of house prices indicated that price increases had moderated over the past four quarters.

8. August 2006, FOMC Press Release

Economic growth has moderated from its quite strong pace earlier this year, partly reflecting a gradual cooling of the housing market and the lagged effects of increases in interest rates and energy prices.

20. September 2006, FOMC Minutes

Residential construction activity continued to contract in recent months. Single-family starts fell further in July and August to a level well below the peak in the third quarter of 2005. Construction in the multifamily sector also fell back. Sales of both new and existing single-family homes fell in July and were significantly below the peaks of last summer. A range of indicators suggested that housing market activity was likely to slow further in the near term. Pending home sales dropped noticeably in July, and mortgage rates had increased since the beginning of the year. Available measures suggested that prices of existing homes increased through the second quarter at a much lower rate than the one observed during the same period last year.

20. September 2006, FOMC Press Release

The moderation in economic growth appears to be continuing, partly reflecting a cooling of the housing market.

25. Oktober 2006, FOMC Minutes

The information reviewed at the October meeting suggested that economic activity increased at a slow pace in the third quarter. The contraction in home construction remained a significant drag on economic activity, and steep reductions in motor vehicle assemblies further weighed on growth in the third quarter.

Residential construction activity remained weak. Single-family starts ticked up in September, but new permit issuance slid further to its lowest level in nearly five years. Construction in the multifamily sector continued to fluctuate within the range that has prevailed for several years. Sales of new single-family homes edged up in August, while sales of existing homes held steady. Pending home sales, which rose somewhat in August after a noticeable drop in July, and the decline in mortgage rates since July likely indicated some support for housing demand in the near term. Still, the overhang of unsold homes remained historically high, and price appreciation of existing homes continued to slow through the second quarter.

25. Oktober 2006, FOMC Press Release

Economic growth has slowed over the course of the year, partly reflecting a cooling of the housing market.

12. Dezember 2006, FOMC Minutes

In the household sector, mortgage debt increased at its lowest pace since the late 1990s, reflecting the continued deceleration in house prices. (...)

In their discussion of the major sectors of the economy, participants noted that developments in the housing market continued to weigh heavily on economic activity. Housing starts and permits for new construction had dropped sharply in October, and contacts in the building sector reported that construction firms were continuing to cancel options on land purchases. However, there were some indications that home sales might be starting to stabilize, aided by a marked slowing in the rate of increase of house prices and a decline in mortgage rates in recent months. Several participants also noted that a range of non-price incentives and concessions were being offered by construction firms to bolster sales. But even if home purchases had begun to level off, residential investment was likely to fall further in coming quarters as homebuilders sought to reduce their backlogs of unsold homes.

Thus far, the adjustment of activity and prices in the housing market did not appear to have spilled over significantly to consumer spending, which had expanded at a steady pace in recent months, buoyed by continued gains in employment and by a decline in energy prices. Retailers in most Districts expected good sales over the holiday season, although some contacts at package delivery and trucking firms reported that activity was less busy than usual for this time of year. Participants noted the downward revision to the BEA's estimate of personal income in the second quarter of this year, but nonetheless continued to anticipate consumer expenditures to expand at a steady pace going forward. Growth in consumer spending was expected to be supported by favorable financial conditions and solid gains in income from employment, outweighing any damping effect of sluggish increases in housing wealth. Still, considerable uncertainty regarding the ultimate extent of the housing market correction meant that spillovers to consumption could become more evident, especially if house prices were to decline significantly.

12. Dezember 2006, FOMC Press Release

Economic growth has slowed over the course of the year, partly reflecting a substantial cooling of the housing market.

Anhang 3
FOMC: Kriege und Terrorwarnungen lähmen die Wirtschaft

27.09.2001, FOMC »Greenbook«, Part 1: Current Economic and Financial Conditions: Summary and Outlook

Before the tragic events on September 11, we viewed the economy as having only a little forward momentum. The incoming data after publication of the August Greenbook pointed to a continuation of the patterns that emerged in the second quarter: an ongoing contraction in industrial production, sharp drawdowns in inventories, and only a little growth, on balance, in final sales. The layoffs in manufacturing and related industries and the slow pace of hiring elsewhere had finally shown through to a noticeable rise in the unemployment rate, and initial claims for unemployment insurance remained sufficiently elevated that additional cuts in jobs appeared to be in train. In the absence of the terrorist shock, we likely would have been forecasting only a small gain in real GDP, on balance, for the remainder of 2001.

From that baseline, we believe that direct and indirect effects on economic activity of the terrorist attacks will result in a mild contraction in real GDP in the second half of this year, leading to a further rise in the unemployment rate to 5-1/2 percent by year-end. To be sure, the size of the attacks' initial impact on production and spending is difficult to gauge, but we believe that it has been large enough to swing the change in real GDP in the third quarter from a small increase to a modest decline.

02.10.2001, Meeting of the Federal Open Market Committee

Seite 57, MR. BROADDUS: Against this background, the September 11th attacks, of course, have added to the anxiety and uncertainty that households, business firms, and investors were to some extent already experiencing before the attacks occurred. Those concerns showed up initially in asset markets. The negative impact on asset markets appears at least for the moment to be reasonably well contained under the circumstances, but obviously the level of anxiety in those markets is still very high. With a recession increasingly likely, consumers feel exposed to the risk of losing their jobs as well as to other risks and, therefore, are likely to spend less and save more out of current income in order to build their precautionary balances. And businesses, whose investment returns are now subject to a greater degree of risk than before the attacks, will probably cut back on their investment plans even further than they already have, at least for a time.

Seite 75, MR. KOHN: Thank you, Mr. Chairman. As noted in the Committee's announcement of two weeks ago, the terrorist attacks subjected an already weak economy to a further downward shock. Just before September 11th aggregate demand apparently was still being impeded by an ongoing downdraft in investment, as firms corrected a previous over-expansion of capital equipment, and the resulting decline in employment and equity prices threatened to sap consumer spending. As noted in the Greenbook, firm evidence that the downdraft was beginning to abate had not emerged and the economic forecast probably would again have been marked down and the anticipated strengthening pushed further into the future. The attacks themselves disrupted business transactions for a time and apparently have heightened concerns about the future, likely restraining spending even more and further delaying the resumption of solid growth.

02.10.2001, FOMC Minutes

Subsequently, on September 17, the Committee reduced its target for the federal funds rate by a further 1/2 percentage point. This action was taken against the backdrop of heightened concerns and uncertainty created by the recent terrorist attacks and their potentially adverse effects on asset prices and the performance of the economy. In conjunction with this easing move, the Federal Reserve indicated that it would continue to supply unusually large volumes of liquidity, and the Committee recognized that the federal funds rate might fall below its new target until the normal functioning of financial markets was restored.

19.03.2002, Meeting of the Federal Open Market Committee

Seite 68, MR. OLSON: We had some discussion earlier about the effect of the lack of terrorist insurance on the commercial mortgage-backed market. As the Greenbook points out, the market seems to have identified and isolated the areas of risk. So I think that the Greenbook well pretty captures that particular exposure. We've talked about the stimulus package. The Greenbook also deals with the potentially explosive Middle East situation.

21.06.2002, FOMC »Bluebook«, Monetary Policy Alternatives

The mixed bag of subsequent economic data releases–along with heightened geopolitical tensions, warnings of terrorism, and further revelations of questionable corporate accounting practices–led investors to mark down their assessment of the strength of the economic expansion and to withdraw somewhat from taking on risk. As a result, market participants now see monetary policy on hold into the fall, with no change in the balance-of-risks assessment, and have lowered the expected path of the intended funds rate about 1/2 percentage point next year. (...) Indeed, the Committee may sense an increased risk of a severe deterioration in consumer and business confidence that could stem from terrorist attacks or international conflicts or from further news of accounting and corporate governance irregularities.

25.06.2002, Meeting of the Federal Open Market Committee

Seite 74, MR. MOSKOW: Also, the list of factors weighing on business and consumer confidence seems to be getting longer and longer. Accounting irregularities, corporate nongovernance, the war on terrorism, unrest in the Middle East, and threats of nuclear war and dirty bombs are all keeping people awake at night. And yesterday's WorldCom announcement is another one of these factors.

25.–26.06.2002, FOMC Minutes

Subsequently, investors became more risk averse in reaction to a mixture of economic data releases, growing geopolitical tensions, further warnings about terrorism, and additional revelations regarding questionable corporate accounting practices. (…) Moreover, forecasts of even moderate growth in spending were subject to downside risks emanating, for example, from possible further shocks to confidence and household wealth should weakness in stock prices persist, and from political turmoil overseas and threats of terrorism at home.

05.07.2002, Meeting of the Federal Open Market Committee

Seite 71 ff., CHAIRMAN GREENSPAN: (…) One issue that has not been raised today, and I think we have to keep it in mind because it can happen, is Terrorist Act Two. (…). I would have said, and I think I probably did say at our meetings shortly after September 11, that it would take a terrorist attack of a greater order of magnitude than that of September 11–either a nuclear or biological or chemical type of attack–to scare people to the extent that our economy would not be able to function. (…)

In my judgment, that is the biggest risk in the outlook in the sense that if the nation were continuing to factor in another attack, then the economy could absorb it to some extent. But when it is not being factored in, I would say that its risk-adjusted level, if I can create a new level of elevated concern, would be at the top of the list. That does not mean that the probability of another terrorist attack has not been going down; indeed it probably is still going down. But we have no idea what that probability is. None of us has knowledge of that from our day-by-day reading of the daily newspapers, and our intelligence agencies do not at this stage have that knowledge. They know a lot about the terrorist structures but very little about pending events.

So there's a lot of uncertainty, understandably. And I am certain that when we all read our transcripts five years from now we probably will look back on this period and say that we were unduly concerned–that in fact the underlying economy was really improving and that the productivity increases were reflective of developments that we had not really understood. We are likely to see that the economy was much better than we thought and that its flexibility was greater. To be sure, pricing power was nonexistent, but nobody cared because unit costs were in check and everything was basically fine and we shouldn't have worried. But I'm still worried. My recommendation, which I suspect is pretty much what everyone has in mind at this stage, is that we stay at $1^3/_4$ percent on the funds rate and retain the statement that we view the risks as balanced.

13.08.2002, Meeting of the Federal Open Market Committee

Seite 34, MR. MCTEER: (…) plus continued concerns over war and terrorism have made consumers more reticent, and that is likely to continue for some time.

Seite 43, MR. BROADDUS: (...) The problem, of course–and I know the staff is well aware of this–is that there are currently an unusually large number of significant downside risks in the outlook that are very difficult to quantify and to incorporate in a forecast. Those risks include, for example, the possibility of a renewed and perhaps sharper drop in stock prices than we've already seen, a war in the Middle East, financial collapse in Brazil, or another terrorist attack in the United States. (...)

Seite 63, MR. JORDAN: (...) Regarding the national economy, as always it's a contest between the strength of forces generated by the inherent resiliency of market mechanisms versus the frequency and the strength of various adverse impulses. When asked what is causing so much caution in the business sector as well as the declared nervousness of households–an attitude not necessarily reflected in their spending–people point to three major uncertainties. And here »uncertainties« is the right word, not »risks.« Somebody else mentioned–I think it may have been Cathy–the word »fear.« I heard the word »fear« much more than the word »risk« during this recent period. There are uncertainties about where, when, and how bad the next terror attack will be, about the startling loss of confidence in the quality of balance sheet and income statements of businesses, and about when and how the violence of the Middle East can be brought to an end. None of these sources of uncertainty has a clear, easy, or near-term solution. There will not be a VT day–victory over terrorism day–that we will mark on our calendars to celebrate in the future.

24.09.2002, Meeting of the Federal Open Market Committee

Seite 29, MR. MOSKOW: Turning to the national outlook, the economy still seems to be on a bumpy road. We have absorbed an extraordinary number of shocks over the past year: September 11, the war on terrorism, international trade disputes, the failures in corporate governance, and now the prospect of war with Iraq. To date the economy has shown a good deal of resiliency, but these shocks have taken a toll on confidence and have substantially raised uncertainty, as David mentioned.

Seite 33, MR. PARRY: I have to admit to being a bit uneasy about prospects for the economy. The reason is that most of the risks seem to be skewed to the downside: another terrorist attack, war with Iraq, declines in house or equity values, and fragile business confidence. Based on our outlook and risk assessment, at this point I would see no reason to change the current stance of policy.

Seite 42, MR. SANTOMERO: Today, we face the lingering effects of September 11 on the national psyche, the aftermath of the bursting tech bubble, the negative reaction and added uncertainty centering around corporate accounting scandals, and increasing anxiety over the possibility of war with

Iraq. These are just some of the headwinds that our economy must fight through. Nonetheless, there are offsets to the headwinds, not the least of which are accommodative monetary and fiscal policies. Low interest rates are sustaining consumer spending on housing and durables, which is an essential part of the outlook.

Seite 77, MR. REINHART: Indeed, markets remain skittish, the potential for military action in Iraq seems significant, and the threat of terrorist attack at home was raised to »high« since you last met.

Seite 100, VICE CHAIRMAN MCDONOUGH: I think there's a little confusion about what we mean when we're talking about the importance of geopolitical events. It's not as if we mean that a geopolitical event is, say, that we start bombing Iraq three or four weeks from now. Maybe we will, and maybe we won't. Rather, the point is what the geopolitical environment does to the level of uncertainty and the effects of that on the real economy.

06.11.2002, Meeting of the Federal Open Market Committee

Seite 33, MS. MINEHAN: (...) First, it's not clear when uncertainty will ease or what role a conflict with Iraq might play. (...) Frankly, further easing in monetary policy might not trigger spending either, though it probably wouldn't hurt. (...) Clearly these two forecasts, one for business investment and one for consumption, feed on one another. If one is gaining strength, the other comes along. But the reverse is true as well. Businesses won't invest if consumers won't buy, and consumers won't buy if they don't have jobs. The key question here is, What starts the process? Given the situation in the rest of world, help is not on its way from the external sector. That leaves only two major exogenous drivers of the forecast outside of an increase exogenously in animal spirits–accommodative fiscal and money policy. At their current levels, are these enough?

Seite 43 , MR. SANTOMERO: (...) Uncertainty over geopolitical issues will have to ebb and businesses will have to gain confidence in the recovery before they begin to make the commitments implicit in renewed investment and hiring.

Seite 43, MR. HOENIG: (...) Perhaps more important are the forces of uncertainty. There is the risk of a war with Iraq; its timing, duration, and so forth are an uncertainty. Terrorism is an uncertainty.

Seite 59, MR. KOHN: (...) It does seem likely that the geopolitical risks we have cited–concern about terrorism, war, and oil prices–have made people more cautious, especially businesses in their investment decisions.

Seite 82, CHAIRMAN GREENSPAN: (...) I know for sure, it means that cash flows will be improving and that stronger capital investment will eventually materialize provided the overhang of uncertainty, very specifically the uncertainty relating to geopolitical risks, dissipates. This is a Gulf War scenario all over again. You may recall that when Iraq invaded Kuwait in the summer of 1990, oil prices initially took off. But as the buildup to the fighting with American forces took place, we experienced a progressively more debilitating degree of uncertainty. It took a very significant toll on consumer expenditures and indeed was probably an important, if not the primary, cause of the 1990 recession. We now have the same problem to work through. It's difficult to know when, or even if, there will be another Middle East War.

29.01.2003, FOMC Press Release

Oil price premiums and other aspects of geopolitical risks have reportedly fostered continued restraint on spending and hiring by businesses.

18.03.2003, FOMC Press Release

However, the hesitancy of the economic expansion appears to owe importantly to oil price premiums and other aspects of geopolitical uncertainties.

06.05.2003, FOMC Minutes

When the Committee met on March 18, 2003, the nation appeared to be on the brink of war. At the end of that meeting, the Committee adopted a directive that called for maintaining conditions in reserve markets consistent with keeping the federal funds rate around 1-1/4 percent. The Committee agreed to indicate in its announcement that in light of the unusually large uncertainties clouding the geopolitical situation in the short run and their apparent effects on economic decisionmaking, it could not at that time usefully characterize the current balance of risks with respect to the prospects for its long-run goals of price stability and sustainable economic growth. The Committee also agreed that heightened surveillance would be particularly informative. It was noted that while the recent economic data were mixed, the hesitancy of the economic expansion appeared to owe significantly to oil price premiums and other aspects of geopolitical uncertainties. The Committee believed that as those uncertainties lifted, the accommodative stance of monetary policy, coupled with the ongoing growth in productivity, would provide vital support toward fostering improving economic performance over time.

06.05.2003, FOMC Press Release

Recent readings on production and employment, though mostly reflecting decisions made before the conclusion of hostilities, have proven disappointing. However, the ebbing of geopolitical tensions has rolled back oil prices, bolstered consumer confidence, and strengthened debt and equity markets. These developments, along with the accommodative stance of monetary policy and ongoing growth in productivity, should foster an improving economic climate over time.

Although the timing and extent of that improvement remain uncertain, the Committee perceives that over the next few quarters the upside and downside risks to the attainment of sustainable growth are roughly equal.

16.03.2004, FOMC Minutes

Financial markets also seemed a little less positive about the outlook, with stock prices lower and some risk spreads wider than at the time of the last meeting. The reasons for the reduced optimism were not entirely clear but may have included higher energy and commodity prices as well as renewed concerns about terrorism.

29.–30.06.2004, FOMC Minutes

Members acknowledged that their favorable outlook for economic activity was based on the assumption that major terrorist disruptions would be averted.

10.08.2004, FOMC Minutes

Indeed, some members suggested that heightened uncertainty, reflecting the effects of higher energy prices and increased concerns about geopolitical risks, might have contributed to greater business caution of late.

Anhang 4
FOMC: Immobilienboom als Motor der Wirtschaft

25.06.2002, Meeting of the Federal Open Market Committee

Seite 122 ff., CHAIRMAN GREENSPAN: The demand for housing is pressing up against land shortages and the like, and we are getting fairly dramatic increases in a lot of areas in the market value of homes and hence in the total housing equity, from which there has been a consistent degree of extractions. One source of the extractions is the very high level of existing home sales. The sellers pay off significantly less mortgage debt than the buyers take on, and the net change in those two mortgage numbers equals the extraction of equity from the sale of existing homes. The funds made available from home sales plus the funds obtained from the very large increase in home equity lending, which stems from »unrealized gains« that are not the consequence of a sale of a home, are being employed to a significant extent for consumer expenditures. Of course, a further source of such funds comes from cash-outs from home refinancings, which as I recall are an increasing proportion of the aggregate amounts being refinanced. (…)

It's fairly evident that there is a secular increase in the value of homes relative to the value of other assets. The consequence is that the extraction of funds from home equity values is a much more important source of consumption expenditures than earlier. Previously, consumers were not able to extract cash easily out of the rising value of their homes, but they can now, and that source of funds has been a strong sustaining force for spending through the recession. Unless immigration slows down as a consequence of September 11, it's hard to imagine that anything really major is going to change in this regard. And unless we get a significant decline in home prices, and that's a very questionable prospect at this stage, it's hard to imagine that there will not be very considerable ongoing support for consumption expenditures coming out of the housing equity markets. (…)

13.08.2002, Meeting of the Federal Open Market Committee

Seite 67, MR. REINHART: With a real federal funds rate close to zero, policy has provided forward thrust to the real estate sector and has facilitated the ongoing extraction of owners' equity, evidenced in part by another wave of refinancing that seems not yet to have crested.

Seite 71, CHAIRMAN GREENSPAN: The turnover of homes of necessity engenders realized capital gains, and those gains tend to be the element in the housing market that extracts the most home equity. Indeed, what we always observe is that the mortgage loan taken out by the buyer is significantly larger than the mortgage cancelled by the seller. And the spread between the two, which is the net increase in mortgage debt on that existing home, is very close in general to the realized capital gain. To be sure, a very significant amount of equity extraction occurs without realized gains, and it occurs largely because of the cash-outs from refinancings. Those cash-outs are becoming quite large. An internal estimate by Freddie Mac for last year indicates that it was a little over $100 billion. The total is down somewhat this year because the refinancings are not as large, and I believe the ratio of cash-outs to refinancings usually comes down a bit when refinancings to total originations go up.

All in all, there have been very large extractions from home equity. They do not seem to be impaired or enhanced by fluctuations in stock prices. The result has been a very major addition to personal consumption expenditures and to home modernization outlays, which, of course, are part of GDP. What we have observed here is a major offset to the quite extensive decline in wealth from equities. And what is also interesting is that we are looking at two different segments of household incomes. A very substantial part of the wealth creation and destruction through equity stock prices occurs in the upper-income quintile, while a very substantial part of the home equity extraction occurs in the lower four quintiles. And the evidence is that on average the impact on personal consumption expenditures from changes in equity wealth according to the FRB/US model is about the same overall as the extraction of equity from housing. In my view, however, the available evidence suggests that that may be in error in the sense that we may find after the fact that the marginal propensity to consume out of capital gains in homes, especially those that are realized, is very significantly above the marginal propensity to consume out of either realized or unrealized gains in equities. Only in recent years have unrealized gains in equities become a very prominent factor in both personal consumption expenditures and home modernization outlays.

24.09.2002, Meeting of the Federal Open Market Committee

Seite 71, MS. BIES: Rising house prices have sustained the consumer's wealth position against falling equity markets, and any decline in house prices could have significant impacts on consumer spending.

Seite 78, CHAIRMAN GREENSPAN: First, I think it's fairly evident that unprecedented levels of equity extraction from homes have exerted a strong impetus on household spending. We see this in the incoming aggregate data on such spending, though not in measures that reflect consumer attitudes and psychology. We know, for example, that the level of existing home turnover is quite brisk and that the average extraction of equity per sale of an existing home is well over $50,000. A substantial part of the equity extraction related to home sales, which is running at an annual rate close to $200 billion, is expended on personal consumption and home modernization, two components, of course, of the GDP.

The long duration of the currently elevated level of home sales is a bit of a puzzle. At some point it has to drift down to a more normal range, but it's not doing so thus far. Similarly, the historically high level of refinancings in the third quarter, as reflected in the data on applications reported by the Mortgage Bankers Association, is creating a very large increase in cash-outs. We estimate that they, too, are running in the $200 billion range at an annual rate, up very significantly from where they were a year or eighteen months ago. Perhaps more importantly, there is no evidence of a slowing in refinancing activity. The average rate on new thirty-year fixed-rate mortgages is well below the average rate on outstanding mortgages. This differential plays an important role in models of refinancing activity constructed here at the Board. The models, which fit the historical data very well, suggest that refinancing activity should continue quite strong in the months immediately ahead. Accordingly, we are likely to see fairly high levels of actual cash flows, the monies made available from the cash-outs, until the end of the year and perhaps beyond.

The impact of this development is not easy to isolate from the rest of what is going on in the economy, but there is no question that a goodly part of the robustness of household expenditures stems from this source. Cars and light trucks, which have been quite strong, are examples of the types of large ticket items that are disproportionately purchased when equity is extracted from the sale of a home. It seems likely that increases in the average size of cash-outs will persist, and one would expect these monies to have an impact on purchases of motor vehicles and other big-ticket items. Indeed, I suspect that's what we are seeing.

06.11.2002, Meeting of the Federal Open Market Committee

Seite 43, MR. SANTOMERO: Enabled by accommodative monetary policy, consumers have buoyed the recovery. Low interest rates have sustained consumer spending on housing and durables. Refinancings have put money in consumers' pockets, and research by the Philadelphia staff suggests that this refinancing activity has had a significant impact on expenditures for consumer durables. In addition, the increase in house prices has raised the value of collateral used to support home equity lending, and that has enabled homeowners to bring forward some of their consumption. The consumer continues to be the essential part of the outlook. However, there is some danger that, if refinancing or home-price appreciation slows, the strength of consumer spending will subside.

Seite 66, MR. FERGUSON: Second, mortgage refinancings, while still high, do show a tendency to be inversely related to changes in mortgage rates and not just to the level of rates. So if mortgage rates do not continue to come down, then there might not be the support for a continuing wave of refinancings at the recent high level.

Seite 80, CHAIRMAN GREENSPAN: I mention that even though a good deal of the econometrics does suggest that it is the level of the mortgage interest rate and not its decline as such that determines the rate of new and existing home sales. Remember, the sales of existing homes engender a fairly significant extraction of equity directly as a consequence of housing turnover. And clearly cash-out refinancings are also a function of the level of the current mortgage rate in relation to the average rate on outstanding residential mortgages. What this suggests is that there is still considerable momentum in the housing industry because mortgage rates remain low. Moreover, there is unquestionably still very strong cash-out availability as we go into December because applications have gone up very dramatically and there is usually a six-week lag between mortgage applications and originations. Of course, it's the timing of originations that creates the cash-out monies, which as you may recall I said at the last meeting were running at an annual rate of around $200 billion. And indeed that explains a very big part of the rise in mortgage debt during the last couple of years.

Anhang 5
FOMC: Geldmenge

30.01.2002, Meeting of the Federal Open Market Committee

Seite 17, MR. GOODFRIEND: I will spend most of my time explaining how what I think is the best option–expanding the monetary base–could work to stimulate the economy at the zero bound.

(...)

Usually, open market operations are constrained to accommodate the demand for the monetary base at the opportunity cost spread between the intended federal funds rate and zero. There is a need to defend an interest rate spread when the federal funds rate is positive, and as a result, the monetary base is not an independent instrument available for policy in those normal circumstances. But once the federal funds rate is zero, there is no need to defend an interest rate spread, and policymakers are free to expand the monetary base further to stimulate the economy.

(...)

There are three avenues that could be pursued to increase broad liquidity by expanding the Federal Reserve's balance sheet. One would be to buy from the public relatively illiquid assets such as long-term government bonds, which would provide the public with base money that would then be deposited in banks. The banking system would expand, deposits would grow, and the banks would hold reserves against these additional deposits. It's important to understand that even if banks do not use these reserves to expand lending–and thus there is no secondary expansion of bank deposits–the Fed has increased broad monetary liquidity in the economy as a result of its purchase of relatively illiquid long-term bonds on the open market. Alternatively, the Fed could buy assets other than long-term government bonds– anything one can imagine that is relatively illiquid–and in that way also increase broad liquidity. The third way would be to monetize a government budget deficit. That would involve the government's issuing new short-term securities, say, which the Fed would buy. We would thereby be providing the government with a monetary base, which in turn it would transfer to the public through a tax cut or in some other way. The funds placed in the hands of the public would be deposited in the banking system and deposits would increase, as would broad liquidity.

(...)

After an injection of broad liquidity that drives down its implicit yield, people will feel compelled to hold assets that are less liquid but have a higher explicit rate of return. Portfolio balance would require a similar fall in the explicit yield on nonmonetary assets. Equilibrium prices of nonmonetary assets would be bid up to restore the required return differential.

Turning to page 8, higher asset prices raise desired consumption out of current income. And higher asset prices relative to their cost of production would revive investment. The increased investment would raise employment, and higher utilization rates and profits would raise asset prices further. That is the essence of the portfolio rebalancing channel.

Let me talk for a minute about the credit channel (page 9). Because asset prices are higher, collateral values would be higher, net worth would be higher, and bank capital would be higher. As a result of the higher valuations available to back loans, the external finance premium would come down. Credit spreads would narrow, bank lending would revive, and spending would rise as the cost of borrowing against future income prospects falls. Those developments would occur along with the portfolio rebalancing channel, but I call them the credit channel because they are distinct in that they operate in the credit markets.

(...)

Injections of monetary base can provide an impulse to get the recovery going, but for the recovery to be self-sustaining the public must be confident that base money will be expanded by as much and for as long as needed. That is, monetary policy must be supportive until the economy expands enough to support asset prices on its own. To acquire such credibility, the central bank must overcome the perception that it is excessively concerned about the inflationary risk of potentially very high growth in the monetary base. The monetary authority must be prepared to overshoot—perhaps by a wide margin—base money that will be demanded at stable prices after the economy recovers.

There is a second related, but distinct, implementation problem that would make gaining credibility for quantitative policy difficult. Ordinarily, relatively small changes in bank reserves suffice to support interest rate policy. We hardly have to move the System's balance sheet at all to support even large changes in the intended federal funds rate. At the zero bound, however, policy will have to exert its effect through broad liquidity rather than very narrow reserves liquidity. What we're talking about is operating on a monetary aggregate like M3—which is roughly around 8 trillion dollars—plus the stock of short-term Treasury securities, which involves another $1 trillion to $2 trillion. The order of magnitude of that aggregate is about that of GDP. That will require large-scale injections of monetary base, substantially increasing the size of the Federal Reserve's balance sheet, I believe, in order to have the desired effect through the two broad liquidity channels of monetary transmission.

If all this is true, the Federal Reserve will need more fiscal support for quantitative policy at the zero bound than we usually are granted by the fiscal authorities. For one, there might not be enough long-term bonds to buy in order to expand the monetary base. Of course, we could buy other assets. But either way the Federal Reserve would be exposed to capital losses that might leave it with insufficient assets to reverse the huge expansion of its balance sheet that is being contemplated. In other words, to be willing to use quantitative monetary policy at the zero bound, the central bank must be able to inject large quantities of base money into the economy and be confident that it will have the assets to drain this money after the economy has recovered. In particular, we'd need to be able to drain money that threatens to become inflationary, or we would be reluctant to embark on this process in the first place.

(…)

the fiscal authorities could agree to run a budget deficit at the central bank's request to help us inject broad liquidity into the economy. The central bank could monetize short-term debt issued to finance the deficit and then withdraw excess base money later by selling that debt to the public.

Seite 23, CHAIRMAN GREENSPAN: We could go ahead as a central bank and just print money and buy assets–we could buy baseball teams for all we need–and we can generate as much currency as we want.

Seite 41, MR. JORDAN: How would you as a central bank expand the monetary base if you didn't have the opportunity to go out and buy government securities or something like that? My answer is that you should simply run a positive sum lottery. There's no question that you could sell an awful lot of tickets [laughter] if you have a positive sum lottery offering to credit the winner's account. You can blow up the monetary base as much as you want, and you can sterilize it as much as you want.

Dank

Auch wenn man beim Schreiben eines Buchs manches Mal sehr alleine sein kann, so schreibt man doch nie wirklich allein. Und so gilt mein Dank allen, die mich auf ihre jeweilige Weise begleitet, unterstützt, hinterfragt, angestachelt und inspiriert haben.

Mein erster Dank gilt meinem besten Schulfreund, Felix Weber, an den ich beim Schreiben immer wieder denken musste. Denn gewissermaßen ist dieses Buch im März 1994 der Kochkunst von Felix entsprungen, als er ein Abendessen zauberte und im weiteren Verlauf der Nacht dank der einzigartigen Pasta, dem anregenden Wein und den guten Freunden die Idee der Vereinten Transnationalen Republiken geboren wurde. Diese Idee begann ihre lange Reise mit einer einfachen Frage:

Lassen sich Menschenrechte und Biosphäre vielleicht besser durch den Zusammenschluss von Freunden und Freundesfreunden schützen, als es mittels nationaler Strukturen möglich ist?

Wer die Welt aus der Perspektive dieser Frage betrachtet, sieht sie plötzlich von außen und mit anderen Augen und erkennt: müssen Mensch und Natur sich den Interessen von Nationen und Konzernen unterordnen, sind Menschenrechte und Biosphäre gleichermaßen bedroht. Dieser Außenblick auf die Welt offenbarte auch schnell das Problem nationaler Währungen: denn niemals könnten die Interessen von Mensch und Natur gegen möglicherweise abweichende Interessen einer nationalen Hegemonialwährung durchgesetzt werden. Es schmerzt mich sehr, dass ich mit Felix nicht mehr den einen oder anderen Gedanken weiterspinnen oder ihm den einen oder anderen Kochkniff abschauen kann. Er hat uns viel zu früh verlassen.

Ich danke Björn Bicker und Peter Kastenmüller, die mich 2004 und 2006 einluden, an den Münchner Kammerspielen meine Gedanken zu Währungen vorzutragen, und Wolfgang Farkas, Lars Birken-Bertsch und Bernhard von Guretzky, die mich aufforderten, aus dem Vorgetragenen ein Buch zu entwickeln. Ohne ihren Zuspruch hätte ich dieses Buchprojekt weder wagen noch jemals durchstehen können. Außerdem danke ich meiner Lektorin Christiane Weidemann, die auch diesen Satz feiner zum Glänzen bringen wird, als es mir selbst gelingen könnte. Und natürlich der zauberhaften Chrish Klose für das schöne Buchcover, Hendrik Rohlf für den konstruktiven Überblick und Peter Frese für den feinen Satz.

Ganz besonderen Dank schulde ich Cornelius Everding, dem wohl unverbesserlichsten und zugleich »ziegelsteinrealistischsten« aller Romantiker, ohne dessen hartnäckigem Festhalten an einer schönen Idee weder die Vereinten Transnationalen Republiken noch dieses Buch hätten entstehen können. Idee und Aufbau dieses Buchs – und des bald folgenden zweiten Bandes über die Strukturen globaler Politik – haben wir gemeinsam bei Pasta und Wein ausgeklügelt. Als sich während unserer Vorarbeiten die Finanzkrise entwickelte, beschlossen wir, die Reihenfolge umzukehren, den Band über das Geld vorzuziehen und Cornelius' Band über die Politik nachfolgen zu lassen.

Großen Dank auch allen, die mir ihre Geduld, Neugierde und Aufmerksamkeit schenkten, indem sie erste Rohfassungen des Buchs durch ihre Kritik und Anregungen verbesserten: Markus Wehrmeister, der mir in seinem »edible garden« inmitten des costaricanischen Dschungels nicht nur ein kritisch prüfender Gesprächspartner war, sondern mir den weiten Blick auf einen blauen Horizont mit geheimnisvoll dunklem Regenwald im Rücken ermöglichte. Margit Rosen, die mich davon überzeugte, die »wunderbaren Zitate nicht alle in Fußnoten zu verbannen« und etliche schöne Formulierungen beisteuerte. Norbert Weiss, dessen Hinweise aus der Sicht eines ehemaligen Brokers sehr wertvoll waren, ebenso der gleichsam scharfe wie fachmännisch-kritische Blick von Matthias Patzelt. Barbara Hobl, die meine rohen Texte gegen ihren Sprachwitz und eine psychologisch geschulte Beobachtungsgabe hielt. Andor Orand, der über viele Jahre hinweg ein verlässlicher und über alle Maßen geistreicher Diskussionspartner war und auch hier wieder seine wunderbar quadratisch-runden Gedanken beisteuerte. Niki Knoch, die mir mit ihren kritischen Fragen und nachhaltigem Engagement sehr weiterhalf und mich zur Teilnahme an einer spannenden Tagung überredete. Thomas Grasberger, dessen kluge und freundliche Kritik mich weiter motivierte. Meinem Vater Michael, der mir nicht nur hier bei etlichen der eher kniffeligen Fragen - sowohl den Inhalt als auch die Übersetzungen betreffend - zur Seite stand, sondern mir meine neugierigen Fragen über Geld schon geduldig beantwortete, als ich noch ein Schuljunge war und mich noch mehr für dessen mir völlig unverständliche Verwandlung in Erdbeereis interessierte. Meiner Schwester Christine, die mit Frauke Vieregg in Windeseile die Homepage samt Logo zum Buch gestaltete, und meinem Bruder Jakob, der ebenso schnell das Wiki einrichtete. Meiner Schwester Stefanie, deren scharfer Blick einiges zu erhellen vermochte. Meiner Mutter Gesche, meinem Bruder Philipp und Larissa Michelberger, die mir halfen, bei Laune zu bleiben und mir den Rücken frei hielten. Und natürlich meiner Tochter Maia, die mir sehr half, indem sie las während ich las und malte, während ich schrieb; und es mir geduldig nachsah, dass ich ihr in diesem Sommer den Trick mit dem Erdbeereis viel zu selten zeigen konnte.

Prof. Dr. Philipp Müller danke ich, mich zu den UNESCO-Foren in Buenos Aires (2006) und Monterrey (2007) eingeladen zu haben, wodurch ich die Möglichkeit erhielt, meine Gedanken zu Währungen und Globalisierung in einem akademischen Rahmen zu diskutieren. Insbesondere die anregenden Gespräche mit Prof. Dr. Bernardo González-Aréchiga, Prof. Dr. Alejandro Jaime Flores, Prof. Dr. Aragón Mladosich, Prof. Florian Hoffmann, Max Senges, Prof. Isidro Morales, Prof. Heikki Patomäki, Alexander Schellong und Stephania Corpi rufe ich mir immer wieder gerne und dankend in Erinnerung.

Jan Wildeboer, Philippe Souidi, Matthias Wessels, Thomas Uhl und Marcel Donges danke ich für ihren Einsatz in gemeinsamer Sache, der dem Verständnis folgt, dass unser Geld der Zukunft nicht dem bloßen Zweck seines Besitzes dienen sollte, sondern »den Freuden und Realitäten des Lebens« und es daher eine soziale Angelegenheit darstellt, die auf Freundschaft, Vertrauen und Loyalität angewiesen ist.

Dank auch all jenen, auf deren Mithilfe die Vereinten Transnationalen Republiken in den vergangenen Jahren vertrauen konnten: Rosmary Stegmann und Patrick Gruban, die bereits geholfen hatten, das Projekt aus der Taufe zu heben und es in all den Jahren stets mit ihrem sehr großem Engagement weiter getragen haben. Tammo Rist, der gemeinsam mit meinem Bruder Jakob die Vereinten Transnationalen Republiken seit Anbeginn ganz wesentlich mitentworfen hat. Tobias Leucht, der – seinem Nachnamen alle Ehre erweisend – allerlei Erhellendes in jeder denkbaren Richtung beigetragen hat. Weiterer Dank an:

Nora Abousteit • Valentin Aichele • Teresa Alonso-Novo • Markus Angstwurm • Arrabbiata International • Annette Assmy • Atomic Café • Andrea Bahlsen • Tom Barthel • Lothar Baumgarten • Pierre Bazin • Valentin Beck • Reem Bedair • Wanja Belaga • Florian ›King Flo‹ Biehler • Marion Blomeyer • Edwina Blush • Anna Böger • André ›Andy B‹ Boitard • Florian Borlein • Christian von Borries • Magnus Brachat • Firma Brunner: Peter Brunner • Valeria Burgio • Paolo ›Dr. No‹ Campana • Marie Cazalis • Paolo Cirio • Peter Coffin • Heike

Dander • Daria Dani • Anastassia Dedioukhima • Amelie Deuflhard • Michael Dickinson • Fabian Dietrich • Dirk Diggler • Directart Productions Ltd.: Lary Seven, Fabio Roberti aka Jim Sharp • Holger Dreissig • Paul Döhler • Chio Domingez • Kerstin Donath • Angela Dorrer • Andrew ›DJ Redhands‹ Doubek • Dory Dorlon Dutton • Christian Eckart • René Eger • etoy.CORPORATION: etoy.HAEF LIGER, etoy.MAJA, etoy.MONOROM, etoy.POL, etoy.ROCK, etoy.SILVAN, etoy.STAMBERGER, etoy.ZAI • Express Brass Band: Martin Majewski, Matthias Bigalke, Max Weissenfeldt, Michele Lorenzini, Zsolt Tokaji, Cuzzi Krall, Masaro Nishimoto, Niko Schabel, Wolfi Schlick, Alex Woldt, Babak Borbor, Constanze Alvarez, Daniel Ensslen, Frederique Guilliard, Harro Delmke, Ian Ensslen, José Maldonado • Aaron Hernandéz Farfán • Dirk Figge • Beatriz Fleischlin • Melanie Freier • Ron Freund • Fuzzy Love: John ›JJ‹ Jones, Gordon Monahan, Gordon W. • Oren Gerlitz • Thomas Glatz • Daniel Glinz • Tomislav Grabic • Michael Graessner • Reinhold ›General NASDAQ‹ Grether • Gereon van der Grinten • Susannah Haberfeld • Steffi Haberland • Johanna von Halem • Friederike Hamann • Constance Hanna • Angelika ›Crebbe‹ Harbecke • Matthias von Hartz • Julian Havers • Marianne Heggenhougen • Ulrike Heil • Christian Heine • Julia Heiß • Mirko Hektor • Eva-Marie von Hippel • Moritz Hirsch • Matthias Hirth • Adalbert ›Adi‹ Hoesle • Jens Hoppe • Joseph Huber • Christoph Jantos • Germana Jaulin • Frau Jeen • Nathaniel ›Nate‹ Jezzi • Verner Johnsen • Anne Marie de Jonghe • Anne Jung • Gerhard Jungwirth • Julius Kahlbrandt • Gero Kahlbrandt • Margot Kahlbrandt • Tellervo Kalleinen • Andrea Karten • Seán Kenney • Isabel Kienemann • Laura Kikauka • Gisela Kleinlein • Mario Klingemann • Nicola ›Niki‹ Knoch • Oliver Kochta • Kulturattac • Elmar Kunert • Karin und Harald Kümpfel • Peter Lang • Fudo Lang • Bo Christian Larsson • Lasse Lau • Fritz Lietsch • Maria Lind • Carolin von Lotzow • Michael Lührs • Alexandra Lukaschewitz • Valeria Magnone • Ania Mauruschat • Rich Meyer • Maryam Monschizada • Christa Müller • Miriam Müller • Martijn Mullink • Lise Nellemann • Jean-Claude Nelson • Sandra Nemeth • Markus Niedermeier • Natalie Nik-Nafs • Caroline und Dirk Nyhuis • Familie Olsson • Cornelia Ottinger • Gudrun Pawelke • Lorenzo Palladino • Stefano Pasquini • Sasha Perera • Guiseppe Piredda • Michelangelo Pistoletto • Plastic Flowers: Mollygroove, Simone Procino, DJ Gips, DJ Komodo, Milko, Nadia, Sara • Georg Pleger • Tina Prien • Program Angels: Angela Dorrer, Patrick Gruban, Klara Hobza • Vesna Radosavljevic • Johannes Raether • Christian Reichel • Dagmar Reichert • Katja Riemann • Thorbjörn Reuter • Herr Romano • Dario Salani • Niko Schabel • Johann Christian ›Hansi‹ Schiessl • Tomi ›Omi‹ Scheiderbauer • Jochen Schilk • Jakob Schlandt • Jean Schmetz • Tommy Schmidt • Martin Schmidt-Bredow • Christiane Schneider • Felix Schöber • Anne Schott • Katharina Schüller • Markus Schulze • David Schumm • Roland Schunck • Judith Schwarzbart • Felix Segebrecht • Henry Selby-Lowndes • Nilgün ›Nino‹ Serbest • Brigitte Serhan • Frank Shrewsbury • Marina Shtatlender • Shahid Siddiqi • Katharina Sieverding • Lise Skou • Christian Slamic • Kathrin Sonntag • Sophiensaele • Zehra Spindler • Daniel Sprenger • Superchannel: York • the beach: Erica Bertero, Roberto Marucci, Franca Pigozzi, Samuele Rocca, Corrado Benedetto • Asmus Trautsch • Margarita Tsomou • Nils Unbehagen • Paulina Villegas • Gabriela ›La Pacheca‹ Vasquez-Pacheco • Vendetta: Anika Hansen, Mü, Coost aka Lardy Cake and Blue aka Poetaster • Sara Vleeshouwers • Nils Waldherr • Matthias Waldorf • Wall AG • Klara Wallner • Myrtia Wefelmeier • Pauline ›Prinzessin P‹ Weinzierl • Judith Wielander • Nina Wiemer • Roman Wildner • Elena Winkel • Michael Winkler • Piotr Wisniewski • Nora Witzigmann • Gordon ›W.‹ Wojcickowski • Cye Wood • Kuros Yalpani • Christoph von Zastrow • Raul Zelik

2. Auflage 2015
3. Auflage 2015

Die 1. Auflage erschien 2009 im Blumenbar Verlag, München

Cover: Chrish Klose, www.studiograu.de
Lektorat: Christiane Weidemann
Typographie + Satz: Peter Frese, www.frese-werkstatt.de
Druck und Bindung: CPI books

ISBN 978-3-00-048732-3

www.weltmachtgeld.de

Für meine Tochter Maia.
Und natürlich auch
für ihre Altersgenossen.